중산층의 몰락과 계급양극화

—1990년대 한국 중산층에 관한 연구

이 연구는 한림과학원(1999-5-1)의 지원에 의해 이루어졌습니다.

한림과학원총서 111

중산층의 몰락과 계급양극화

—1990년대 한국 중산층에 관한 연구

유팔무 · 김원동 · 박경숙

小花

한림과학원총서 111
중산층의 몰락과 계급양극화

초판 1쇄 2005년 11월 22일
초판 2쇄 2007년 10월 18일

지은이 • 유팔무 · 김원동 · 박경숙
발행인 • 고화숙
발행처 • 도서출판 소화
등 록 • 제13-412호
주 소 • 서울시 영등포구 영등포동 7가 94-97
전 화 • 2677-5890(代)
팩 스 • 2636-6393
홈페이지 www.sowha.com

ISBN 978-89-8410-289-7 94080
ISBN 978-89-8410-104-3(세트)

값 14,000원

중산층의 몰락과 계급양극화

차 례

머리말—한국의 중산층은 몰락했는가

유팔무(한림대 교수)

이 책은 1990년대 말 IMF 사태가 발생한 직후에 기획되었던 연구 프로젝트의 결과이다. IMF 사태는 우리나라 국민 모두에게 심각한 위기상황과 위기의식을 불어넣어 주었으며, 당시 우리나라는 정말 무너지기 일보 직전에 있는 것처럼 여겨졌다. 그래서 그런 사태가 발생하게 된 원인과 책임이 도대체 어디에, 또 누구에게 있느냐, 그리고 이 사태로 인해 우리나라가 어떻게 될 것인가 하는 점에 대해 많은 사람들이 예민한 관심을 갖게 되었다.

사실 우리나라는 1960년대 박정희 시대 때부터 경제성장이 시작되면서 연 10% 이상의 고도성장을 지속해 왔고, 동아시아의 '네 마리 용' 신흥공업국 반열에 올라섰으며, 1980년대 중반에 이르러서는 세계적인 경제대국으로 발돋움하였다. 이것이 IMF 사태가 발생하기 10년 전까지의 스토리이다.

그 시기 우리나라는 경제적 풍요와 함께 대중소비 시대, 마이카-여가-외식문화의 시대로 변화했을 뿐 아니라 정치적으로도 커다란 전환기를 맞이하게 되었다. 그 시기가 바로 1987년 6월 민주항쟁 시기였다.

그 후 우리나라는 노태우 과도정부를 거치고 김영삼-김대중 '문민정부'로 이어져 이른바 '민주화의 시대'로 이행하게 되었다. 그리고, 이와 함께 노동해방, 민중해방, 자주통일을 외치는 사회변혁운동과 사상들이 확산되었다. 어찌 보면, 세계사적으로 예외적인 상황이 전개되었다. 많은 나라 사람들에게 한국은 '이상한 나라의 엘리스'처럼 인식되었고, '호기심 천국과 같은 나라'가 되었다.

그러나, 이 같은 경제적-정치적인 변화상은 1990년대로 넘어오면서 소련-동구 사회주의권의 몰락이 주는 충격과 시장개방, 세계화의 물결과 신자유주의적 자본이동의 자유화 추세로 말미암은 IMF 충격과 그에 뒤이은 시장개방과 자본이동 자유의 가속화로 인해 거품이 빠지고 진정되는 쪽으로 조정되었다.

사회주의권의 붕괴는 우리에게 '병도 주고 약도 준 셈'이 되었다. 변혁운동과 사상을 추구하던 이들에게는 충격과 전망상실, 무력감을 던져주어 한국 자본주의 시장경제체제에 대한 비판과 도전을 무력화시켰으며, 몰락한 사회주의 경제권들이 대외적으로 시장개방을 함으로써 '성장의 한계'에 봉착할 상황이었던 한국 경제에 새로운 활로를 열어 주었다.

그러나, 1993년 김영삼 문민정부의 탄생과 더불어 '개혁정치'가 시작되고 '시민운동의 붐'이 일어나고 '압구정동 신세대 열풍'도 일어나, 한국 사회는 가히 경제적으로뿐만 아니라 정치적, 사회-문화적으로도 이제 선진국 반열에 진입하는가 했으나, 이것이 웬일인가, 1997년 말에 이르러서는 느닷없이 IMF 사태라는 한국 경제 초유의 '국가부도 사태'를 맞이하게 된 것이었다. 1987년 이후 10년 만에 한국 역사가 '반전'되는 듯한 상황이 벌어졌다.

IMF 사태가 발생한 바로 그날부터 우리나라 전역이 엄숙한 분위기에 휩싸이면서 여러 가지 이슈들로 인해 떠들썩해졌다. 그리고, 대통령선거가 끝나고 1998년도에 접어들면서부터는 부실 금융기관 퇴출, 기업의 구조조정과 노동자 정리해고, 대량실업, 홈리스 등등의 사태가 실제로 벌어졌으며, 많은 국민들이 '실업의 공포'에 휩싸이게 되었다. 그러면서 대두된 것이 '중산층의 몰락과 양극화, 그리고 한국 사회 붕괴의 위기'에 대한 대다수 언론들의 '중산층 몰락 테제(These)'였다.

당시 〈한국 산업사회학회〉 '이론-이데올로기 분과'에서는 특히 '이데올로기'의 측면에서 커다란 이슈가 되던 주제들을 잡아 6개월 내지 1년 단위로 세미나와 토론을 지속해 왔는데, IMF 사태도 사태이지만, '중산층 몰락 테제'는 가볍게 지나칠 수 없는 심각한 이데올로기적 이슈로서 우리 분과 회원들을 사실상 흥분시켰다. 그래서 우리는 곧바로 세미나 주제를 바꾸어 커리큘럼을 짜고 인터넷을 검색하여 관련 주제 논문과 기사들을 뽑아 읽고 토론하였다. 그러고 나서는 "그대로 넘어갈 것이 아니라 이 세미나를 연구 프로젝트로 발전시켜 전문가들을 참여시키고 나중에는 단행본으로 내자"는 쪽으로 방향을 잡았다. 그렇게 해서 기획되고 만들어진 것이 이 책이다.

그러나, '중산층 몰락 테제'를 비판하는 것은 한 편의 논문으로도 충분하다는 것이 우리들의 생각이었다. 우리는 이를 계기로 더 나아가 '1990년대 한국 사회의 계급, 계층구조의 변화'까지 밝히고, 또 이론적으로도 국내외 이론들을 리뷰하여 기록으로 남기고, 우리의 '새 이론'도 만들어 내고, 80년대 이래로 진행되어 왔던 '계급 이론과 연구, 그리고 논쟁'까지도 촉발시키자는 취지를 담았다. 그리고 하나 더, "이 분야의 중요한 연구서 중 필독서의 하나로서 대학 부교재로도 활용할 수 있게 하자"는 취지도 담았다.

그래서 결국은 "1990년대 한국 중산층에 관한 경험적-실증적 연구 보고서", "중산층과 계급/계층에 관한 이론서이자 이데올로기 비판서",

"사회불평등과 계급/계층에 관한 대학 부교재"라는 '세 마리 토끼를 함께 잡자'는 취지를 가지게 되었다. 이 책 내용수준이나 표현이 이따금씩 오르락 내리락 하는 이유는 다 이 세 마리 토끼를 잡으려 한 욕심 때문에 빚어진 일이었다. 이 점에 관해서는 미리 독자들의 양해를 구한다.

이 책의 제1, 5, 6장은 유팔무 교수가, 제2장은 김원동, 유팔무 교수가, 제3장은 유팔무 교수와 박현준, 함영언 외 한국산업사회학회 이론-이데올로기 분과원들이, 제4장은 박경숙, 유팔무 교수가 연구, 집필을 하였다. 그러나, 이 책에서 발생하는 오류나 문제에 대해서는 연구책임자인 필자가 질 것이다.

그리고, 이 책이 나오기까지 많은 우여곡절이 있었지만, 정말 죄송스럽게 생각하는 것은 정해진 기간에 집중적으로 작업을 했어야 했는데 사람들이 다 야무지지를 못해 작업을 하다 중단하다를 거듭했던 점이다. 앞으로는 이런 우가 발생하지 않기를 약속드린다. 아울러, 우리의 연구 작업에 그 동안 소중한 자료를 흔쾌히 제공해 주시고 자문하고 토론해 주신 정영태, 정근식 교수 이하 여러 후배 교수들에게도 감사를 드린다.

관심 있는 많은 분들의 아낌없는 비판과 질타 또한 부탁드린다.

2005년 7월

춘천 퇴계동에서, 집필자를 대표하여

제1장 중산층 몰락론, 무엇이 문제인가[1)]

1997년 말 한국 사회는 심각한 외채상환 위기를 맞이하였다. 이러한 위기를 극복하기 위해 정부는 국제통화기금(IMF)으로부터 긴급 구제금융을 지원받아 외채를 상환하는 동시에 IMF가 요구하는 일련의 경제개혁 조

---

1) 이 연구는 1999년도 한림대학교 한림과학원의 연구비 지원으로 이루어진 공동연구이다.

본래 시작된 것은 1998년 IMF 사태가 한창이던 시절이었으며, 한국산업사회학회 이론-이데올로기 분과에서 주제로 삼아 10명 정도의 교수, 대학원생들과 공동세미나 및 연구를 시작하였다. 그리고, 1999년도에는 한림과학원의 지원을 받아 본격적인 자료수집, 분석에 들어갔으며, 학회에서 중간발표도 하였다. 그러나, 그 후 여러 가지 사정들이 발생하여 연구는 중단과 진행을 반복하다가 이제서야 결말을 보게 되었다. 한림과학원에 심심한 사의를 표하며, 세미나에 참석하여 많은 아이디어와 자료를 제공해 준 박현준, 최형오, 함영언, 표도성 군 등과 정영태, 정근식 교수 등의 자료제공과 토론 및 자문에 심심한 감사의 말씀을 드린다.

치를 취하게 되었다. 당시 김대중 정부는 협약에 따라 저성장, 고금리정책, 부실금융기관 정리, 노동자 정리해고제의 도입, 자본/금융시장의 개방 확대, 재벌기업의 개혁과 해체 등을 실시하였다. 이 같은 경제구조개혁정책은 IMF의 권고에 따라 외환, 금융, 경제위기를 극복하고 한국 경제의 구조를 건실하고 경쟁력 있는 것으로 개혁하기 위한 것이었으나, 이로 인하여 금융기관과 기업들은 물론, 거기에 종사하던 노동자와 중산층은 그 후 수년 동안 파산과 구조조정, 실업과 전직, 소득감소 등의 고통과 위기를 겪지 않으면 안 되었다. 이것이 바로 흔히 말하는 'IMF 사태' 였다.

이러한 IMF 사태로 인해, 1998년 10월 말까지 모두 410개의 금융기관 중 16개 종합금융사, 5개 상업은행, 6개 증권회사, 4개의 보험회사를 비롯하여 모두 96개의 금융기관이 폐쇄되거나 운영이 정지되었고, 1998년 한 해 동안 5대 재벌그룹 20개사를 비롯해서 55개사가 퇴출되었다. 실업률은 1997년 말, 2.6%이던 것이 1998년 말, 7.9%로 높아졌고, 실업자 수는 1999년 1/4분기에 200만 명을 넘어선 것으로 집계되었다(이영련, 1999). 또한, 1998년 3/4분기 도시 근로자 가구의 가구당 월평균소득은 1997년 동분기에 비해서 14.4% 감소하였고 가구당 소비지출은 동 기간 동안 16.8% 감소하였다(통계청, 1998).

이처럼, IMF 사태와 그에 따른 구조조정과 경제위기가 심각해지자, 한국 사회에서는 IMF 사태 발생의 책임 혹은 원인에 대한 공방과 논의가 치열하게 전개되었고, 그러한 위기에 어떻게 대응해 나갈 것인가를 두고 논란이 벌어졌다. 이 과정에서 김영삼 정부의 무능에 대한 비판, 군부통치 시대 이래의 재벌과 국가개입을 중심으로 한 성장체제 자체에 대한 비판, 나아가 김대중 정부의 '신자유주의적' 대응에 대한 비판 등이 이루어졌다. 이러한 논란들은 뚜렷한 결론을 얻지 못했으나 이 와중에 제기되었던 중산층 몰락론은 별다른 이의 없이 대세를 이루게 되었다.

1. IMF 사태 이후의 '중산층 몰락 테제'

'중산층 몰락론' 이란 표면적으로는 IMF 사태로 인해 중산층이 대량 해고, 소득저하를 겪게 되는 현상, 그리고 그 수가 줄어드는 현상을 가리키는 것인데, 속으로는 중산층이 몰락하면, 계층구조가 양극화되어 "사회안정의 중심축이 무너지고 혁명적 위기가 도래한다" 는 정치-사회적 위기론을 뜻한다. 그리고, 이 같은 몰락 이론이 결론적으로 주장하고 요구하는 것은 대개가 "중산층 보호, 육성책을 강구하지 않으면 안 된다" 는 것이다. 이 같은 주장들은 주로 언론을 통해 제기되었으며, 일부 학자들에 의해 뒷받침되었고, 2000년을 넘어선 이후까지도 마치 정설인 양 지속되고 있다.

(1) 중산층 몰락 테제의 논법과 중산층 개념

중산층 몰락 테제의 논법과 주장을 가장 선명하게 보여 준 예는 IMF 사태가 가장 심각했던 1998년 봄-여름 시기 『신동아』 6월호의 "중산층은 없다" 라는 특집이었다.

> "경제위기가 가속되면서 폭동이나 소요 같은 사회불안 가능성이 커지고 있다. 폭동의 원인으로 꼽히는 요소는 역시 장기적인 고실업과 중산층의 몰락이다. 하루아침에 일자리를 잃고 하층민으로 몰락한 화이트칼라, 부도를 맞고 길거리로 내몰린 자영업자들, 삶의 질이 급락한 노동자들이 분노의 목소리를 높이고 있다.
>
> 우리 사회는 지난 10년 동안 임금이 약 2배 가까이 상승하면서 빈부간

임금격차가 크게 줄었던 게 사실이다. 중산층이 넓게 분포하면서 생활기대수준이 높게 나타난 사회였다. 그런 현상이 1년 만에 무너진 것이다. IMF체제가 낳은 결과는 부익부 빈익빈으로 나타나고 있다.

실례로 고금리와 부동산 폭락은 중산층의 몰락을 가속화하는 반면 여유 있는 부유층에게는 재산증식의 기회로 작용한다. 중산층으로 자부하던 다수의 임금근로자들은 실질임금 하락, 물가상승, 각종 대출금리상승, 직간접세 부담증가 등으로 상류사회와 격차가 크게 벌어지고 있다. 몰락한 이들은 여전히 잘사는 이들에 대해 엄청난 반감을 갖게 된다.

…

97년 통계청 분류에 따르면 중산층은 평균적으로 20평의 주택을 소유(44.4%는 전세)하고 연평균 가구소득 2천 2백 89만 원, 평균저축 1천 4백 84만 원, 한 달 지출 1백 26만 원, 평균부채는 6백 95만 원, 0.5대의 승용차를 보유한 사람들. 이들은 사실상 우리나라의 중추를 형성하고 있다고 볼 수 있다. 경제적 기준만으로 중산층을 단정하는 데는 무리가 따른다. 교육수준과 직업 형태 등에서 중산층 의식에 차이를 보이기 때문이다. 중앙대 사회복지학과 김영모 교수는 전체 인구 중 직업구조와 중산층 귀속의식을 고려해 경제활동인구의 41%를 중산층으로 분류했다. 김 교수가 이 중 중앙부처와 지방공무원, 공기업과 민간기업 임직원 등 화이트칼라 1천 3백 28명을 대상으로 조사한 결과 이들은 동산 3천 3백만 원, 부동산 1억 4천 1백만 원의 평균재산을 갖고 있고, 평균 월수입은 1백 64만 원으로 나타났다.

지난 2월 소비자보호원이 조사한 바에 따르면 스스로 중산층이라고 응답한 이는 71.1%로 94년의 81.3%에 비해 10.2% 포인트 줄어들었다. 상류층은 1% 감소했고, 하류층은 2배 늘어났다. … 그러나 이 시기 중요한 것은 중산층 붕괴가 부익부 빈익빈 현상으로 사회를 양극화시키는 것이다. 건전하고 보수적인 중산층은 대체로 사회위기시에 침묵을 지켜 왔다. 그러나 중산층이 움직일 때는 체제가 바뀌게 된다는 걸 우리는 이미 87년 6월항쟁에서 경험했다."

위의 글은 전형적인 중산층 몰락론으로서 그 위기의 심각성을 일깨워

주는 데에는 성공하고 있으나, 동원되는 어법이나 논법은 극한적이고 단순하며 과장되어 있다. 중요한 구절 몇 개만 다시 보기로 하자.

> "경제위기가 가속되면서 폭동이나 소요 같은 사회불안 가능성이 커지고 있다. 폭동의 원인으로 꼽히는 요소는 역시 장기적인 고실업과 중산층의 몰락이다."
>
> "(중산층은) 사실상 우리나라의 중추를 형성하고 있다고 볼 수 있다.
>
> 중요한 것은 중산층 붕괴가 부익부 빈익빈 현상으로 사회를 양극화시키는 것이다. 건전하고 보수적인 중산층은 대체로 사회위기시에 침묵을 지켜 왔다. 그러나 중산층이 움직일 때는 체제가 바뀌게 된다는 걸 우리는 이미 87년 6월항쟁에서 경험했다."

위의 필자는 우선 독자에게 겁을 주고 있다. "요즈음 중산층이 무너지고 있다. 중산층이 무너지면 어떻게 되나? 중산층이 무너지면 혁명이 일어난다. 그러니, 알아서 하라"는 식이다. 행간을 읽어 보면, 필자가 어떤 입장에서, 누구를 위해 이 글을 썼는지를 충분히 짐작할 수 있다. 필자는 '사회안정'을 바라는 입장에서, 그리고 '중산층'을 위해 썼다. 그러나, 87년 6월항쟁 같은 '체제변화'가 나쁜 것인가? 중산층은 또 '우리나라의 중추'이며, '건전하고 보수적'인가?

다른 한편, 필자는 칼 맑스의 계급혁명론에서 주축이 되는 '부익부 빈익빈' '중산층 붕괴' '양극화' '경제위기 가속화' '폭동' 등을 연결짓는 논법을 그대로 따 오고 있다. 맑스의 이론이 맞다는 것인가? 그러나, 그 논법은 맑스의 것을 차용했으되, 그 취지와 목적은 맑스와 정반대이다. 맑스는 혁명을 예견하고 추구했던 반면, 필자는 그것을 염려하고 예방하고자 하기 때문이다. 중산층의 사회적 위상(중추세력)과 이념적 성향(건전-보수)을 보는 견해도 맑스의 것과 다르며, 중산층에 대한 개념정의도 크게 다르다.

위 필자의 중산층 개념은 우리 사회에 통념화되어 있는 개념으로서 계층적인 의미의 '중류층', 즉 "생활수준이 중간쯤 되는 사람들"에 가까운 개념이다. 그런데, 이런 계층 개념을 맑스의 계급혁명론 논법에 끼워 넣어 몰락과 혁명의 위기를 정당화하는 데 사용하고 있다. 이런 점에서 필자의 '이론'은 대단히 많은 모순을 내포하고 있다.

우선, 맑스의 양극화론 및 혁명론에서 주체는 계급이지 계층이 아니다. 중산층도 맑스에게서는 중간계급(쁘띠부르주아지, 소시민계급)으로서, 이 계급이 몰락하고 해체되는 '법칙'이 나타나는 이유도 자본주의의 확장, 자본주의 모순의 심화, 자본주의 경제의 모순적 발전경향 등 때문이었다. 중간계급은 사회적으로 전혀 중추적인 위치에 있지 않으며, 단지 양극으로 분해되어 대부분이 노동자계급에 합류되는 '과도적이고 잔여적인 계급'일 뿐이다.

오늘날 우리나라에서 사용되는 중산층 개념은 크게 보아 맑스식의 경제적 중간계급, 경제적인 의미에서의 중간계층, 베버의 신분 개념을 결합시킨 복합적 중간신분 등 세 가지 정도가 있는데, 통상적으로는 두 번째의 계층적 의미가 언론을 비롯해서 가장 일반적으로 채택, 사용되고 있다. 이 두 번째의 경우는 계층간 경계가 상대적이고 임의적인 점 등의 문제를 가지고 있지만, 계층구분의 기준이 무엇이냐 하는 점에서도 재산소유인지, 소득수준인지, 생활수준인지 등이 규정되지 않은 상태에서 막연하게 경제적으로 '중간쯤 되는 사람들'이라고 사용되고 있다.

어떤 경우에는, 말하는 사람 자신의 정치적-이데올로기적인 기대와 소망이 거기에 투영되기도 한다. 그 대표적인 예가 바로 앞의 『신동아』 글 같은 경우로서, 중산층은 정치적-이데올로기적으로 '건전하고 보수적'이며, 사회세력 가운데 '사회의 중추'를 형성, 그러니까 자본가계급과 노동자계급을 제치고 가장 중심적인 세력을 이루거나 그렇게 되는 것이 사회안정을 위해 가장 바람직하다는 생각, 혹은 주의주장이다. 이것은 사실 수많은 보수 사회과학자들이 수십 년 전부터 주장해 온 '중산층 사회' 이론 혹은 '중산층 중심 사회' 이론이다. 여기서는 "맑스의 중산층 몰락론 및 양극화 이론은 틀렸고, 그의 예언과 달리 중산층은 자본주의가 발달하면서 오히려 더 비대해지고 사회의 중추세력이 되었으며, 이런 현상은 사회안정을 위해 바람직하다"라는 주장이 핵심이 되어 왔다.

정리해 보면, 위의 『신동아』 필자는 계층론적 중산층 개념과 보수적인 중산층 사회론에 입각해 있으면서 계급 이론과 계급혁명론을 주요 논법으로 끌어다가 매우 효과적으로 위기의식을 불어넣고 있지만, 매우 모순적이라는 것이다. 물론, '주장을 펴는 과정'에서 계층 개념과 계급 이론을 자유롭게 왔다갔다 하기 때문에, 무엇이 '몰락'이고 '붕괴'인지, 무엇이 '양극화'인지 또한 흐릿하고 애매하고, 쉽사리 과장되기도 하였다.

(2) '몰락'과 '양극화' 주장에서의 과장과 혼선

몰락과 붕괴는 사실 '계급이나 계층의 하강이동', 그것도 몰락이라고 할 만큼 대대적인 하강이동을 말하는 것이다. 양극화란 그 결과로서 '계급이나 계층의 구조'가 다계급, 다계층의 구조로부터 두 개의 양극적인 계급이나 계층으로 이원화, 단순화되어 가는 변화를 의미한다. 이것은 계급적으로 말하자면, 중산층이 무너지고 없어져서 전체 사회의 계급구조가 크게 자본가계급과 노동자계급 두 개의 계급들로 단순화되는 변화이며, 계층론적으로 보면, 중류층이 무너지고 없어져서 전체적으로 계층구조가 상류층과 하류층으로 집중되고 허리가 가늘어지는 '모래시계형 계층구조'로의 변화라고 할 수 있다.

그러나, 『신동아』 필자가 증거로 제시하는 것으로는 이러한 추세를 말할 수 없다.

> "지난 2월 소비자보호원이 조사한 바에 따르면 스스로 중산층이라고 응답한 이는 71.1%로 94년의 81.3%에 비해 10.2% 포인트 줄어들었다. 상류층은 1% 감소했고, 하류층은 2배 늘어났다. … 그러나 이 시기 중요한 것은 중산층 붕괴가 부익부 빈익빈 현상으로 사회를 양극화시키는 것이다."

이것은 물론 '주관적인 귀속의식'을 묻는 데에 불과하지만, 어쨌든 "중산층이 81%에서 71%로 줄어들었다"는 것이 과연 몰락인가. 아무리 줄었어도 중산층 소속감을 갖는 사람이 70%가 넘는다는 사실에도 주목해야 했다. 또한, 양극화와 부익부 빈익빈의 예로서 중산층의 소득이 저하되었다든지, 상류층과의 소득격차가 벌어졌다든지 하는 점들을 지적하는데, 이런 것들도 붕괴나 몰락의 예나 증거가 될 수 없다. 왜냐하면, 여기서 중요한 것은 계급적, 혹은 계층적 지위의 '이동'이지, 동일한 지위를 유지하면서 과거보다 소득이나 생활수준이 저하된 것 자체가 아니기 때문이다.

그러나, 이와 같은 논법은 IMF 이후 많은 언론들에 의해 반복되었다.

『중앙일보』(1998년 6월 25일자)는 "기반 흔드는 중산층 몰락"이라는 제목 하의 사설에서 "현재 급속하게 진행되는 중산층의 몰락은 사회공동체의 유지를 위협하는 심각한 현상이다. 오랜 역사를 지닌 서구의 시장경제와 달리 사회지도층의 역사성과 정통성이 상대적으로 취약한 우리 사회에서 중산층의 몰락은 시장경제 자체와 민주주의 질서의 파괴요인이 된다는 점에서 정부와 지도층이 주목해야 한다"고 말하고 있다. 또 1999년 3월 11일자에서는 "IMF 사회의 '중산층 분해 현상'이 심각하다.

그 동안 중산층으로 불렸던 수많은 사람 중 적응력 있는 일부는 상층으로 도약하는 반면 대다수는 하강하면서 한국 사회가 빠르게 양극화의 길을 걷고 있다" 고 보도하였고, 1999년 5월 12일자에서는 "중산층 몰락 현상의 심각성이 위험수위" 에 다다랐다고 하였다.[2)]

이 같은 보도들은 소위 'IMF를 졸업' 한 이후인 2002년에 이르기까지

---

2) 이 밖에도, 『국민일보』는 1998년 가을 IMF 관리체제 1년간의 변화를 "중산층 붕괴…' 빈-부 양극화' 라는 제하에서 다루면서, "한국 사회의 든든한 허리가 됐던 중산층이 IMF체제를 맞아 모래성처럼 허물어지고 있다. IMF 시대의 고실업사태와 고금리 · 고물가는 사회 근간을 이룬 중산층을 해체시키고 있으며 소득분배구조가 왜곡돼 빈익빈 부익부라는 양극화 현상을 심화시키고 있다" 고 하였다.
[http://www.kukminilbo.co.kr/event/eko/98_imf/html/imf_6-1-2-1.html]
또, 2001년 3월30일자에서도 소득계층간의 소득격차가 증대되고 있다는 것을 근거로 "중산층 몰락이 가속화되고 있다" 며 "전문가들은 중산층이 두텁지 않은 사회는 그만큼 불안정성이 높아지는 점을 들어 중산층 소득향상을 위한 대책이 시급하다고 지적하고 있다" 고 보도하고 있다
『한국경제신문』은 1998년 12월 3일자에서 IMF 사태 이후 1년의 경제를 특별기획으로 보도하면서 "중산층의 몰락은 사회공동체의 안정을 위협하는 심각한 현상이다 … 사회안전망이 취약한 현실에서 중산층마저 급격히 줄어들면 시장경제질서나 민주주의를 부인하는 급진세력이 손쉽게 등장할 수 있다" 고 경종을 울리고 있다. 또, 1999년 6월 23일자에서도 "IMF 체제 이후 계층 양극화가 심각한 실정에 달했다" 고 보도했다
『조선일보』(1999년 7월 19일자)는 1면 박스기사로 IMF 사태 이후의 계층구조 양극화 현상을 다음처럼 보도하였다. "중산층에서 탈락해 절대빈곤층으로 몰락한 우리 이웃들은 '살기가 갈수록 더 힘들다' 고 말하고 있다. 경제전문가들은 한국 사회가 소수의 부유층과 절대다수의 빈곤층으로 양극화하는 이른바 '20 대 80 사회' 로 가고 있다고 경고하고 있다. … 이 같은 계층간 빈부격차가 계속될 경우, 계층간 적대감이 확산되면서 사회가 흉포화 되는 등 사회가 불안정해질 것으로 우려된다."
『일요시사』(2000년 1월 2일자)는 "세기말 한국사회 대해부— 중산층 몰락" 이라는 제하의 특집 기사에서 서울지역 성인남녀 200명을 상대로 한 설문조사 결과를 보도하였다. 계층의 양극화가 진행되고 있으며, 중산층이 무너지면 사회통합이 약화되고 '정치적으로 감내할 수 없는 상황까지 다다를 수' 있기 때문에 안정화 정책을 펴야 한다는 것이다.

지속되고 있다. 『한국일보』는 2002년 4월 26일자 사설 "중산층 붕괴 방관할 건가"에서 다음처럼 말하고 있다.

"우리 경제가 국제통화기금(IMF)체제로 진입하면서 가장 우려했던 중산층 붕괴현상이 갈수록 심화하고 있다. 외환위기의 '모범적' 극복으로 국제사회에서 인정을 받고, 더 나아가 경기는 과열 기미를 보이고 있지만 내부의 상처는 오히려 더 악화하고 있는 실정이다.

통계청이 발표한 '2000년 가구 소비실태'에 따르면 근로자와 사업자 가구를 포함한 지니계수가 0.351로 1996년의 0.290에 비해 0.061포인트 높아졌다. 소득 불평등수준을 나타내는 지니계수가 1에 가까울수록 소득분배의 불평등을 의미한다.

또 상위 20% 고소득 가구의 소득을 하위 20% 가구의 소득으로 나눈 소득 5분위 배율도 4.74에서 6.75로 높아졌다. 그만큼 빈익빈 부익부 현상이 심화하고 있음을 보여 주고 있다.

이는 IMF 체제 이후 고금리와 부동산값 폭등 등으로 고액 소득자 재산은 늘었지만 기업 도산과 구조조정 등으로 저소득자 재산은 급격히 줄었기 때문이다. 여기에 세금과 공적 연금 부담액 등은 크게 늘어 서민들의 생활수준은 예전보다 더 떨어졌다.

IMF 체제의 어려움은 결국 저소득자 몫이 된 셈이다. 더욱 우려되는 것은 중산층의 몰락이다. 소득 상위 20% 가구의 소득 점유율은 96년 37.8%에서 2000년에는 42.6%로 높아졌지만, 중간 20%의 점유율은 17.8%에서 16.6%로 낮아졌다.

이러다가는 우리 사회가 '20 대 80'을 넘어서 '10 대 90'으로 고착화하지 않을지 우려된다. 사회가 안정되기 위해서는 중산층이 탄탄해야 한다. 정부는 시급히 소득 불균형 심화 방지안을 마련해야 한다. 그것이 진정으로 IMF 체제에서 졸업하는 것이다."

『한국일보』에서의 논법도 앞의 『신동아』와 대동소이하다. 그리고, 소득점유율의 계층간 격차 심화를 통해 빈익빈 부익부와 중산층의 몰락을 논하고 있다. 그러나, 소득계층(5분위 20%에서부터 1분위 20%까지) 사이의 소득점유율 격차가 벌어지는 것은 불평등의 심화나 빈익빈 부익부 현상을 말하는 것이라 할 수는 있지만, 계급-계층의 양극화나 중산층 몰락, 즉 계급-계층의 이동이나 구조변화와는 차원이 다른 이야기로서 혼동되어서는 안 될 것이다. 아울러, '20 대 80' 이건 '10 대 90' 이건, 그것은 '소득계층' 의 구조를 말하는 것이지, 계급적인 구조나 계급구조의 양극화를 말하는 것은 아니다. 여기서도 또한 "중산층이 탄탄해야 한다. 정부가 대책을 세워야 한다" 는 식으로 '중산층 사회론' 의 소망사항이 덧붙여지고 있다.

2. 중산층 몰락 테제의 문제점들

앞서 살펴본 바와 같이, 우선 언론을 통해 나타난 일련의 '중산층 몰락 테제' 는 여러 가지 문제점들을 안고 있다.

(1) '몰락' 과 '양극화' 에 대한 오해와 왜곡

그 첫 번째 문제는 '소득수준의 저하' 와 '지위의 상실 및 하강이동' 을 서로 구별하지 않은 채 모두 몰락이나 붕괴라고 부른다는 점이다. 중산층의 평균소득이 전보다 낮아지는 것과 중산층에 속한 사람들이 그러한 지위를 상실하여 하층이나 노동자계급으로 전락하는 것과는 전혀 다른 성질의 것이기 때문이다. 어떤 면에서 그것은 양적 변화와 질적 변화의 차이라고도 할 수 있을 것이다. 몰락이나 붕괴는 그야말로 중산층이 무너지는 것으로서, 소득수준의 급격한 저하나 상류층과의 격차가 심화되는 양적인 변화가 아니라, 중산층에 속한 사람들의 다수가 중산층적 지위를 상실하고 집단적으로 하강이동, 즉 계급/계층적 경계를 넘어 이동함으로써 전체적인 계층구조(혹은 계급구조)가 말하자면 '다이아몬드형' 에서 '모래시계형' 으로 바뀌는 변화이다.

이러한 양적 변화와 질적 변화를 구별하지 않거나 못하게 된 데에는 이와 관련한 맑스의 명제들에 대한 오해와 잘못된 적용이 큰 몫을 하고 있다. 이것이 두 번째 문제이다.

중산층 몰락과 계급양극화에 직접 관련된 맑스의 명제들 가운데 가장 유명하고 대표적인 명제들은 세 가지이다.

하나는 '빈익빈 부익부' 명제로서 초기 저작인『경제학-철학 수고』중 '노동의 소외' 편에서 언급한 것으로서 노동자는 일을 하면 할수록 소외가 심해지고 더욱더 가난해지며, 노동의 산물인 자본은 갈수록 부자가 되고 힘이 커진다는 '노동-자본 사이의 역설적이고 변증법적이고 모순적인 관계' 를 인간학적으로 설명하는 내용이다. 유의해야 할 것은 이 대목에서는 노동-자본의 관계를 논하는 것이었기 때문에, 여기서는 노동과 자본만 등장하지 중간계급은 등장하지 않는다는 점이다. 따라서 이 빈익빈 부익부 명제를 중산층, 아니 중간계층의 몰락이나 소득저하, 실업, 프롤레타리아화 등에 끌어다 적용하는 것은 맞지 않다.

다른 하나는 중기 저작에 해당하는『공산당선언』서두에서 명제화한 것으로서 자본주의 체제가 성립, 발달하면서 '잡다한 군소 중간계급들' 이 소멸해 가고 "자본-노동의 커다란 두 계급들의 대립으로 계급구조가 단순화되어 간다" 는 주장이다. 이것이 사실은 맑스의 중간계급 몰락론이라 할 수 있다.

마지막 하나는 성숙기 저작인 『자본론』 1권에서 자본축적과 발전의 모순적 경향을 종합, 정리하는 "자본축적의 일반법칙" 편에서 명제 형태로 언급하는 '양극화' 명제이다. 그러나, 그는 여기서도 중간계급을 문제삼지는 않고, 초기 저작과 유사하게 주안점은 노동-자본 사이의 변증법적-모순적 관계를 자본축적의 과정과 법칙을 통해 폭로하는 데에 있었다. "한쪽 극에는 자본의 축적이, 그 반대의 다른 한쪽 극에는 노동자들의 실업과 가난과 비참함 등이 쌓이고 불평불만 등도 쌓이게 된다"는 것이 그 명제의 내용이었다. 이것이 노동자들의 결사, 저항, 혁명운동의 기반이 된다는 암시인데, 이런 저항과 혁명의 기반과 원인을 제공하는 것은 자본이고, 자본주의 시스템이 스스로 무덤을 파는 자기 모순적 시스템이라는 주장이었다.

결국, 맑스로부터 보면, 빈익빈 부익부 명제와 양극화론은 중산층 몰락과는 직접 상관이 없는 명제인 것이며, 맑스로부터 중산층 몰락론을 가져오려면, 『공산당선언』에서의 '계급구조 양극화 추세', 즉 '중간계급들의 몰락을 통한 자본-노동 양대 기본계급으로의 단순화 추세'를 끌어와야 마땅할 것이라는 것이다.

(2) 중산층 사회론인가, 계급혁명론인가

세 번째 문제점은 중산층 몰락의 테제가 계층 이론적 관점과 계급혁명론적 관점을 오락가락 혼용하고 있기 때문에 일관성이 없고 모순적이라는 점이다. 앞서 본 바와 같이, 중산층 몰락 테제는 중산층 사이의 실업과 소득저하를 몰락이라고 하면서 중산층은 사회안정을 도모하는 세력이기 때문에 이들이 무너지면 사회안정이 깨지고 폭동이나 혁명이 일어날 수 있으므로 조심하라는 경고, 시급히 그 보호, 육성책을 마련하라는 주장을 하고 있다. 계층 이론에는 본래 양극화니 혁명이니 하는 개념들이 없다. 오히려, 계급 이론과 계급혁명론을 부정한다. 그래서 모순적이라는 것이다.

계층 이론이 맑스식의 계급 이론과 계급혁명론을 부정할 때 가장 많이 내세우는 증거가 바로 '중산층의 비대화' 현상이다. 이는 "자본주의가 발달할수록 중산층 혹은 중간계급이 줄어들거나 몰락하지 않고, 그 반대로 늘어나는 현상"으로서, 계급 이론이 틀렸음을 반증하는 가장 큰 증거로 간주된다. 주목할 것은 이러한 비판과 부정에서 '새로운' 중산층 혹은 중간계급이라는 개념이 중심을 이루고 있다는 점이며, 이 개념은 새롭게, 계층 이론적으로 각색, 변형, 재창조되었다는 점이다. 이 늘어나는 새로운 중산층 혹은 중간계급에서 주축을 이루는 것은 사무직 종사자 혹은 화이트칼라인데, 사실 이들의 대다수가 맑스의 이론에서는 여전히 노동자계급이다. 이 '중산층 비대화' 이론은 한걸음 더 나아가 중산층이 많아지고 사회의 중심이 되어가는 현상 자체에 대해 매우 긍정적으로 평가하는 '중산층 사회 이론'을 낳았고, 그 이론에서 키워드가 되었다.

그래서, 중산층 몰락 테제가 중산층 사회론의 입장에서 부정한 양극화 명제와 계급혁명론적 논법을 중산층 사회론의 입장에서 다시 끌어들여 중산층 몰락론을 펴는 것은 역설 중의 역설이라 아니할 수 없다. 물론, 맑스가 『공산당 선언』 등에서 편 '중산층 몰락론'은 IMF 사태나 경제위기 직후 등에 일어날 수 있는 일시적-단기적인 현상이 아니라, 자본주의 성립과 발전의 법칙으로서 장기간에 걸쳐 거시구조의 측면에서 일어나는 추세를 말하는 것이었다.

(3) 중산층 개념을 왜곡, 확장, 단순화하는 편의점?

네 번째 문제점은 통속적인 몰락 이론에서 사용하는 중산층 개념 자체의 문제, 다섯 번째의 문제는 중산층을 한통속으로 보고 단순화하여 서술, 평가한다는 점이다.

중산층이란 개념은 본래 맑스의 중간계급(혹은 쁘띠부르주아지) 개념에서 출발하여 여러 차례의 변형을 거쳐 만들어진 개념이다.

맑스에서 중간계급이란 "자기 소유의 재산을 생산수단으로 삼아 자기 노동으로 생산을 하여 생활하는 사람들의 집합"을 말하는 것이며, 소규모의 도시 자영 상공업자와 농촌 자영농이 그 대표적인 예이다. 그런데, 그는 자본주의 사회의 양대계급인 자본가계급과 노동자계급을 제외한 관료, 서비스업자 등 잡다한 군소 집단들 또한 중간계급이라 하였다. 그래서 그는 중간계급을 흔히 복수로, 즉 '중간계급들'이라 불렀고, 앞에 '작은' 이라는 수식어를 붙이는 경우가 많았다. 그래서 맑스에게서 중간계급이란 도시, 농촌의 자영업자층을 중심으로 하는 '작은 중간계급들'의 합이다(유팔무, 1990a, 1990b 참조).

그의 이러한 중간계급 개념은 크게 두 가지 측면에서 계층 이론적으로 그 의미가 변화하면서 중산층이라는 개념으로 탈바꿈하게 되었다.

한편으로 그것은 '유산계급/무산계급'의 중간이라는 의미에서 '재산을 중간쯤 가진 자'(중산계급)라는 의미를 거쳐 '소득수준이나 생활수준이 중간쯤 되는 자'(오늘날의 중산층 개념)로 변신하였다. '유산자/무산자'에서 '재산'이라고 하는 것이 맑스에게서는 '생산수단' 혹은 '생산수단으로 활용되는 재산'이었는데, 여기서 생산수단이라는 의미가 탈색되어 버렸으며, '중간'이라는 것이 재산뿐 아니라 소득이나 생활의 수준까지를 포함하는 의미로 확대되었다. 바로 이것이 계급에서 계층으로,

질에서 양으로, 객관적인 차이로부터 주관적-상대적인 차이로 변질되는 과정이었다.

다른 한편으로 맑스의 중간계급 개념은 '새로운 중간계급' 혹은 '새로운 중산층' 이라는 새로운 이론들에 의해 확장 혹은 변질되기도 하였다. 이 계통의 이론들은 현대의 맑스주의와 베버주의 이론가들에 의해 수정, 채택, 광범위하게 수용되었는데, 노동자계급의 한 부분, 흔히 화이트칼라, 사무직 노동자, 화이트칼라 노동자라 불리는 노동자계급 상층은 "이제 더 이상 노동자라 할 수 없기 때문에", '새로운 계급' 혹은 "새로 형성된 중간계급'으로 파악해야 한다면서 노동자계급으로부터 분리해 중간계급의 한 새로운 분파로 포함시켰다. 이들은 맑스의 중간계급에 해당하는 자영업자층 등을 '구중간계급', 즉 '옛날의 중간계급' 이라 재규정하는 한편, 중간계급에 새로 편입시킨 '노동자계급 상층' 은 '신중간계급', 즉 '새로운 중간계급' 이라 불렀다. 그리고 계층 이론가들에 의해서는 계급이라는 용어를 대신하여 '신중간계층', '신중산층' 등 '계층' 이라 불렀으며, 나아가서는 이 새로운 중간계급 혹은 신중산층이 전체 중간계급이나 중산층의 핵심이며, 이들이 역사적으로는 맑스의 예언과는 반대로 늘어나는 추세에 있으며, 사회안정을 지향하고 도모하는 이 새로운 계급, 계층이 중심이 되는 사회는 바람직하다라고 하는 '중산층(중심) 사회' 론을 펴기도 하였다.

이러한 방향으로의 의미변질 혹은 개념재구성은 오늘날 통념으로 사용되는 중산층 개념의 중심축을 이루고 있으며, '중산층 몰락 테제' 의 주된 이론적 배경으로 작용하고 있다. 이들에게서 중산층이란 "사무직 종사자층을 중심으로 한 소득수준과 생활수준이 중간쯤 되는 사람들" 이다. 한 축은 '직업계층' 면에서의 중산층, 다른 한 축은 '소득계층' 면에서의 중산층이다.

(4) 내적인 이질성과 '몰락' 의 증거, 그리고 '몰락 이후'

그러나, 과연 사무직 종사자층이 중산층인가, 그리고 그것도 중산층의 핵심 부분인가 하는 점은 논란의 소지가 많다. 우선, 사무직 종사자가 노동자냐 중산층이냐 하는 원론적인 문제가 있다. 그리고, 사무직 종사자도 사실은 층층시하, 각양각색이기 때문에, 이들을 일률적으로 중산층이라 규정할 수 없다. 대기업의 과장과 영업사원과 중역, 언론사의 말단기자, 중소기업 비서실의 여직원을 모두 일률적으로 중산층이라 할 수 있는가?

그 다음, 이들이 수적인 면에서 중산층의 큰 부분을 차지하고 있는 것은 사실이겠지만, 이에 못지않게 큰 부분이 자영업 부문과 국가 부문이다. 같은 중산층이라 하더라도 부문에 따라, 그리고 심지어는 지역에 따라 IMF 상황에 대한 경험이 어느 정도씩 달랐을 것이다. '중산층 몰락 테제' 는 대기업과 자영업 부문, 농업 부문과 국가 부문(공무원), 지방도시의 소규모 자영업 부문 등은 중산층에 속하는 여러 부문들의 차이를 거의 무시한 채, 오로지 대기업체 사무직 부문이 마치 중산층의 실상을 모두 대표하는 것처럼 일반화하는 오류를 저지르고 있다.

한편, 몰락 테제에서 대개 증거로 제시하는 것은 세 가지인데, 하나는 개인적인 소득저하나 실업의 사례, 다른 하나는 전국적인 소득계층별 소득저하 및 소득격차 심화의 통계, 끝으로는 실업률 통계이다.

그런데, 개인적인 사례들은 분위기만 말해 줄 뿐 객관적이고 전체적인 현황을 말해 주지는 못하기 때문에 증거로 삼는 데에는 취약하다. 또한, 통계청 등이 발표한 소득계층 분위별 평균소득수준과 소득계층간 격차 및 그 변화는 사무직 종사자, 자영업자, 공무원 등 실제의 '중산층' 과는 유리된, 매우 추상적인 '소득계층' 들의 상태변화만을 말해 줄 뿐이다. 더욱이 그것은 '평균' 이기 때문에, 실상을 보여 주는 데에는 한계가 많다. 특히 동적으로 중산층의 한 부분이 퇴출을 당해 실업자가 되었거나 이직을 통해 계급-계층적 지위를 하강이동을 한 상황이나 정도를 보여 줄 수가 없다.

그 다음, 실업통계라고 하는 것도 이와 유사한 한계가 있다. 더욱이 실업이라고 하는 것은 영구적이거나 장기적인 경우들도 있지만, IMF 사태로 인해 발생한 '급성'의 경우들은 일정한 시간이 지나면서 창업이나 재취업으로 이어지는 것이 대부분이었다. 그래서, 전체적인 실업률의 증감이나 대량실업 그 자체도 문제이긴 하지만, '중산층이 과연 몰락하고 있는가' '어느 정도 몰락했는가' 등을 따지고자 한다면, 실업한 사람들이 어디에 다시 취업을 하여 어떤 계급, 계층적 지위로 이동하거나 복귀하는가에 주목해야 할 것이다. 기업이나 언론사에서 명예퇴직을 당한 후, 퇴직금으로 자영업체를 창업한 사람, 부도가 나서 자영업을 문닫고 기업체에 사무직 종사자로 취직한 사람, 구조조정으로 밀려난 회사원이 처우가 훨씬 낮은 다른 회사의 사무직으로 재취업한 경우 등은 모두 실직의 아픔을 겪었지만, 소위 '중산층'에서 일시적으로 탈락했다가 다시 '중산층'으로 계층적 지위를 회복한 경우들이다.[3)]

다섯 번째 문제는 '몰락 이후'의 문제라고 할 수 있는 성질의 것이다.

우선은 중산층이 건전하고 보수적인가 하는 점부터 의문스럽다. 다른 무엇보다도 앞서 언급한 것처럼 중산층이 여러 부문과 부류의 사람들로 이루어져 있기 때문에 평균으로 접근하거나 일률적으로 연역해 내는 것

3) 1998년 6월 노동부의 〈고용보험통계월보〉에 의하면, 고위 임직원 및 관리자나 전문가가 동일 직종에 재취업하는 경우는 40% 정도로 나타났고, 이들 중 30%와 전문기술직의 20%는 경리직이나 비서 등의 일반사무직으로 하향취업하거나 소규모사업주 내지 자영업자로 이동하는 것으로 나타났다.

도 곤란하다. 농민과 도시자영업자, 대기업 사무직 노동자, 공무원이나 민간서비스 부문 종사자 등이 정치성향 면에서 비슷하다고 할 수 있는가. 또, 시대상황에 따라서는 그 일부는 개혁이나 혁명에 참여하지 않았던가. 중산층의 정치적 의식과 성격은 고정불변이 아니라 시대적인 여건과 상황에 따라 변화하며, 중산층도 중산층 나름으로, 즉 중산층 범주 안에 드는 여러 이질적인 집단들 사이에 적지 않은 차이가 있다는 것이다.

그 다음, 중산층 몰락의 테제에서는 주로 '실업과 소득 및 생활수준의 저하' 를 염두에 두면서 '몰락' 이 사회적 안정을 위협하는 현상이라고 진단하고 있다. 그러나, 과연 이러한 고용불안 현상이 사회적 안정을 위협하는 것인지 아니면 그 반대인지도 종합적으로 판단해야 할 일이다. 고용불안의 상황 속에서는 불만도 늘어날 수 있지만, 그 반면 직장에서 살아남기 위해 동료와의 경쟁이나 회사에 대한 충성심이 한층 더 강화되는 현상도 생겨나기 때문이다. 실상이 어떤지, 그리고 어떤 방향의 의식이나 정서가 더 지배적인지에 대해서는 경험적인 근거에 의해 판단해야 할 것이다.

이는 임금이 삭감된 사람들 이외에, 직장에서 떨어져 나온 실직자나 명퇴자들에 대해서도 마찬가지이다. 많은 이들은 IMF 사태와 그에 따른 구조조정과 정리해고를 불가피한 숙명처럼 받아들이고 있으며, 퇴직자들 사이에서도 이러한 경향이 있다. 따라서 이른바 '사회안정을 위협' 하는 부정적인 인식이나 정서가 이들 사이에서 과연 지배적인가 하는 문제도 경험적인 조사와 평가를 요하고 있다.

3. 몇몇 학자들의 주장

그렇다면, 학자들은 IMF 이후 중산층의 운명에 대해 어떻게 보고 있는가.

언론에서 관심 갖는 것에 비해서는 이 문제에 관심을 보인 학자들은 많지 않다. 그 주된 이유는 1980년대와 달리 1990년 이후부터는 계급, 계층의 문제에 대한 관심과 논의와 연구가 많이 줄어들었기 때문일 것이다. 그럼에도 불구하고 김호기, 김동춘, 양춘, 신광영 등이 IMF 이후 중산층의 문제를 다루고 있다. 이들은 언론과 달리 학자적인 신중함을 보이고 있으나, 과연 앞서 지적한 문제점들을 피하고 있는지, 아니면 답습하는지 주목해 볼 만하다.

(1) 중산층은 중류층?

김호기(1999)는 중산층이 중간계급과는 일치하지 않는 통속적인 개념이라고 하면서도 글에서는 그 통속화된 중류층적 의미로 사용한다.[4] 그는 "우리 사회에서 중산층은 과연 붕괴하고 있는가" 라는 질문을 던지면서 다음처럼 말하고 있다.

---

4) "… 중산층은 객관적 기준에 의해 범주화된 집단이라기보다는 자신의 계급위치가 사회적 위계의 중간에 있다고 주관적으로 생각하며 이른바 '중산층적 삶' 을 가능하게 하는 경제적 자원과 생활양식을 소유하고 있는 집단을 말한다." pp.245~246 각주.

"세계화와 이와 연관된 20 대 80 사회의 도래는 우리 사회 에서도 예외는 아닌 듯하다. 우리 사회에서 20 대 80 사회의 가시화는 우선 중산층의 위기로 나타나고, 이는 다시 부익부 빈익빈의 사회의 양극화로 귀결되고 있는 것처럼 보인다. 이러한 중산층의 위기는 1990년대 중반 이후 서서히 가시화되어 왔지만, IMF 관리경제의 등장으로 인해 보다 두드러지고 있다. 이러한 중산층의 위기가 갖는 사회적 의미는 매우 중대하다. 그것은 … 정치-사회적으로는 사회갈등의 완충지대를 소멸시켜 사회통합을 약화시킨다"(김호기, 1997: 247).

"요컨대, 다수의 중산층을 실업 내지 하층으로 내몰았던 서구 1980년대의 중산층 양극화 현상은 1990년대 중반 이후 우리 사회의 현실로 나타나고 있으며, IMF 관리경제의 등장으로 인해 가속화되었다고 볼 수 있다" (김호기, 1999: 253~254).

"… 사회통합은 사회적 합의를 창출하고 사회갈등을 제어하는 동시에 구성원들에게 사회적 가치를 개인적 삶의 의미로 내면화시킴으로써 사회의 내적 결속을 제고시키는바, 중산층은 이러한 사회통합을 창출하는 중심세력을 형성해 왔다. 따라서 이러한 중산층이 점진적으로 붕괴된다면 자기사회에 대한 구성원들의 소속감과 연대감이 약화되는 사회통합의 위기가 가시화될 가능성이 높다"(김호기, 1999: 258~259).

김호기의 논지는 인용문에서도 나타나듯 "한국에서도 1990년대 중반 이후 중산층의 양극화가 현실화, 가속화되고 있으며, 사회통합의 중심세력인 중산층이 붕괴된다면, 사회통합의 위기가 발생할 것이므로 정부는 고용안정 및 사회보장정책 등 적극 그 대책을 마련해야 한다"는 것이다

그의 양극화론은 기존의 언론들이 보여 준 통속적인 중산층 몰락론과 유사한 점도 있고 차이도 있다. 가장 큰 차이는 양극화 현상을 장기적-

거시적인 관점에서, 예컨대 세계화 추세와 연관지어 바라보는 점, 그렇기 때문에 몰락의 원인을 직접 IMF 사태에 돌리지 않는다는 점, 그리고 그렇기 때문에 '몰락했다'는 식으로 단정짓지 않는다는 점이다. 그러나, 그는 통속적인 몰락론과 유사하게 첫째, 계층론적 중산층 개념에 입각하여, 둘째, 몰락이나 양극화의 증거를 실업증가, 고용불안, 소득 및 생활수준 저하, 소득격차 심화 및 상대적 박탈감 증가 등에서 찾고 있으며, 셋째, 사무직 종사자층을 중산층의 대표선수로 삼아 주로 이들의 상태변화를 분석하여 증거를 찾는다. 그리고, 넷째, 중산층이 어떤 정치적-이념적 지향을 일률적-고정적으로 갖는 것은 아니지만, 사회통합의 중심세력이라고 보면서, 그 몰락이 가져올 사회적 심각성에 비추어 '겁주기'를 하고 있으며, 다섯째, 정부는 제대로 된 중산층 보호대책을 마련하라고 요구한다.

(2) '중간층적 노동자'의 '프롤레타리아화'?

김동춘(1998)은 중산층 몰락의 문제를 약간 다른 관점에서 보고 있다.

그는 우선 세계화 추세와 IMF 관리체제 하에서 "'중간층'과 '중간층적 노동자'들의 축소와 양극화 및 '주변화'가 '진척'되고 있다"라고 말한다. 그는 중산층이라는 용어를 기피하면서 그 대신 '중간층', 그리고 거기에서 큰 부분을 이루는 사무직 종사자층을 '중간적 노동자'라고 부르면서, 김호기와 마찬가지로 중산층의 몰락이나 양극화 현상이 장기적-거시적인 차원에서 진행되어 왔다고 본다. 따라서, IMF 관리체제 이후에도 진행될 어떤 추세로 본다. 그리고 몰락했다든지, 양극화되었다든지 하는 '단정'을 내리지 않고, '진행중' 혹은 '진척되고 있다'는 식으로 평가한다.

그는 '중산층의 몰락' 을 대신해서 '중간계급 혹은 중간층의 축소', '중간층의 양극화와 주변화(주변계급화)' 라는 표현을 사용한다.

> "비공식 부문의 증대와 주변계급의 확대, 비정규직 취업자의 증대 등으로 특징지어지는 주변화의 과정은 곧 계급-계층 구조의 양극화, 즉 '풍요로운 중간계급' 의 축소와 이들의 프롤레타리아화를 수반하는 경우가 대부분이다. 따라서 IMF 경제위기와 정부의 신자유주의적인 경제정책, 그로 인한 소득격차의 확대와 더불어 상당수의 중간층, 혹은 중하층에 속했던 노동자들의 프롤레타리아화가 어떻게 진척되고 있는지 살펴볼 필요가 있다" (김동춘, 1998: 36).

여기서 김동춘은 중간계급, 중간층, 중하층 등의 용어를 혼용하고 있으며, '중간층에 속한 노동자들의 프롤레타리아화' 라는 특이한 어법을 구사하고 있다. 이는 계급론적 관점과 계층론적 관점이 혼재되어 있다는 것을 말해 준다. 용어는 제쳐놓고 보더라도, 특히 '노동자들의 프롤레타리아화' 라는 표현이 그러하다. 노동자는 곧 프롤레타리아인데, 노동자가 프롤레타리아화한다는 데에는 여러 가지 뜻이 숨어 있다.

첫째는 프롤레타리아를 '하층 노동자' 로 본다는 것이다. 이 경우, 프롤레타리아화는 노동자계급 내에서 '계층적 지위' 가 중에서 하로 하락한다는 것을 말한다. 즉, 계급이동이 아니다. 두 번째 의미는 '빈곤화' 이다. '빈익빈 부익부' 에서처럼, 자본가는 부자, 노동자는 가난한 사람이기 때문에, 이런 의미에서 프롤레타리아화한다는 것은 빈곤화한다는 뜻이 된다. 그러나, 이 두 가지 모두는 계급 이론에 반입된 계층론적 관점이 적용된 것이다. 계급론적으로 보면, 프롤레타리아화란 노동자화하는 것이다. 즉, 노동자계급이 아닌 사람이 노동자계급의 성원으로 되는 것을 말

하는 용어이다.[5]

김동춘은 또 양극화가 맑스가 말한 것과 다른 형태로 진행되고 있다고 본다. 주변화, 즉 주변계급화가 진행되고 있다고 보는 것이다.

> "전통적인 계급양극화의 명제는 맑스가 이미 제시한 바 있다. 그러나, 양극화가 반드시 자영업자의 몰락과 기업의 집중, 그리고 한쪽이 극단인 노동자와 동질화를 수반하지는 않는다. 즉, 계급양극화가 주변화, 노동자의 파편화를 수반하고 있다는 점에서 과거의 계급양극화론이 오늘에 그대로 적용되기는 어렵다. 전통적인 양극화론은 자영업자의 몰락을 통해 계급의 분해가 진척된다고 보았다면, 오늘날 자본의 세계화 국면에서는 자영업자가 쉽게 사라지기보다는 끊임없이 잔존하는 가운데, 이들 자영업자의 일부가 프롤레타리아화되고 노동자 내부에서의 파편화가 진전되는 경향으로 나타나고 있다. 우리의 경우도 … 1993년 이후 자영업자의 절대수가 줄어들기보다는 오히려 증가하였다"(김동춘, 1998: 40).

사실 김동춘이 지적하듯, 전통적인 중간계급의 완전한 몰락을 주장한 맑스의 몰락론은 실제 역사에 비추어 보면, 과장된 것이고 잘못된 것이다. 자영업자들이 계속 무너지면서도 새로 생겨나는 등 일정한 정도로 잔존하기 때문이다. 그러나, 김동춘 역시 농업 부문이 지속적으로 급속한 감소를 해 온 점은 간과하고 있으며, 오늘날의 도시자영업체들 중 상당히 많은 수가 맥도널드, 후지필름, 삼성전자대리점 등 하청업체, 대리점, 연쇄점 형태로 대자본의 산하에 편입, 혹은 계열화되어 있다는 점, 그리고 그 비중이 갈수록 커 가고 있다는 점에 대해서도 고려하지 않고 있다.

---

5) '프롤레타리아화' 및 '빈곤화' 개념은 1980년대 후반 국내 소장학자들 사이에서 자주 쓰인 용어였는데, 그 의미와 거기에 대한 비판적인 논의로는 유팔무(1990b)를 참조.

'주변계급'이란 과거 '비공식 부문'이라 불리던 영역에서 생활하는 사람들로서 불완전 취업 노동자나 영세상인, 행상 등 일자리나 생활수준이 정규직 노동자들이나 자영업자들보다 못한 최하층의 사람들을 가리키는 말이다. 김동춘은 주변계급의 증가를 이야기하지만, 여기서 큰 부분을 차지하는 것은 비정규직 종사자나 불완전 취업자, 그리고 자영업체에 고용된 노동자이며, 이들 또한 비정규적이고 불완전한 형태이긴 하지만, 대부분 자본에 예속되어 있다. 따라서, 이런 부분이 '자본-임금노동' 관계의 양극화에서 벗어나는 현상은 아니라고 할 수 있다.

이런 점은 '중간층적 노동자'의 양극화와 주변화에서도 마찬가지이다. 근로조건이나 임금수준이 낮아진다고 해서 그들이 탈중간층화하거나 탈노동자화하는 것이라고 할 수 있느냐 하는 문제이다. 이 층은 따로 주변계급이라 하기보다는 노동자계급 하층이라거나 주변적 노동자층이라 하는 것이 나을 것이다. 이들은 대개 농촌 출신이든 정규직 노동자 출신이든 대부분 '불완전 취업자' 혹은 맑스가 말한 '산업예비군'이라 할 수 있으며, 자본-노동 관계를 벗어나 바깥에 위치해 있기보다는 그 관계의 주변부에 위치해 있다고 보아야 할 것이다. 그리고, 이들은 프롤레타리아화가 아니라 그 반대로 탈프롤레타리아화의 과정, 즉 '룸펜 프롤레타리아'화의 과정에 있다는 것으로 개념화하고 비판하는 것이 더 적절할 것이다.[6)]

---

6) 룸펜 프롤레타리아트에서 '룸펜'이란 '쓰레기'를 뜻하는데, 맑스는 늙거나 병들고 사고가 나 노동능력을 상실한 정규직 노동자와 실업자들 중 장기실업자를 가리키는 말로 사용하였고, 이들은 생계가 불안하기 때문에 대개 윤리적-도덕적으로 부패하기 쉽고 정치적으로 신뢰할 수 없는 위험한 집단이라 평했다. 맑스, 『자본론』 1권, MEW. 23: 670~673을 참조.

(3) 빈부격차 심화는 사회불안요소

양춘(2000: 43)은 언론이 보이는 입장과 유사하지만, 곧바로 양극화나 몰락을 논하기보다는 다음처럼 매우 완곡한 어조로 '불평등의 심화 및 불안요소의 증가'를 논하고 있다.

> "IMF 초기의 고금리와 실업자계층의 증대는 빈부격차의 심화를 가져왔다. 그리하여 중간계층을 주로 형성하는 봉급생활자와 기타 경제적으로 어렵거나 실업상태에 있는 사람들은 계속되는 물가고와 취업난으로 인해 가진 사람보다 몇 배 더 많은 고통을 감수해야 하는 처지가 된 것이다. 중산층의 위기와 축소를 우려하는 최근의 언론보도도 바로 IMF 여파로 인한 우리 사회의 구조적 문제를 나타내는 하나의 단면이다. … 이와 같은 여러 가지 현상들이 우리 사회의 분배 형평성을 크게 왜곡시켜 사회불안과 소요의 빌미를 제공하지 않을까 우려된다. 중산층 또는 중간계층의 문화가 아직 제대로 뿌리내리지 못한 우리 사회의 계층구조에서 현재 진행되고 있는 빈부격차의 심화 현상이 가시화될 때 건전한 사회통합과 안정을 찾기는 어렵게 된다."

여기서 그는 중산층과 중간계층을 구별하지 않으면서, 따라서 '계층적인 의미'로 파악하면서, 한편으로는 '빈부격차의 심화'를, 다른 한편으로는 이로 인한 불안요소의 증대를 우려하고 있다. 언론과 기조는 유사하지만, 중산층의 몰락이나 붕괴, 양극화와 혁명 같은 극단적인 표현은 쓰지 않은 채, 불평등의 심화에 따른 불안요소의 증대를 우려하는 선에서 머물고 있다. 이러한 평가는 언론에 비해 '계층론적 입장'에 보다 충실하기 때문에, 또 그로 인한 온건함과 일관성 때문인 것으로 보인다. 그럼에도 불구하고, 여기서는 사회불안요소의 원인으로 간주되는 불평등 심화가 왜, 어디에서 유발하는지, 즉 단지 IMF 사태와 그 직접적 영향 때문인지, 아니면 다른 곳에서, 즉 자본주의나 계급구조 같은 데에서도 오는 것인지가 불명확하다.

(4) '노동계급' 내의 양극화?

그 후, 신광영(2003)도 IMF 사태를 계급, 계층론적 관점에서 다루었는데, 계급론적 입장에서 불평등 심화 현상을 분석, 서술하고 있다. 그는 특히 IMF 직후 기업구조조정과 대량해고 사태로 인해 '노동계급' 과 '중간계급' 의 상당한 부분이 실업자가 되고 비정규직화되었다는 점, 그리고 그들간의 임금격차 심화 현상에 주목하고 있다. 정규직-비정규직 간의 비율은 IMF 전인 1995년부터 1997년까지 대체로 55 대 45 정도로서 비정규직이 점차 늘어나는 추세에 있었지만, 1999년부터는 비정규직이 50%를 넘어서는 쪽으로 역전했다는 점을 밝히면서(신광영, 2003: 45), 다음처럼 '노동계급 내의 양극화' 를 지적하고 있다.

"… 1997년 이후 경제위기 …로 인하여 노동계급 내부의 불평등이 심화되었다. 노동시장 유연화로 비정규직이 크게 늘었고, 정규직과 비정규직 종사자 간의 임금의 격차가 커지면서, 노동계급 내에서 양극화 현상이 나타나고 있다"(신광영, 2003: 52).

여기서 그가 IMF 여파로서 강조하는 것은 '중간계급이 몰락하여 노동자계급이 된다' 는 식의 '프롤레타리아화' 가 아니라 정규직 봉급생활자층(노동계급+중간계급)이 점차적으로 비정규직화해 가며, 따라서 노동자계급 내의 양극화와 분절화가 심화되어 간다는 점이다. 그리고, 그러한 '양극화' 현상을 막기 위해서는 기존의 신자유주의정책을 대신하여 복지와 분배 쪽으로 전환해 가야 한다는 주장이다.

이는 통상의 언론이나 맑스주의 계급 이론에서 흔히 말하는 '중간계급 혹은 중산층의 몰락' 이나 '계급양극화' 혹은 '자본-노동계급으로의 양극화' 와는 전혀 다른 차원의 논의이다. 유의해야 할 것은 특히 그가 이야기하는 '노동계급' 이란 좁은 의미로서 생산직-기능직 노동자를 말하는 것이며, '중간계급' 이란 보통 '사무직 노동자' 혹은 '봉급생활 중산층' 혹은 '중간층적 노동자' 라 불리는 층, 그러니까 통상의 중간계급이나 중산층보다는 훨씬 좁은 범위를 포괄하는 집단이라는 점이다. 그래서, 비정규직화 추세에 놓여 있는 집단은 노동계급이나 중간계급 어느 하나가 아니라 둘 다라고 보는 것인데, 개념상으로도 혼란스럽다. 그렇지만 비정규직도 중간계급과 노동계급으로 나누어 보아야 마땅할 터인데, 이를 묶어 비정규직의 평균임금이 낮고 정규직과 격차가 벌어진다는 점만 지적하고 있다.

(5) IMF 이후 중산층 몰락 테제와 이론의 문제들

이상에서 우리는 IMF 사태 이후 언론을 통해 '끈질기게 제기된' 중산층 몰락의 테제가 지니고 있는 문제점들, 그리고 학계에서의 논의와 거기서 엿보이는 문제점들에 대해서도 지적하였다. 정리해 보면, 그 문제점들은 다음과 같다.

첫째, '소득수준의 저하' 와 '지위의 상실 및 하강이동' 을 구별하지 않는다. 몰락이나 붕괴는 중산층에 속한 사람들의 다수가 중산층적 지위를 상실하고 집단적으로 하강이동함으로써 전체적인 계층구조(혹은 계급구조)가 말하자면 '모래시계형' 으로 바뀌는 변화이다.

둘째, 빈익빈 부익부 및 양극화라고 하는 맑스의 계급 이론적 명제들을 오해, 왜곡 적용하고 있다. 그 명제들은 맑스에게서 자본-임금노동 사이의 관계를 요약하는 명제들로서 중산층(혹은 중간계급)이 개입되어 있지 않다. 그가 계급적인 양극화를 말한 것은 한편으로는 전체 사회의 계급구조가 중간이 없는 자본가-노동자 두 계급으로 단순화되는 법칙적 경향, 다른 한편으로는 자본-노동 사이의 격차심화와 양극화였다.

셋째, 계층 이론적 관점과 계급혁명론적 관점을 혼용하고 있기 때문에 일관성이 없고 모순적이다. 몰락론은 계층 이론과 중산층 사회론의 관점을 취하고 있으면서 그 반대 입장인 계급양극화 및 계급혁명적 위기론을 차용함으로써 모순을 빚어내고 있다.

넷째, 계층 이론과 신중간계급(신중산층) 이론으로 변형된 중산층 개념은 그 타당성에 논란의 소지가 있을 뿐 아니라, 몰락을 논할 때, 중산층에 포괄되는 다양한 부문들 사이의 차이를 무시한 채, 과잉일반화하는 오류를 범하고 있다.

다섯째, 중산층의 정치의식과 성향을 일률적이고 고정불변인 것처럼 단정하고 있다. 그들의 정치의식과 성향은 시대적인 여건과 상황에 따라 변화하며, 일률적이지 않고 중산층도 중산층 나름으로, 즉 중산층 범주 안에 드는 여러 이질적인 집단들 사이에 적지 않은 차이가 있다. 또한, 이들이 생활상태 악화나 몰락 이후에 저항적이거나 변혁적인 성향으로 변할 것으로 예견하지만, 의문스럽고 거기에 대한 증거도 없다.

그 다음, 여섯째, 학자들의 논의를 통해 새롭게 제기된 것으로서 중산층 몰락 현상이 장기 추세에 의해 진행되고 있는, 따라서 IMF 사태에 의해 직접적으로 촉발된 것이 아니라 단지 가속화되는 현상인가, 아닌가 하는 점이 불명확하다. 즉, 장기 추세의 관점에서 볼 때, '중산층 사회론' 에서 제기해 온바, 자본주의가 발달할수록 중산층이 비대화한다는 '중산층 비대화론' 이 맞는가, 그 반대로 맑스 이론이 맞는가 하는 점이다.

마지막으로 이와 직결된 문제, 그리고 개념과 관련된 문제로서 일곱째, '중산층' 을 누구로 볼 것인가, 혹은 어떻게 파악할 것인가 하는 점이 커다란 문제이다. 우선, 계급적으로 파악할 것인가, 계층적으로 파악할 것인가 하는 점, '사무직 종사자' 혹은 '중간층적 노동자' 를 중산층에 속한다고 볼 것인가, 노동자계급에 속한다고 볼 것인가 하는 점, 나아가서는 이들을 과연 중산층의 대표로 간주할 수 있느냐 하는 점이다.

본래 신중간계급 이론을 제기한 서구의 네오 맑스주의나 베버주의 이론가들에게서는 '중간층적 노동자' 는 노동자계급에 속하지 않고 별개의 계급 혹은 신중간계급에 속하며, 계층 이론의 관점에서도 대개는 중간계층 혹은 중류층으로 파악된다. 앞의 논의에서도 김호기, 김동춘, 양춘은 이 노동자들이 양쪽에 다 속하는 이중적인 귀속성을 갖는 것으로, 그러니까 계급론적으로는 노동자계급에, 계층론적으로는 중산층(중간계층)에 속하는 그런 존재로 간주하고 있다. 이는 계급 이론과 계층 이론을 동시에 적용하기 때문에 생기는 일이기는 하지만, 우리가 크게 유의해야 할 사항은 계층 이론에는 중산층 몰락이나 양극화라는 이론과 개념 자체가 없기 때문에 계급 이론에 고유한 그런 이론과 개념을 가져다 계층 이론에 적용하는 것은 논리적 모순을 낳고 혼란도 가중시킨다는 점이다.

따라서, 이 같은 혼란을 줄이기 위해서는 몰락 혹은 몰락의 추세에 들어 있다고 하는 중산층이 과연 누구인가, 즉 중산층이란 무엇인가 하는 개념설정이 보다 일관성 있게, 명확하게 재정립될 필요가 있다.

방향은 세 갈래이다. 하나는 '소득수준, 따라서 생활수준이 중간쯤 되는 사람들' 이라고 하는 순수한 계층론적인 '소득계층' 개념으로 가는 길이고, 다른 하나는 신중간계급론처럼, 계층 이론적으로 수정한 '새로운 계급' 의 개념으로 가는 길, 그래서 신, 구 중간계급을 포괄하는 중간계급의 개념으로 가는 길이다. 마지막 하나는 맑스의 중간계급 개념으로 복귀하는 길, 즉 '중산층적 노동자' 는 '노동자계급 상층' 이라 간주하는 길이다.

결론부터 먼저 이야기하자면, 세 번째 길은 오늘날 통념화된 중산층 개념과 거리가 너무 멀고 사실상 중산층 개념을 폐기하는 길이라고 할 수 있기 때문에 무리가 있고, 세 가지 중 두 번째의 길이 가장 무난한 길이라고 할 수 있을 것이다.

소득계층은 통계적 범주로서 소득 면에서의 불평등상태를 통계적 분포로 잘 서술해 주기는 하지만, 통계적 범주이기 때문에, 연구자에 따라 주관적-임의적이고 가변적이고 다양하게 구획이 설정된다. 그래서 객관적으로 구분된 범주라 할 수 없고, 각각의 범주에 속하는 사람들(예컨대 중간적인 소득수준을 갖는다는 중산층 사람들)도 객관적으로 거기에 속하는 것이 아니다. 이와 달리 두 번째의 신중간계급 개념에는 베버적 의미의 지위(신분)와 권위가 포함되어 있고, 경험적으로는 직업이나 종사상의 지위로 파악될 수 있는 객관성이 있다.

그러나, 이 두 번째의 중산층 개념을 채택한다 하더라도 분명히 해 두어야 할 것은 이 경우, 중산층은 중간계급과 같은 개념이 아니며, 맑스의 중간계급 개념을 기본으로 하면서 거기에 노동자계급의 한 부분, 흔히 '중간층적 노동자' 라 불리는 부분까지 포함하는, 따라서 이 부분만큼은 베버식으로 확장한 개념이라는 점이다. 이 부분이 계층론적으로 확장된 것이 아니라 베버적으로 확장되었다는 말은 계층적 지표인 소득이 아니라 베버적 지표인 신분(지위)과 권위를 지표로 노동자계급을 크게 둘로, 그러니까 지위가 중간 이상이고 권위도 중간 이상 가진 노동자와 그렇지 않은 보통의 노동자를 구분한 것이라는 뜻이다. 따라서, 이 노동자층은 '경제적-계급적' 인 의미에서는 노동자계급에도 동시에 속하는 존재라는 것이다.

4. 연구의 목적과 방법

앞서 논한 바와 같이, IMF 사태가 발생한 이후, 주로 언론을 중심으로 해서 "중산층이 몰락하고, 사회가 양극화되고 있다"는 이른바 중산층 몰락의 테제가 수년간 지속적으로 제기되고 있다. 우리는 이러한 테제가 부정확하고, 과장되었으며, 또 모순적이라고 하였다.

부정확성은 주로 중산층이 누구인지와 양극화가 무엇인지에 대한 개념적인 혼란에서 비롯되었다.

한편으로 중산층은 '새로운 계급' 으로서 주로 '사무직 노동자' (혹은 봉급생활자)라 이해되는가 하면, 다른 한편으로는 '소득수준이 중간쯤 되는 사람들' (따라서 '생활수준이 중간쯤 되는 사람들')로서 소득계층의 의미에서 중류층, 중간층, 중간계층 등과 같은 뜻으로 이해되었으며, 나아가서는 '주관적으로 중산층/중류층 귀속의식을 갖는 사람들' 로 이해되기도 하였다. 물론, 이 세 가지 의미의 중산층은 서로 다르며, 차원도 다르다. 중산층 몰락 테제는 이런 저런 의미를 혼용하면서, 실업과 정리해고 등을 논할 때에는 첫 번째 의미로, 소득저하 및 소득격차 확대를 논할 때에는 두 번째 의미로, 몰락의 증거를 이야기할 때에는 두 번째와 세 번째 의미를 동시에 사용하는 경향을 보였다.

양극화라고 하는 것도 크게 보면, '계급/계층구조의 양극화' 가 있고,

'소득수준의 격차확대 및 양극화' 가 있는데, 기존의 테제에서는 두 가지를 다 양극화라고 보면서도 그 증거를 논할 때에는 소득격차 확대만을 증거로 이야기한다. 여기에 덧붙여 '주관적 중산층' 이 축소, 감소하는 것을 증거로 제시하는 경우들도 많다. 그래서 부정확하고, 또 두 번째와 세 번째 의미에서의 양극화는 양극화의 부차적, 간접적인 측면이기 때문에 이러한 측면에서의 양극화를 가지고 첫 번째의, 본래적 의미의 양극화를 논하고 증거로 삼는 것은 부정확하다.

그 다음, 몰락의 테제가 과장되는 데에는 앞서와 마찬가지로 개념적인 혼란, 진술의 부정확성, 증거불충분 등이 크게 작용하였지만, 중산층의 축소나 몰락을 우려하는 정치적-이데올로기적인 입장, 즉 '중산층 사회론' 의 입장이 뒤에서 작용하였다. 그래서 이 테제의 결론은 거의 항상 "중산층 보호대책이 절실하다" 는 쪽으로 간다. 그러나 중요한 것은 중산층 몰락의 추세가 만일 사실이라고 하더라도, 과연 이 몰락하는 중산층 사이에서 체제에 대하여 비판적, 저항적인 의식이 강해지고 있느냐 하는 점일 것이다. "경제위기 직후에는 노동자계급의 저항적 계급의식이 늘어난다" 는 맑스의 명제도 사실은 경험적으로 입증되기 어려운 터인데, 중산층은 그런 의식변화를 보여 줄지, 검증이 필요한 대목이다.

나아가 그러한 소위 몰락 현상이라고 하는 것이 IMF 사태나 IMF 관리체제 이전부터 진행되어 오던 것이 가속화된 것인지, 아니면 그전에는 없던 것이, 그러니까 중산층이 점차 두터워지던 것이 추세였는데, 갑자기 IMF 벼락을 맞아 생겨난 일시적인 현상이나 추세인지 하는 점도 규명되어야 할 중요한 사항이다.

IMF 사태 이후 불거져 온 '중산층 몰락 테제' 는 앞서 지적한 바와 같은 여러 가지 문제점들을 지니고 있으며, 어떤 부분은 논리적-이론적으로 교정되어야 할 것이고, 또 어떤 부분들은 경험적으로 검증을 받아야 할 것이다. 본 연구의 1차적인 목적은 바로 거기에 있다. 중산층 몰락 현상과 관련된 사실들을 명확히 밝혀 내고, 이와 관련된 인식을 올바르게 정립하는 것이 바로 그것이다. 그러나, 이를 위해 해야 할 작업은 여러 가지가 있다. 그 세부적인 연구과제들은 다음과 같다.

첫째는 중산층이 무엇이냐, 혹은 무엇으로 볼 것이냐 하는 점으로서, 그 사이에 진행된 이론과 개념정의를 둘러싼 논의들을 재검토하여 그 개념을 명확하게, 그리고 일관성 있게 정립하는 일이다.

둘째는 중산층 몰락의 현상 혹은 추세가 IMF 사태 이전의 시기에는 있었는지 없었는지, 또 그 정도는 어떠했는지를 검토하고 IMF 상황 이후의 시기와 비교하는 일이다. 우리는 그 시기를 1990년대 초반, 중반, 후반으로 나누어 고찰하고자 한다.

여기서는 '구조'에서의 변화가 1차적으로 주목해야 할 사항이다. 그러나, 몰락 테제에서 즐겨 찾는 '소득격차의 심화' 여부와 정도, 즉 소득 불평등의 양상을 비롯한 '생활상태'가 IMF 이전 시기부터 어떤 변화를 겪어 왔는가에 대해서도 검증이 필요하다.

셋째는 중산층이 그러한 변화와 함께 의식 면에서 어떤 변화를 겪었는가, 즉 사회체제에 대해 비판적, 부정적인 인식을 어느 정도 가지고 있었으며, 그러한 의식은 또 IMF 사태를 전후하여 어떤 변화를 겪었는지 조사, 검증하는 일이다.

넷째는 중산층이 실제로는 여러 부문과 분파들로 이루어져 있기 때문에 이들을 구분하여 각각의 상태와 변화를 비교, 분석하는 것이 필요하다. 중산층의 몰락을 예컨대 그중 어느 한두 분파의 상태와 변화를 대표적인 증거로 삼아 주장하는 것은 실상을 '과장'하거나 '왜곡'할 수 있기 때문이다.

도시/농촌 부문, 기업/자영업 부문, 영리/비영리 부문 등 중산층을 구성하는 여러 부문들은 인구규모 변화의 면에서나 생활상태, 의식구조의 면에서 상당한 차이를 지녀 왔다는 것이 지금까지의 정설이다. 그래서, 예컨대, 도시자영업자, 농민, 공무원 등과 흔히 중산층의 대표처럼 간주되는 사무직 노동자와는 여러 면에서 차이를 지녔으며, IMF 이전, 이후에 그 경험도 달랐을 것이다.

이러한 과제들, 크게 네 가지 정도의 과제들을 해결하기 위해, 본 연구는 중산층 및 중산층 몰락 테제와 직접적으로 관련된 각종 문헌들을 연구, 검토하는 문헌연구와 함께 기존의 통계분석적 자료와 연구들, 정부통계 자료와 조사연구결과들을 수집, 검토하여 2차적으로 분석하는 방법을 사용하고자 한다. 그리고, 기존의 통계적 분석결과들을 인용, 발췌, 재해석하는 방법 이외에도 각종의 사회조사 원자료들을 본 연구의 독자적인 개념과 분석틀에 입각하여 새롭게 통계적으로 분석하는 방법을 사용하고자 한다.

제2장 계급양극화와 중간계급 이론

그러면, 우선 '중산층 몰락과 양극화 현상'이라고 하는 것을 이론적으로 어떻게 이해할 것인가 하는 문제부터 풀어 나가기로 하자.

주지하다시피 본래 그러한 이론을 제시한 사람은 칼 맑스였으며, 중산층이라는 우리나라 특유의 개념도 본래는 중간계급 또는 쁘띠부르주아지에서부터 유래하여 변형된 것이다. '중간계급의 몰락과 자본-노동계급의 양극화, 그에 뒤이은 계급혁명'을 골자로 하는 맑스의 계급 이론은 맑스 사후 100여 년간 찬반양론을 불러일으켰다. 정통 맑스주의의 입장에서는 그의 이론을 지지하고 또 그런 경향이 경험적-역사적으로 나타나고 있다고 믿었으나, 그것을 부정하거나 반대하는 이론들이 여러 각도에서 제기되었다.

그 과정에서 막대한 영향을 미친 것이 막스 베버의 다원적 관점이었으며, 맑스 비판가들은 베버적 관점을 계급 이론과 계층 이론의 두 형태로 끌어들여 중간계급 개념을 재구성하거나 중간계층 개념으로 대체하는 가운데, 오히려 그 반대경향, 즉 중간이 불룩해지는 경향이 진행되고 있다는 주장을 폈다. 개념 수정을 통해 중간계급에 새로 포함된 대표적인 집단은 '노동자계급의 상층'이라 할 수 있는 집단이었고, 이들이 노동자계급이냐 중간계급의 새로운 일부이냐 하는 판정에 따라 맑스의 중간계급 몰락 테제가 승인 혹은 부인되었다.

다른 한편, 맑스의 계급 이론은 특히 노동자계급의 저항의식 증가 및 혁명적 실천운동의 전개라는 실천적인 측면에서는 그 타당성이 의문시되었고, 맑스주의 안에서도 맑스와 정통 맑스주의의 경제결정론적 사고방식에 문제가 있으며 따라서 이를 수정해야 현실에 적합하다는 입장들이 형성되었다. 결국은 이들 네오-맑스주의 이론가들 또한 다원론적 관점을 수용하여 경제 외에도 이데올로기나 권력 같은 차원을 함께 고려하여 계급을 새롭게 파악하려 했으며, 마침내는 베버주의 이론가들과 같이 노동자계급 상층부를 중간계급으로, 그러니까 중간계급의 새로운 한 부분으로 파악하였다.

이렇게 해서 맑스의 '중간계급'은 구중간계급, 다원적 관점에서 새로 중간계급으로 규정된 '노동자계급 상층부'는 신중간계급이라 불리는 것이 대세를 형성하게 되었고, 중간계급 몰락과 계급양극화 경향을 둘러싼 찬반논의도 사실상 '신중간계급'을 중심적인 대상으로 삼아 진행되었다. 그리고 대개는 양극화 이론을 비판, 부정하는 쪽으로 결론이 났다.

계층 이론적으로 발전해 간 다원적 관점에서는 계급 개념 자체, 따라서 그에 수반된 이론들, 양극화나 계급혁명의 법칙성 등을 근본적으로 부인하는 입장이며, 소득을 비롯한 희소가치의 양적 분포를 통계분류하여 계층을 파악하기 때문에, 계층구조는 대개 가운데가 불룩한 정상분포

곡선을 나타내므로 이른바 경험적-실증적으로도 양극적 구조와 배치되는 자료에서 출발한다.

그렇다면, 우리나라에 고유한 중산층 개념과 이론은 도대체 어떤 입장에 서 있는 것인가. 그리고 어떤 개념화가 계급-계층적 현실을 파악하고 설명하는 데 적절한 것이겠고, 이런 개념을 통해서 볼 때, 양극화라는 현상은 과연 우리나라 현실에서 진행되어 온 것인가.

중산층과 관련된 이런 의문들에 대해서는 뒤에 다시 논하기로 하고, 우리는 그에 앞서 그 이론적 배경과 출발점에 해당하는 맑스 이론과 계급양극화론, 그리고 중간계급 이론부터 점검해 보고자 한다. 그 다음에는 맑스 이론에 결정적인 타격을 가한 베버의 다원적 계급 이론과 중간계급론, 네오 맑스주의와 베버주의를 통해 변형, 재구성된 계급 이론과 중간계급 개념에 대해 점검해 보기로 하겠다. 그런 이후, 다음 장으로 넘어가서 중산층의 개념과 운명에 대한 우리나라에서의 논의 및 연구를 다루도록 하겠다.

1. 맑스의 계급양극화 이론과 중간계급 개념

맑스에게서 계급이란 경제적-사회적 개념이다. 그는 계급을 적대적인 생산양식, 혹은 소유 및 생산관계로 인해 생겨나는 적대적인 대규모 사회집단들이라고 보았다. 소유 및 생산관계라는 경제구조와 그것의 적대적 성격이 계급이라고 하는 적대적 사회집단을 만들어 낸다고 본 것이다. 그래서 한편으로는 경제적인 의미를, 다른 한편으로는 사람들 사이의 상호작용, 관계, 집단구성, 집단적 적대관계 등 사회적인 의미를 지니는 것이다.

(1) 맑스의 중간계급 몰락과 프롤레타리아화 테제

맑스는 그와 같은 계급형성의 배경을 이루는 적대적 생산양식이 역사적으로 교체되어 왔고, 봉건신분사회 말기에 이르러서는 자본주의 생산양식이 생겨나고 확장되고 지배적인 생산양식이 되어 왔다고 보았다. 그에 따라 그 이전 시기의 생산양식에 조응해서 생겨났던 구 시대적 계급들이 점차 몰락, 소멸해 가고, 자본주의에 조응하는 자본가-임금노동자 두 기본계급들로 계급구조가 단순화해 간다고 하였다. 이것이 바로 그가 말한 중간계급 몰락론으로서 계급양극화의 첫 번째 단계라고 할 수 있다. 자본-임금노동 관계를 핵으로 하는 자본주의 생산관계 및 계급들 이외의 잡다한 군소 계급들, 즉 구 시대적이고 주변적인 계급들을 그는 '작은 중간계급들', 통칭하여 중간계급이라 불렀으며, 이들은 자본-임금노동 관계가 지배적인 형태로 되어가면서 필연적으로 몰락하여 자본-임금노동 관계에 편입될 것이라고 보았다. 그는 『공산당선언』 서두에서 이를 가장 명시적으로 표현하였다.

"지금까지 존재해 온 모든 사회의 역사는 계급투쟁의 역사다. 자유민과 노예, 귀족과 평민, 영주와 농노, 길드의 정회원과 직인, 한마디로 말한다면, 늘 서로 대립적 위치에 선 압제자와 피압제자가 매번 사회 전체의 혁명적 재편 내지는 다투던 계급들간의 공멸로 끝나고 말았던 싸움을 어떤 때는 은폐된 형태로 또 어떤 때는 공개적으로 부단히 치러 왔다. 초기의 역사에서 우리는 거의 모든 곳에서 여러 질서로 구성된 복잡한 사회구조,

즉 사회적 위계의 수많은 등급화를 발견하게 된다. 고대 로마에는 귀족, 기사, 평민, 노예가, 그리고 중세에는 봉건영주, 가신, 길드의 정회원, 직인, 도제, 농노가 있었고, 게다가 이런 계급들의 거의 대부분은 종속적 등급이 매겨져 있었다. … 하지만 부르주아지의 시대인 우리 시대는 다음과 같은 현저한 특징을 지니고 있다. 즉, 그것은 계급 적대를 단순화시켜 왔다는 점이다. 전체 사회는 점점 더 두 개의 거대한 적대적 진영, 말하자면 서로 직접 맞서 있는 거대한 두 개의 계급인 부르주아지와 프롤레타리아트로 쪼개지고 있는 것이다"(Marx and Engels, 1988: 55～56; MEW.Bd.4: 463).

그는 또 뒤이어 다음처럼 중간계급의 몰락과 프롤레타리아화를 언급한다.

"지금까지의 작은 중간신분층들(Mittelstaende), 소규모의 공업인, 상인, 연금생활자, 수공업자, 농민 등, 이 모든 계급들은 … (대자본에 비해 자본 규모나 기술수준에 비추어 경쟁력이 낮기 때문에) … 프롤레타리아트로 전락한다"(MEW.Bd.4: 469).

이것이 바로 이른바 '중산층 몰락 테제'의 원형이다. 맑스는 첫 번째 문장에서 계급의 단순화가 아니라 '계급대립의 단순화'를 이야기하고 있다. 이 점이 단순분류인 계층 이론과의 차이이기도 하다. 또, 부르주아지와 프롤레타리아트로 나뉜다고 했을 뿐, 계층 이론적으로 부자와 가난한 자, 혹은 '20 대 80', 즉, 잘사는 사람 20 대 못사는 사람 80으로 나뉜다고 하지 않았다. 그 다음, 중간계급을 의미하는 '작은 중간신분층들' 혹은 '이 모든 계급들'로 소규모의 공인, 상인 등 여러 직업 부문들을 열거하고 있다. 즉, 소득수준이나 생활수준 등 계층적인 기준으로 나누지 않고 있다. 이들이 프롤레타리아트로 전락하게 되는 이유도 계층적 의미의 '빈부격차 심화'가 아니라, '대자본과의 경쟁력 부족'이라고 계급론적으로 말하고 있다. 또, 이들이 전락해서 이르게 되는 곳 역시 '빈곤층'이나 '하층' 등의 '계층'이 아니라 프롤레타리아트, 즉 노동자계급이라고 말하고 있다.

물론, 맑스에서 이 프롤레타리아트는 '임금노동자계급' 일반을 말하는 것이지, 후에 그 의미가 축소된 것처럼 공장노동자나 생산-기능직 노동자나 하층노동자나 비정규직 노동자를 말하는 것도 아니었다. 맑스에게서 프롤레타리아트란 광의의 '임금노동자계급'을 가리키는 말이며, 엥겔스도 오해를 불식시키기 위해 『공산당선언』 1888년 영문판 서문 각주(MEW.4: 462)에 부르주아지와 프롤레타리아트의 개념을 명명백백하게 정의하였다. 부르주아지는 "사회적 생산수단의 소유자이고 임금노동을 이용하는 근대적 자본가들의 계급"이고, 프롤레타리아트는 "아무런 독자적인 생산수단을 갖고 있지 못하기 때문에 생계를 위해 자신의 노동력을 팔아야만 하는 근대적 임금노동자들의 계급"이라는 것이다.[1)]

(2) 계급양극화의 3단계

'중간계급의 몰락과 프롤레타리아화 및 이를 통한 자본-임금노동 계급으로의 단순화'라고 하는 것은 그러나 계급양극화를 역사적인 과정으로 볼 때, 1단계의 양극화에 해당하는 것이다. 맑스가 그의 계급 이론을

---

1) 엥겔스가 이 같은 기본 개념을 굳이 서문 각주에 삽입한 것은 아마도 이미 그 당시에도 부르주아지나 프롤레타리아트에 대한 개념적인 혼란이나 오해들이 많이 있었기 때문일 것으로 추측된다.

통해 더 강조하고 있는 것은 자본-노동 사이의 양극화와 적대적 관계의 심화였다. 그리고 그 다음으로는 그것의 결과로서 노동자계급의 계급의식형성 및 단결, 이를 기반으로 한 혁명적 저항운동과 공산주의 사회로의 이행이었다. 이것들이 맑스 계급 이론의 골자이다. 따라서, 이런 맥락에서 볼 때, 자본-임금노동 사이의 격차심화 및 적대관계 심화는 양극화의 제2단계이자 본격적인 단계라고 할 수 있다.

양극화와 관련하여 항간에 많이 인용되는 '빈익빈 부익부' 명제와 '자본-임금노동의 양극화' 명제는 바로 계급양극화의 본격적 단계를 말하는 것이며, 이 대목에서는 중간계급이 직접적으로는 상관이 없다. 즉, 중간계급 몰락이나 중간계급 양극화와는 무관하다는 것이다.

'노자관계의 양극화'에 대해 맑스는 초기 저작인 『경제학-철학 수고』와 『자본론』 1권에서 다음과 같이 말하였다.

"노동자는 부를 많이 생산하면 할수록, 자신의 생산이 힘과 규모가 커지면 커질수록, 한층 더 가난해진다. … 노동자가 생산하는 대상물, 즉 그의 생산물은 그에게 '낯선 존재', 즉 생산자로부터 '자립적인 힘'으로 마주서게 된다. …. 노동자가 대상물을 많이 생산하면 할수록, 그는 더욱더 가질 것이 없게 되고, 점점더 자신의 생산물에 의한 지배, 즉 자본의 지배에 빠져들게 된다"(맑스, 『경제학-철학 수고』, MEW. Ergaenzungsbd. Erster Teil. S.511~512).

"… 자본이 축적을 하면 할수록, 노동자의 생활상태는 … 악화될 수밖에 없다… 한쪽 극에 부가 축적되는 것은 … 동시에 그 반대의 극에, 즉 자신의 생산물을 자본으로 생산하는 계급의 편에, 빈곤, 노동의 고통, 노예살이, 무지, 야만, 도덕적 타락 등이 축적된다"(맑스, 『자본론』 1권, MEW.Bd.23: 675).

앞의 것은 '소외된 노동' 이라는 글에서 나오는 대목인데, 노동자가 부의 생산을 많이 하면 할수록, 더욱더 가난해지고, 그 반면, 자신의 피조물이라 할 수 있는 부와 자본은 더욱더 축적되고 힘이 커져서 노동자 자신에 대한 자본의 지배가 점점 더 커진다는 이야기이다. 이러한 현상은 노동자와 자본(부, 생산물, 지배력, 자본가) 사이의 '모순적인 관계' 를 의미하며, 헤겔적인 '소외' 개념을 통해 파악되고 있다. 물론, 이와 같은 노-자 간의 모순적 관계, 그리고 그 모순의 심화는 단순히 노-자 사이의 소득격차 심화를 말하는 것이 아니고, 노-자 관계를 떠난 '못사는 자' 와 '잘사는자', '빈자' 와 '부자' 사이의 빈부격차나 그 격차의 심화(즉, 계층론적 의미의 빈부격차나 그 격차의 심화)를 말하는 것은 더욱 아니다.

이 같은 노-자 간의 역설적이고 모순적인 관계는 두 번째의 『자본론』 인용문에서 다시 한 번 제시되고 있다. 그러나, 이 글은 앞의 것과 달리, 자본론 전체를 통해 잉여가치 생산 등 자본주의 생산시스템과 그 내적인 모순에 대해 매우 상세하게, 또 논리정연하게 분석, 비판을 한 다음, 자본주의의 성격과 자본축적의 사회적 의미, 즉 적대관계의 심화 과정을 총괄적으로 요약, 정리하는 대목이다. 그리고, 다른 반대쪽 극에 축적되는 것이 단순한 '빈곤' 에 그치는 것이 아니라 '고통' 이라든지 '노예살이' '도덕적 타락' 등 정신적인 것들도 함께 지적되고 있다. 그 다음, 인용문에 제시되고 있지는 않지만, 이런 상황에 대한 '불만' 의 형성과 누적에 대해서도 언급한다. 이러한 언급은 물론, 노동자계급의 저항과 혁명적 위기의 발생 등을 암시하는 것이다. 이처럼, 『자본론』에서의 양극화 명제도 계층론적인 의미의 '빈익빈 부익부' 와는 성질이 아주 다르며, 나아가서는 『공산당선언』 등에서 이야기한 '중간계급(혹은 중산층)의 몰락' 이나 이를 통한 '계급구조의 양극화' 와도 그 의미가 다르다.

정리하자면, 맑스의 양극화 이론은 자본주의 발전에 따른 계급구조의 변화를 집약하는 것이라 할 수 있다. 그리고, 대개 그 과정은 세 단계를 거친다.

첫째는 중간계급을 대표로 하는 구 시대적인 계급들이 자본주의 사회가 성립, 발전하면서 해체되어 가고, 자본-임금노동의 계급관계로 흡수되어 가는 과정 혹은 단계이다. 이것이 『공산당선언』에서 이야기하는 양극화 현상이다. 둘째는 자본주의의 중심적인 계급관계를 이루는 자본-임금노동 사이의 관계가 자본주의 발달과 함께 격차가 심해지고 지배-예속 관계와 적대관계가 심화되어 가는 과정, 혹은 단계로서 『자본론』에서 이야기하는 양극화 현상이다. 그 다음 세 번째는 양극화의 결과라고 할 수 있는 것으로서, 자본이나 자본주의에 대한 불만과 저항이 누적되고 이념적, 실천적으로 표출되어 궁극적으로는 자본-임금노동의 체제, 즉 자본주의 사회와 계급관계가 붕괴 또는 극복되는 과정이나 단계이다.

(3) 맑스의 중간계급 개념

그러면, 맑스에게서 '중간계급'은 도대체 누구를 말하는 것인가.

그의 중간계급은 계층적인 의미에서 상-중-하, 가진 것이나 소득이 중간에 속한다는 뜻이 전혀 아니다. 그는 계급을 경제적 소유와 기능으로 구분하였다. 그리고 중간계급은 크게 두 부류로 구성되어 있는 것으로 파악하였다. 하나는 "자신의 생산수단과 노동력에 의존하여 자급자족하는 사람들"이고 다른 하나는 "비생산적인 서비스활동이나 기생적인 방식으로 먹고 사는 사람들의 무리"를 가리킨다. 전자로는 도시의 공업, 상업, 서비스업 등에 종사하는 자영업자와 농촌의 자영농, 후자로는 행정공무원, 군인, 작가, 예술가, 연금생활자 등이 포함된다.[2)]

이들의 공통점은 경제적 기능 면에서 '비생산적' 이라는 데에 있는데, 이는 잉여가치의 생산 및 실현과 관련된 기능을 하지 않는다는 의미를 지닌다. 맑스는 그런 의미에서 이들을 '비생산적 계급들' 이라 부르기도 하였다[3)]

이 비생산적인 중간계급들과 달리 자본가와 노동자 계급은 생산적이다. 자본가계급이란 "생산수단의 소유를 기초로 임금노동자를 고용하여 잉여가치를 생산 또는 실현하는 데 활용함으로써 타인노동을 착취하는 사람들의 무리"를 가리키고, 임금노동자계급이란 "생산수단을 가지지 못했기 때문에 자본-임금노동 관계에 들어가 임금을 대가로 잉여가치를 생산, 실현시키는 사람들의 무리"이다. 이들은 흔히 유산(자)계급, 소유계급이라거나 무산(자)계급, 무소유계급이라 불리기도 하지만, 재산은 물론이고 생산수단을 소유했느냐 여부는 자본-임금노동자 계급의 의미를 절반만 표현하고 있을 뿐이고, 맑스처럼 그들의 경제적 기능을 고려한다면, 부정확하고 부적절한 표현이 아닐 수 없다.

다른 한편, 그는 중간계급들을 '구 시대적이거나 주변적인 위치에 있는 계급들' 이라 보았는데, 그 이유는 이들이 자본-임금노동 관계에 들

---

2) 좀더 구체적으로는 ①도시 소규모 상공업자(행상, 노점상은 제외), ②각종 자영업 형태의 정신, 육체 서비스업, ③자영업 형태 또는 업무하청의 형태로 일하는 자유 전문직 종사자(고용된 사람은 제외), ④국가 및 공공기관 종사자와 종교 등 각종의 민간사회단체 종사자, ⑤불로소득생활자(부동산임대수입, 저축이나 증권 등 이자수입 생활자), ⑥농민(지주, 농업자본가, 여가산업자본가 제외) 등의 부류가 중간계급에 속한다.

3) '비생산적' 이라는 의미에 대해서는 『자본론』 1권(MEW.23: 531~532)을 참조.

어가지 않는 계급들이라는 때문이었다. 바로 이 점에서 맑스는 자본-임금노동 관계로 이루어져 있는 '기업 부문' 내의 어떤 집단도 중간계급이라고 하지 않았다. 거기에는 자본과 임금노동의 관계, 자본가계급과 (임금)노동자계급만이 존재할 뿐이었다. 고용사장 같은 경우는 '기능자본가', 즉 소유는 없이 자본가 기능만 하는 사람으로 보았고, 사무직-기술직은 말할 것 없고, 중간관리자층도 직접생산을 하는 노동자들의 배후에서 결합하여 일하는 노동자, 그래서 일명 '결합노동자' 라 하였으며, 원가계산이나 생산성 계산을 할 때, 이들도 현장노동자와 수적으로 똑같이 취급하였다.

오늘날 대다수의 학자들은 이러한 '결합노동자' 를 중간계급의 한 부분, 즉 신중간계급으로 의미부여를 하고, 자본주의 발달과 함께 이들의 수와 비중이 늘어나는 현상을 계급양극화 현상을 부정하는 증거로 채택하고 있으나, 본래 맑스에게서는 노동자계급의 일부로 파악되었었다.

2. 베버의 계급 이론과 중간계급 개념

맑스가 『공산당선언』에서 인류사를 계급적 분할과 지배, 갈등관계로 정식화한 것과 유사하게 막스 베버 또한 인류사를 인간집단들의 분할과 지배, 갈등관계로 점철되는 것으로 파악하였다. 그러나, 한 가지 커다란 차이와 대조를 이루는 것은 맑스가 다분히 경제결정론적으로 사태를 본 반면, 베버는 다원론적으로, 또 비결정론적으로 보았다는 점이다. 그래서, 베버는 인간들 사이의 지배관계와 권력 현상에 집중을 하면서도 경제적 지배나 경제적 권력 외에도 명예에 따른 신분적 지배와 권력, 이 두 가지 권력을 기반으로 한 정당정치적 지배와 권력 등 세 가지 차원에서 지배와 권력현상을 나누어서 파악하였다. 그래서 계급 문제를 경제적 지배와 권력의 차원으로 한정, 그 비중을 축소시켰으며, 맑스가 이런 경제적-계급적 지배 및 권력, 갈등현상이 정치, 이데올로기 등 다른 영역에 대해서도 결정적인 영향을 주는 것으로 본 것에 비해서는 다원적으로 훨씬 더 느슨한 영향관계에 있는 것으로 파악하였다. 또한, 경제 차원의 지배, 권력관계를 의미하는 '계급' 도 맑스보다는 훨씬 더 느슨하고 가변적인 범주로 파악하였다.

(1) 베버의 다원주의적 계급 파악

베버는 계급을 맑스처럼 소유 및 생산관계로부터 파악해 들어가지 않고, 시장상황에서의 교환관계로부터 파악해 들어간다. 그리고 그 시장에서 사람들이 소유하고 있는 것, 따라서 교환관계에서 다른 이들에게 제공할 수 있는 것이 무엇이냐, 또 얼마나 많으냐 하는 데에 따라 계급적인 균열과 차이가 드러난다고 하였으며, 이 과정에서 계층적인 의미의 중간적 위치의 개념, 즉 중간계급의 개념도 도입하였다. 그리고 이런 시장상황에서의 균열과 차이가 기초가 되어 실제적인 계급집단들이 형성될 수 있다는 이론을 폈으며, 그는 이 실제적인 계급을 사회성을 지녔다는 의미에서 '사회계급' 이라 불렀다.

베버는 『경제와 사회』를 비롯한 글들 속에서 계급에 관한 견해들을 제시하고 있는데, 계급이란 우선 "동일한 계급상황에 처해 있는 사람들의 집단"(Gerth & Mills, 1958 : 181)을 말한다. 여기서 "계급상황이란 ①다수의 사람들이 생활기회의 특정한 인과적 구성요소를 공통적으로 소유하고 있고, ②그 요소가 재화의 소유와 소득 기회 등에 있어 전적으로 경제적 이해로서만 표현되고, ③상품시장 또는 노동시장의 조건 하에서 표현되는"(Weber, 1968 : 927) 상황을 지칭한다. 이와 같이 베버는 시장과 관련하여 계급 개념을 설정한다. 즉, "'시장' 에서의 기회의 종류가 개인의 운명에 공통의 조건을 부여하는 결정적인 계기라는 점이 언제나 계급 개념의 일반적인 함축이다. 이런 의미에서 계급상황은 궁극적으로 시장 상황(market situation)이다"(Weber, 1968: 928).

이처럼 베버는 생산 영역이 아닌 시장에 초점을 맞추고 있으며, 물질적 소유와 정신적 용역 두 가지를 어느 정도 가지고 있느냐 혹은 제공할 수 있느냐에 따라 계급적 균열과 차이가 드러나게 된다고 보았다. 이렇게 보면, 맑스가 '소유와 기능' 두 가지를 기준으로 계급을 구분한 것과 유사한 점이 있다. 하지만 베버의 계급 규정은 다음 몇 가지 점에서 맑스의 그것과는 뚜렷한 차이가 있다.

> "이러한 범주들('소유' 와 '소유의 결여' —필자주) 내에서 계급상황은 더 분화된다. 한편으로는 수익을 얻기 위해 사용할 수 있는 재산의 종류에 따라, 다른 한편으로는 시장에서 제공될 수 있는 용역의 종류에 따라서 분화되는 것이다. 건물 소유권, 작업장, 창고, 상점, 크고 작은 보유 농지 등… 이 모든 차이들이 소유자들의 계급상황을 분화시킨다.…재산이 없으면서 용역을 제공하는 사람들도 자신들의 용역 수용자와의 연속적인 또는 불연속적인 관계에서 그 용역들이 사용되는 방식에 따라서 또 그 용역의 종류에 따라서 분화된다"(Weber, 1968 : 928).

말하자면, 유산자는 소유재산의 종류에 따라, 무산자는 시장에서 제공할 수 있는 용역의 종류에 따라 각각 내부에서 무수하게 분화될 수 있다는 것이다. 이 같은 논의는 결국 논리적으로 무수한 계급상황과 그에 상응하는 계급의 성립 가능성을 시사하는 것인 동시에 맑스의 계급양극화론에 대한 논박이라고 볼 수 있다(Mommsen, 1977 : 380 참조).

베버는 계급 유형을 재산계급(property classes), 영리계급(commercial classes) 그리고 사회계급(social classes) 등 세 가지로 나누는데, 맑스와 대조적인 점은 재산계급과 영리계급을 각각 특권, 비특권, 중간적 위치 등 셋으로 나눔으로써 '기업 부문의 무산자 중간계급'을 설정한다는 점이다. 물론 이렇게 구분된 계급들은 맑스에서 '즉자적 계급'과 유사한 성격을 지니는 것이어서 '대자적 계급'에 해당한다고 볼 수 있는 '사회계급'의 기반을 이루는 것이기는 하나, 상당히 느슨한 연관 속에 놓여 있다.

재산계급은 그 계급적 위치가 주로 재산의 차이에 의해 결정되는 계급(Weber, 1968 : 302)인데, 특권적 재산계급의 전형은 노예나 토지, 광산, 공장과 설비, 선박, 가축 · 곡물 · 화폐의 채권, 유가증권 등에서의 이자수입으로 생활하는 '금리생활자'이고, '특권 없는 재산계급'의 전형은 소유의 대상이 되는 노예나 속인, 빈민 등이다. 그리고 재산계급의 이 두 가지 분파 사이에 존재하는 것이 소자산가 등의 중간계급이다(Weber, 1968 : 303).

영리계급은 계급적 위치가 주로 재화와 용역을 시장에서 이용할 가능성에 의해 결정되는 계급(Weber, 1968 : 302)으로서 '특권적 영리계급'의 전형은 기업가로서 상인, 선주, 산업기업가, 농업기업가, 은행가 및 금융업자, 탁월한 전문지식이나 특별한 교육을 받은 전문직 종사자(변호사, 의사, 예술가 등), 우수한 자격과 기술을 갖춘 노동자 등이 여기에 속한다. 그리고 '특권 없는 영리계급'의 전형은 노동자로서, 구체적으로는 숙련노동자, 반숙련노동자, 미숙련노동자 등이 있다. 베버는 영리계급의 이 두 가지 분파 사이에도 자영농민과 장인, 관료, 자유전문직 종사자와 특수한 자격을 구비한 노동자집단 등의 중간계급들이 존재한다고 하였다.

(2) 베버의 '사회계급'과 중간계급

한편, 베버는 재산계급과 영리계급에 이어 사회계급을 제시하고 있는데, '사회계급'이란 "개인적으로나 세대간에 계급적 위치의 변화가 쉽게 가능하고 또한 전형적으로 일어나는 경향이 있는 그러한 계급적 위치의 총체"(Weber, 1968: 302)로서 다소 난해하게 정의된다. 이 사회계급들로는 "노동자계급 전체, 쁘띠부르주아지, 비소유 인텔리겐치아와 전문가들(기사, 여러 부류의 화이트칼라 피고용자, 관료들), 그리고 재산과 교육에 의해 특권이 부여된 계급" 등 네 가지를 들고 있다. 이 네 가지 사회계급들 중 첫 번째는 바로 중간층적 노동자가 배제된 협의의 노동자계급을 말하는 것이며, 두 번째는 다양한 자영업자층으로서 맑스적 의미의 중간계급, 세 번째는 맑스에게서는 임금노동자계급 내의 상층부를 뜻하지만, 베버에 의해 새롭게 '중간계급'으로 규정된 집단이며, 네 번째는 부르주아계급을 뜻하는 것이다.

여기서 베버는 이른바 '신중간계급' 이론의 단초를 제공하고 있는 것이며, 재산 및 영리계급과 사회계급 사이의 관계가 필연적이지 않다는 식의 느슨한 인과관계 설정은 맑스적 법칙성을 이론적으로 흔들어 놓는 셈이다.

사회계급 개념을 통해 베버가 말하고자 한 것은 사회이동 기회에 영향을 주는 사회적 조건들의 변화에 따라 여러 부류의 사회계급 분파들이 형성되거나 해체될 수 있다는 것이다. 따라서 그가 든 네 가지 사회계급 범주들도 20세기 초 유럽에서 존재하던 사회계급들의 분류에 불과하다(Holton & Turner, 1989: 183 참조)고 할 수 있으며, 이런 관점에서 볼 때, 세대 내 사회이동, 세대간 사회이동, 계급상황들간의 비공식적 상호작용이나 결혼 양상 등에 따라 '상호연관된 경제적 계급상황들의 여러 집락'으로서의 사회계급의 구성 상태는 사회마다 얼마든지 다를 수 있게 되는 것이다.

이와 같이 베버의 사회계급 개념에는 맑스의 노동자계급처럼 사회변혁의 역사적 사명을 담지한 계급이라든가 상치된 계급이익에 토대를 둔 대립적인 계급구도 같은 것은 상정되어 있지 않다. 이것은 베버의 계급 개념이 맑스의 그것과 근본적으로 다른 점이다. 베버에게 있어 계급이란 시장의 원리가 철저히 관철되는 상황에서 자신의 경제적 이익을 실현하기 위해 집합적으로 노력할 개연성이 있는 유사한 계급상황에 처해 있는 사람들의 범주를 의미할 뿐이기 때문이다.

힌데스는 바로 이런 맥락을 적절히 포착하고 있다.

> "두 번째로 주목해야 할 사항은 베버의 논의에서 공통된 또는 연관된 계급상황들의 존재가 반드시 계급을 집합적 행위자나 사회적 세력으로 규정하는 것은 아니라는 점이다. 그는 실제로 계급과 계급들 간의 갈등에 관해 언급하고 있다. 그러나 그러한 것들은 어디까지나 시장이 존재하는 곳에서 그리고 그때에만 비로소 존재할 수 있다. 그렇기 때문에 시장을 형성시키는 것은, 역사가 근본적으로 계급투쟁의 역사일 수 없다는 것을 의미한다. 시장이 존재할 경우, 분화된 시장상황들은 서로 구별되는 다양한 경제적 이익들을 규정하게 되는데, 그것들은 집합적 행위의 토대를 제공할 수도 있고 그렇지 않을 수도 있다"(Hindess, 1987 : 38).

3. 자본주의의 실제 발전과 네오-맑스주의의 '신' 중간계급 이론

자본주의 사회에서의 '자본축적' 은 점점 더 많은 생산수단을 자본의 형태로 전환시킴과 동시에 여러 형태의 독립 소생산자들을 임금노동자의 형태로 생산과정에 통합시킴으로써 지속적인 자본주의적 확대재생산을 도모해 가는 과정이다. 특히, 자본주의적 생산관계에서 실현된 엄청난 생산성의 증대와 주기적인 경제위기로 인해 소상품생산 영역들은 자본축적과정에서 점차 자본주의적 생산관계 안으로 통합되는데 계급관계의 측면에서 보면, 이는 곧 선진 자본주의 사회에서 구중간계급의 규모 축소와 이른바 '신중간계급' 의 증대를 야기하는 과정이다(Burris, 1980a). 자본주의적 생산양식의 초기 발전단계에서의 자본축적은 물론 비자본주의적 부문과의 불균등 교환관계를 통해 경제적 잉여를 전유하는 방식에 크게 의존했다. 하지만 독점 자본주의 단계로 발전해 감에 따라 자본축적의 주된 수단은 독립생산자들을 해체하면서 이들을 임금노동자로 통합하는 방식으로 전환되었다(Johnson, 1982a : 90).

구중간계급의 점진적 해체는 결과적으로 자본에 의해 고용되어 생산활동을 하는 노동자 집단의 수적 증가를 가져온 셈인데, 버리스는 이들을 신중간계급이라 칭하면서 이들의 역사적 발흥 배경을 독점 자본주의의 발전과 연관지어 네 가지 과정으로 요약한다(Burris, 1980a : 164~175; Burris, 1980b; Johnson, 1982a : 97).

첫째, 경쟁적 자본주의에서 독점 자본주의로의 이행을 특징짓는 자본의 집중과 집적 과정에서 기업 규모의 증대 현상이 나타나는데, 이에 따른 '자본의 사회적 기능의 분화' 과정이 신중간계급의 창출요인이 된다는 것이다. 말하자면, 자본주의적 기업의 규모가 평균적으로 커짐에 따라 종래에는 개인 기업가 한 사람에게 집중되어 있던 기능들이 분화된 제도적 기구로 점차 이양되고 그로 인해 '경영자' 나 '직장'(職長)과 같은 새로운 중간계급 직종들이 탄생한다는 것이다. 둘째, 노동자들을 탈숙련화하고 엄격한 감독과 통제 기제에 묶어 두는 '노동과정의 합리화' 과정에서 '기술감독인' 과 같은 새로운 직종이 생긴다는 것이다. 하지만 이런 기술감독적 직종들 그 자체도 갈수록 탈숙련화의 대상이 될 수밖에 없기 때문에 이 부문의 중간계급이 무제한적으로 팽창하는 것은 아니라고 한다. 셋째, 계획적이고 체계적인 기술혁신의 가속화로 인해 과학과 연구기술개발 분야 등에서 새로운 직종들이 나타난다는 것이다. 이를테면, 과학자나 기사, 연구원 등과 같은 직종이 그것이다. 넷째, 경제적 잉여가 확대됨에 따라 자본주의의 경제적, 정치적 및 이념적 관계의 재생산에 종사하는 공무원, 교사, 사회사업가, 법률가, 문화 부문 종사자 등과 같은 직종들이 증가한다는 점이다. 실제로 선진 자본주의 국가들의 경우, 공공행정, 교육, 보건, 사회사업 등과 같은 비영리적 공공 서비스 부문에서의 전문직 고용의 증가는 특히 제2차 세계대전 이후의 신중간계급의 전체적인 성장에 크게 기여해 왔다고 버리스는 강조한다. 요컨대, 버리스는 신중간계급의 팽창을 '경쟁적 자본주의에서 독점적 자본주의로의 이행에 따라 사회적 노동분업상에서 진척되어 온 이와 같은 구조적 변화들의 누적적 효과'(Burris, 1980a: 166)라고 해석하는 것이다.

버리스의 설명처럼, 흔히 '신중간계급' 이라고 일컬어지는 봉급받는 새로운 피고용자 집단은 자본주의적 발전이 고도화됨에 따라 경제뿐만 아니라 국가 및 비영리적 서비스 부문에 이르기까지 사회 전반에 걸쳐 폭 넓게 그리고 지속적으로 확대되어 왔다. 그렇지만 이 집단의 계급적 성격을 정확하게 규정하는 문제는 줄곧 뜨거운 쟁점이 되어 왔다.

(1) 정통 맑스주의와 수정주의의 대결

맑스 이후의 맑스주의 이론가들은 이 집단의 계급적 성격을 공식화하는 데 관심을 갖기 시작했는데, 그 과정에서 상이한 입장들이 표출되었고 급기야는 논쟁으로 비화되었다.

먼저, 바이마르 시기의 독일에서 사민당 내의 정통 맑스주의자들은 임금이나 봉급을 위해 일하는 모든 화이트칼라 피고용자들을 프롤레타리아트로 규정함으로써 계급양극화와 그에 따른 사회주의의 급박한 승리를 확언했다. 반면에 베른슈타인(Bernstein)을 필두로 한 수정주의자들은 그와 같은 주장을 공박하면서 프롤레타리아트를 육체 임금소득자로 국한시키고 그 밖의 모든 화이트칼라 피고용자들을 상대적 · 절대적 측면에서 증가하는 동시에 다양화되고 있는 중간계급이라고 인식했다. 따라서 이들은 계급양극화를 불가능하다고 전망하는 가운데 점진주의적인 사회개혁 전략을 주창했다(Burris, 1986).

이와 같이 사민당 내부의 이론가들 사이에서 전개되었던 '봉급생활 피고용자 집단'의 계급적 성격에 대한 상치되는 규정과 논쟁 속에서 우리는 중요한 한 가지 함의를 읽어 낼 수 있다. 즉, 새롭게 등장한 봉급받는 피고용자들의 계급적 성격을 어떻게 파악할 것이냐 하는 문제는 정치적 실천에 대한 관심과도 직결되어 있다는 점이다.

노동자계급에 초점을 두고 이를 다시 정리해 보면, 우선 정통 맑스주의자들은 모든 임금노동자들을 노동자계급으로 정의함으로써 광의의 노동자계급 개념을, 그리고 수정주의자들은 공장노동자만을 노동자계급으로 봄으로써 협의의 노동자계급 개념을 채택했던 것이다. 따라서 전자에서는 중간계급의 존재를 인정치 않는 동시에 사회주의를 지향하는 계급정치의 핵심전략도 노동자계급의 '통일성'(unity) 문제를 겨냥했던 데 반해 후자에서는 중간계급의 출현을 현실로 받아들이고 그에 따라 계급 이해를 달리하는 중간계급을 포함한 다른 사회계급들과의 '계급동맹'의 형성 문제를 강조했던 것이다(Hunt, 1977b).

이 같은 논쟁에 뒤이어 제2차 세계대전 이후 맑스주의 진영에서는 비육체적 피고용자들의 계급적 위치를 보다 구체적으로 규정짓고자 하는 방향에서의 몇 가지 이론적 시도들이 나타났다.

그중 하나는 봉급받는 비육체적 피고용자 집단을 '중간적 계층'으로 이론화하려는 시도였다. 프랑스 공산당의 이론가들에 의해 표명된 이 입장은 자본주의 사회에는 자본가계급과 노동자계급의 두 계급이 존재할 따름이라는 전제에서 출발한다. 따라서 이들은 비육체적 피고용자 집단이 자본가계급과 노동자계급 사이에서 독자적인 계급 대신 상호연관성이 없는 다양한 중간적 계층들을 형성할 뿐이라고 주장했다. 그렇기 때문에 노동자계급은 자신들의 혁명적 요구를 다소 완화시켜서라도 점차 프롤레타리아화되고 있는 중간적 계층들과의 타협과 동맹을 추구함으로써 사회변혁을 실현하려는 전략을 세우는 것이 중요하다고 강조했다(Abercrombie & Urry, 1986: 77～79).

1970년대 서독의 맑스-레닌주의 이론가들도 이 화이트칼라 사무직 노동자 집단을 신중간계급이나 어떤 독립된 계급이 아니라 '중간계층들'에 속한다고 파악하였다(IMSF, 1973; Leisewitz, 1977). 이들은 ①잉여노동에 대한 착취, ②재생산기능, ③분업을 중요한 계급분류의 기준으로 삼으면서, 계급을 자본가계급, 노동자계급, 중간계층들 등 크게 셋으로 나누었다.[4] 이들은 대다수의 농민, 수공업자, 소규모 자영업자, 그리고 자본의

4) 따라서 이들은 공무원, 지식인 등 경제 부문 외 종사자들을 '경제적 기능'이 아니라 '재생산 기능'의 관점에서 계급으로 분류, 귀속시킨다.

재생산과정 내에서 지휘하는, 즉 임노동을 명령하는 기능을 담당하는 여러 종류의 상층부의 사무직 종사자와 관료, 전문자격증을 갖고 있거나 기업과 공공서비스 영역에서 그에 상응하는 직업을 가진 지식인층 등을 '중간계층들'로 분류했는데, 그 이유는 "자신의 위치 때문에 이중적인 이해관심을 갖게 되고, 역사적으로 보아 분화, 양극화되는 과도계층(Zwischenschichten)으로서 비중이 줄어들고" "계급해체의 과정"에 놓여 있기 때문이라는 것이었다(Leisewitz, 1977: 149).

그 후, 이 같은 정통 맑스주의에 대한 반작용으로 등장한 '현대 맑스주의' (Hunt, 1977a) 혹은 네오-맑스주의에서는 비육체적 피고용자들에게 특정한 계급적 지위를 부과하는 경향이 두드러졌다. 이들은 특히 정통 맑스주의자들이 계급을 규정함에 있어 기본적으로 경제적 요인들의 비중을 지나치게 강조하고 그로 인해 단순한 계급분류의 도출에 함몰되어 있다고 비판하였다. 그 대신, 대개는 계급형성의 과정에서 정치적, 이데올로기적 투쟁들이 수행해 온 독립적인 영향을 강조하였다. 이는 결과적으로 정통 맑스주의에 내포된 경제결정론과 경제환원론의 문제점을 극복하면서 보다 정교한 계급분류와 계급분석을 도모하겠다는 문제의식의 표현이라 할 수 있다(Burris, 1986: 331~332; Przeworski, 1977).

(2) 풀란차스의 '신쁘띠부르주아지' 이론

구조주의 맑스주의자라 불리는 풀란차스(Poulantzas)는 비육체적 피고용자집단에 대한 프랑스 공산당의 입장을 비판하면서 이들의 독자적인 계급적 지위를 강조한 대표적인 이론가의 하나이다.

그는 우선, 새롭게 출현한 봉급받는 피고용자들을 계급이 아닌 '분화된 채 중간적 위치에 있는 일련의 사회 계층'으로서의 '중간적 계층'(intermediate strata)으로 보는 프랑스 공산당의 시각은 맑스주의적이 아니라 비맑스주의적 입장이라고 혹평한다. 맑스주의적 계급 분석에서는 그 어떤 분석수준에서도 계급관계를 벗어나 외부에 존재하면서도 계급투쟁에 참여하는 별개의 집단 범주를 인정할 수 없다고 보기 때문이다. 물론 맑스주의에서 분파나 계층, 사회적 범주와 같은 개념을 도입하기도 하지만 그것은 어디까지나 계급관계 안에서 이뤄지는 분화를 지칭하기 위한 것이라고 풀란차스는 설명한다. 이를테면, 상업 부르주아지는 자본가계급의 한 분파이고 노동 귀족은 노동자계급의 한 분파라는 것이다. 그런데 프랑스 공산당에서는 봉급받는 피고용자들을 계급관계의 외곽에 위치하는 중간적 계층으로 자리매김함으로써 베버류(流)의 개념화를 탈피하지 못하고 있다는 것이다(Poulantzas, 1975: 198~199; 1979: 57). 결국 프랑스 좌파는 이들과 노동자계급 간의 경제적, 정치적, 이데올로기적 차이들을 제대로 간파해 내지 못함으로써 그와 같은 심각한 오류를 범하고 있고, 양자간의 제휴의 가능성도 과대평가하는 경향이 있다는 것이다(Abercrombie & Urry, 1986 : 97).

풀란차스는 계급관계의 측면에서 이들을 '신쁘띠부르주아지'(New Petty Bourgeoisie, 이하에서는 NPB로 약칭)로 파악한다. 하지만 이 NPB는 계급이 경제적 수준에서뿐 아니라 정치적, 이데올로기적 수준에서 중층적으로 결정된다는 구조주의적 관점에서 구성된 개념으로서, 노동자계급과는 별도의 독립된 계급을 이룬다는 것이다.

우선 경제적 수준에서 NPB가 독자적인 계급이 될 수 있는 것은 '생산적/비생산적 노동'(productive/unproductive labour)이라는 기준에 의거한 것이다. 그에 의하면, 자본주의적 생산양식에서 생산적 노동이란 착취관계의 토대가 되는 물질적 요소들을 직접 재생산하면서 그와 동시에 잉여가치를 생산하는 노동(Poulantzas, 1975: 216)을 말하며 그 밖의 노동은 비생산적 노동이다. 노동자계급은 경제적인 수준에서 생산적 노동에 종사하는 노동자만을 지칭한다. 그러나, '봉급받는 피고용자들' 은 생산수단을 소유하고 있지 않다는 점에서 자본가계급에 속하지 않지만, 이들의 대다수는 비생산적 노동자라는 점에서 노동자계급에도 속하지 않기 때문에, NPB라는 별도의 계급을 구성한다는 것이다(Abercrombie & Urry, 1986: 98; Hunt, 1977b; Poulantzas, 1975).

그 다음, 정치적 수준에서 계급관계의 구조적 결정요인은 생산적 노동의 실질적인 수행과정을 조직화하는 일과 연관되어 있다. 즉, 자본주의적 기업 내의 생산과정에서 노동자와 '감독' (supervision) 및 '관리' (management) 노동의 수행자 간에 이뤄지는 계급관계가 그것이다. 풀란차스는 노동과정에서 노동자들로부터 조직적으로 잉여노동을 추출해 내기 위해 통제권으로서의 감독 및 관리 업무를 수행하는 감독자들과 관리자들은 노동자계급과 그 계급적 위상이 다른, 그리고 물론 자본가들과도 구별되는, NPB를 구성한다고 주장한다(Poulantzas, 1975: 224~230). 결과적으로 자본주의에서 NPB는 자본가계급과 노동자계급 모두로부터 구별되는 계급적 위치에서 관리와 감독 노동의 수행을 통해 생산과정 그 자체 안에서 자본가계급과 노동자계급 간의 정치적 관계를 직접적으로 재생산하는 역할을 하는 것이다(Poulantzas, 1975: 227~228).

이데올로기적 수준에서도 NPB는 다른 계급들과 구별되는데, 여기서 계급 구분의 기준은 '정신노동과 육체노동 간의 분할' 이다. 풀란차스는 이 분할이 NPB를 전체적으로 노동자계급과 구별짓게 한다고 주장한다. 풀란차스는 과학적 발견을 물질적 생산과정에서 기술적으로 응용하는 기사나 기술자들을 정신노동자의 대표적인 실례로 간주한다. 이들은 자본주의적 생산과정에서 지식을 독점하고 그러한 지식의 비밀주의를 정당화함으로써 노동자계급에 대한 특권과 지배의 이데올로기적 관계를 재생산해 내기 때문이다.

그러나, 노동자들의 '숙련' 수준은 숙련/반숙련/미숙련 노동으로 분화되지만 감독과 관리는 이들 상호간에 이뤄지는 것이 아니라 노동자계급 전체를 대상으로 기사나 기술자들에 의해 이뤄지기 때문에 NPB와 노동자계급 간의 계급적 구별은 여전히 유지된다고 한다. 요컨대, NPB는 생산과정에서 지식을 독점함으로써 노동자계급과 구별되는 정신노동자인 동시에 '정신노동과 육체노동의 구분'에 기초한 자본주의 사회에서의 이데올로기적 지배관계의 재생산을 뒷받침하는 계급이라는 것이다(Poulantzas, 1975: 230~250).

그는 또 NPB는 일반적으로 다음과 같은 주요한 이데올로기적 특성을 지닌다고 하였다. 첫째는 프롤레타리아화에 대한 영속적인 두려움이고, 그 다음으로는 그로 인한 강력한 개혁주의적 환상과 개인주의, 참여를 통해 의사결정권을 강화하고 자신들이 수행하는 정신노동의 가치를 고양시키고자 하는 성향, 교육을 매개로 개인적 상승이동을 도모하는 열망, 국가의 정치권력을 사회계급들간의 이해관계를 중재하는 중립적인 힘으로 보려는 성향 등이 그것이다.

한편, NPB는 전통적 쁘띠부르주아지(Traditional Petty Bourgeoisie)와 경제적 관계 측면에서 상이한 위치를 차지하고 있고 차이점들도 있지만 그럼에도 불구하고 양자는 유사한 이데올로기적 특성을 갖는다고 한다. NPB와 마찬가지로 전통적 쁘띠부르주아지도 자본가계급과 노동자계급 간의 계급투쟁의 과정에서 그러한 두 계급으로부터 완전히 구별되는 대립적 위치에 있기 때문이다.

그렇지만, 풀란차스는 쁘띠부르주아지는 장기적으로 자신의 자율적인 계급적 입장을 가질 수 없을 뿐 아니라 자체의 정치조직도 가질 수 없다고 보았다. 그래서 노동자계급의 입장에서 볼 때 NPB는 어디까지나 별개의 계급이기 때문에 획득해야 할 대상이라는 점과 설령 획득했다 하더라도 다시 잃을 수 있다는 점을 이해하는 것이 중요하다고 역설한다. 이런 맥락에서 그는 NPB의 정치적 함의, 계급동맹 및 노동자계급의 헤게모니 등에 주목하면서 다음과 같은 결론에 이른다. 즉, 지금이야말로 쁘띠부르주아지가 갖는 경제적 · 정치적 · 이데올로기적 특성과 경향을 정확하게 검토하고 숙지한 바탕 위에서 쁘띠부르주아지와의 계급동맹 전략을 비롯한 계급간, 계급 분파들간의 대중적 통일성을 도모함으로써 노동자계급의 헤게모니 아래 자본가계급을 상대로 조직적인 투쟁을 전개해 가야 할 시점이라는 것이다(Poulantzas, 1975: 287～336; 1979: 56～60; Wright, 1979: 34～41).

헌트(Hunt, 1977), 버리스(Burris, 1990: 58～59) 등 풀란차스를 공박하는 여러 이론가들이 있지만, 단순한 공박수준에 머물지 않고 비판적 검토를 토대로 현대 자본주의 사회의 분석을 위한 포괄적인 자신의 계급 이론을 정립하고자 시도한 대표적인 계급 이론가는 라이트(E. O. Wright)다.

(3) 라이트의 '중간계급' 이론

라이트는 생산적/비생산적 노동의 구분, 정치적-이데올로기적 기준, 신/구 쁘띠부르주아 간의 계급적 통일성 등에 관한 풀란차스의 모든 주장에는 심각한 문제점들이 내포되어 있다고 주장한다(Wright, 1979: 43～61). 이를테면, 잉여가치가 물질적 상품의 생산과정에서만 산출된다고 보고 그와 직접 관련된 노동만을 생산적 노동이라고 보는 것은 자의적인 가정일 뿐이라는 것이다. 시장을 겨냥한 서비스 상품의 경우에서 보듯, 비물질적 생산과정에서는 잉여가치가 발생할 수 없다고 볼 이유는 없다는 것이다. 또 생산적/비생산적 노동의 구분에는 양자간에 경제적 수준에서 상이한 계급이익이 있다는 의미를 함축하고 있지만, 사회주의와 관련한 계급이익을 떠올려 보더라도 생산적 노동자와 비생산적 노동자의 계급이익이 근본적으로 다르다고 보기는 어렵다는 것이다.

라이트가 볼 때, 풀란차스 계급 이론의 문제점은 기본적으로 계급 분류를 함에 있어 사회적 분업에 따른 객관적인 모순적 계급위치들의 발생 가능성을 인정하지 않는 데서 비롯되는 것들이다. 따라서 라이트는 계급 경계 설정을 위한 자신의 대안적 이론을 구축하기 위한 출발점으로 '계급관계 내에서의 모순적 위치들'(contradictory locations within class relations)에 주목하게 된다.

그는 우선 자본주의적 생산양식의 맥락에서 자본가계급과 노동자계급을, 그리고 단순상품생산의 맥락에서 쁘띠부르주아지를 자리매김함으로써 기본적으로 3계급을 설정한다. 이어서 그 같은 계급들간의 관계에서 모순적 위치에 서게 되는 세 가지 부류의 집단을 제시한다. 즉, 자본가계급과 노동자계급 사이에는 고위 관리자로부터 중간관리자급의 전문기술자, 직장, 라인감독자 등이, 자본가계급과 쁘띠부르주아지 사이에는 소규모 고용주들이, 그리고 쁘띠부르주아지와 프롤레타리아트 사이에는 교수, 과학자 등과 같은 반(半)자율적 임금소득자 집단이 모순적 위치를 점하고 있다는 것이다(Wright, 1979: 30~83). 그는 또 정치적 · 이데올로기적 수준에서도 모순적 계급위치들이 생겨난다고 말한다. 이것은 자본주의 사회의 정치적 · 이데올로기적 기구의 관료적 구조 안에서 차지하는 상이한 위치들로 인해 발생하는데, 국가정책의 수립과 이데올로기의 생산과정에 대한 통제력을 갖는 위치들을 부르주아적 위치로, 국가정책이나 이데올로기의 창출 또는 집행과정으로부터 완전히 배제된 위치들을 프롤레타리아적 위치로, 그리고 국가정책의 집행과 이데올로기의 보급을 담당하는 위치들을 모순적 위치라고 범주화한다. 부르주아적 범주의 예로는 국가, 교회, 대학에서의 고위 관료적 위치들을, 프롤레타리아적 범주로는 사무원, 학교의 타이피스트 직종들을, 그리고 모순적 범주로는 순찰구역 경관과 고등학교 교사 직종들을 들 수 있다고 한다(Wright, 1979: 94~96).

그러나, 그는 후에 이상과 같은 개념적 틀에 모호하거나 불완전한 점들을 발견하여 수정을 가한다. 즉, 자신이 제안한 계급 개념들, 특히 '반자율적 피고용자' 위치는 경험적 연구에 요구되는 엄격한 개념적 조작화가 불가능하다고 생각하기에 이르렀다. 그뿐만 아니라 자신의 초기 계급구조 연구에서는 착취 개념을 계급분석의 중심적 위치에 두지 못함으로써 원래 객관적으로 대립적인 이익관계인 계급관계의 의미를 약화시켰고 그에 따른 일련의 개념적 어려움을 제기했다고 자인한다. 라이트가 착취와 계급에 관한 로머의 설명을 비판적으로 검토하면서(Romer, 1982; Wright, 1989a: 8~22) 착취 개념에 기초한 계급 이론의 정교화에 주목하게 되는 것은 이런 맥락에서다(Wright, 1985: 6~63, 283).

그는 본래 맑스주의 계급 개념은 생산의 사회적 관계에 토대를 둔 착취로 인하여 형성되는 적대적 관계를 나타내려는 의도로 구성되었다(Wright, 1985: 34)고 하면서 착취가 성립될 수 있는 주요 조건을 다음의 세 가지로 정리하였다(1999: 57). 첫째, 한 집단의 물질적 복지가 또 다른 집단의 물질적 박탈에 의해 좌우되는 경우, 둘째, 그러한 인과적 관계가 어떤 생산재들에 대한 접근으로부터 피착취자들을 비대칭적으로 배제하는 것(그 같은 배제는 재산권의 형태를 띤 무력에 의해 뒷받침되는 것이 일반적임)을 수반할 경우, 셋째, 그러한 배제를 관련된 생산재를 통제하는 사람들이 피착취자들의 노동의 과실에 대한 전유를 수반하는 차별적인 복지로 전환시키는 인과적 기제가 있는 경우 등이 그것이다(1999: 58).

이러한 착취 개념 아래 라이트는 착취를 야기할 수 있는 재화의 종류로 생산수단, 조직 및 기술의 세 가지를 들고 이에 입각하여 자본주의 사회의 복합적인 계급위치들에 관한 유형론을 제시하였다.

〈표 2-1〉 자본주의 사회에서의 계급위치들의 유형론

생산수단의 소유자

1 부르주아지
2 소규모 고용주
3 쁘띠부르주아지

비소유자(임금노동자)

전문경영자	반전문경영자	비전문경영자	+
전문감독자	반전문감독자	비전문감독자	0
비경영전문가	반전문노동자	프롤레타리아	- 조직재
+	0	-	
	기술/자격재		

주:1=자신은 노동하지 않아도 되고 노동자를 고용하기에 충분한 정도의 자본 소유자.
2=자신도 노동을 해야 하지만 노동자를 고용하기에 충분한 정도의 자본 소유자.
3=노동자를 고용할 수는 없지만 자영을 하기에 충분한 정도의 자본 소유자.
출처 : Wright(1985: 88).

〈표 2-1〉에서 보듯, 그의 유형론은 크게 2개 부문으로 나뉜다. 그중 하나는 생산수단(means of production)의 소유와 비소유에 따른 분류이고, 또 다른 하나는 임금소득자인 후자의 범주 안에서 '조직재'(organization assets)와 '기술/자격재'(skill/credential assets)의 소유 유무에 따른 분류이다. 다시 말해, 라이트는 생산수단뿐 아니라 조직과 기술을 착취의 발생 근거로 추가함으로써 다차원적인 착취 형태에 입각하여 계급관계의 재개념화를 시도하고 있는 것이다. 이른바 '자본재(capital assets)의 소유에 토대를 둔 착취', '조직재에 대한 통제에 토대를 둔 착취', 그리고 '기술/자격재의 소유에 토대를 둔 착취'라고 하는 세 가지 형태의 착취들간의 복합적인 교차에 의해 만들어지는 12개의 계급위치들을 도출해 낸 것이다.

물론 이들 각각이 계급 그 자체를 뜻하는 것은 아니다. 라이트에 의하면, 그것들은 어디까지나 계급관계 안에서의 위치들일 뿐이다. 심지어 라이트는 관례상 흔히 계급이라고 일컬어지는 자본가나 노동자도 '자본주의적 계급구조 안에서의 근본적인 위치' 라고 서술하는 것이 더 정확한 표현이라고 말한다(Wright, 1985: 64～104, 283～284; 1989a: 24; 2000: 20～21; Kingston, 2000: 47～50).

라이트가 첫 번째 기준으로 생산수단과의 관계를 꼽은 것은 맑스주의적 전통에 충실한 계급분류방식으로서 이 자체가 특이한 것은 아니다. 라이트의 계급지도에서 눈길을 끄는 대목은 양극화된 계급위치를 뺀 중간계급적 위치를 두 가지로 나누고 있는 데서부터라고 할 수 있다.

자영생산자와 같은 '쁘띠부르주아지' (즉, '전통적' 또는 '구' 중간계급)는 자본주의적 관계에서 착취자도 피착취자도 아닌 계급위치이고, '중간계급' 은 복합적인 착취관계에서 어느 한 차원에서는 착취자이지만 또 다른 차원에서는 피착취자가 되는 계급위치라는 주장이 그것이다. 여기서 후자, 즉 '중간계급' 의 경우를 살펴보면, 생산수단을 소유하지 못함으로써 공통적으로 피고용자의 범주에 속하게 되는 이들 각각은 생산과정에서의 권위 및 전문기술의 차원에서 비롯되는 관계의 성격에 따라 다시 범주화된다. 즉, 조직재 또는 권위와의 관계에 따라 경영자(managers), 감독자(supervisors), 비경영자(non-management)로, 그리고 기술재와의 관계에 따라 전문가(experts), 숙련자(skilled), 비숙련자(nonskilled)로 나뉘며 이 두 가지 기준의 조합에 따라 9개의 계급위치가 산출되는데, 이 중 프롤레타리아를 제외한 나머지 8개 집단을 모순적 계급위치에 있는 '중간계급' (통상적으로는 신중간계급)이라고 본다(Wright, 1985: 86～89; 1989a: 24; 2000: 15～27; Kingston, 2000: 45).

이와 같이 이전의 계급 개념화에 대한 자성을 토대로 중간계급을 여러 형태의 착취에 근거하여 새롭게 개념화하면서도 라이트는 중간계급적 위치들을 이전과 마찬가지로 모순적 위치로 특징지을 수 있음을 강조한다. 이들은 자본주의 사회에서의 주된 계급투쟁 형태인 자본과 노동 간의 투쟁에서 전형적으로 모순적 이해관계를 갖기 때문이라는 것이다. 종래의 계급구조에서 모순적 계급위치에 있는 것으로 보았던 '반자율적 피고용자'와 '소규모 고용주'에 대해 라이트는 다음과 같은 식의 해석을 통해 착취 중심적 계급 개념화에서도 여전히 모순적 위치를 갖는 것으로 일관성 있는 설명을 시도한다. 우선, 반자율적 피고용자의 경우를 보면, 이들이 생산수단의 소유로부터 배제된다는 점에서는 노동자와 동일한 계급이익을 갖는 셈이지만 조직재나 기술재에 대한 통제력을 갖는다는 점에서는 노동자와 대립된 계급이익을 갖는다는 것이다. 다시 말해 이들은 생산수단(자본재)이 결여되어 있다는 점에서는 자본주의적으로 착취를 당하는 입장이지만 조직재나 기술재와의 관계 측면에서는 노동자를 착취하는 위치에 서게 된다는 것이다. 궁극적으로는 자본가의 통제를 받을 수밖에 없는 위치에 있으면서도 자본가로부터 권위를 위임받아 효율적인 생산을 위해 생산과정에서 노동자들에게 지배력을 행사하는 경영자나 감독자와 같은 계급위치가 대표적인 실례가 될 수 있다고 한다. 이를 다소 다른 시각에서 설명해 보면, 피고용 전문가와 같은 반자율적 피고용자는 자신들의 노동과정에 대한 직접적인 통제력을 갖는 한 쁘띠부르주아라고 할 수 있지만 자신들의 노동력을 고용주에게 팔아야만 할 위치에 있는 한 프롤레타리아이기도 하다는 것이다. 이런 맥락에서 보면, 이들은 특정한 하나의 생산양식 내에서가 아니라 자본주의적 생산관계와 소상품 생산관계라는 상이한 두 가지 생산관계에서 비롯된 요소들이 결합되어 나타난 모순적 계급위치를 갖는 셈이라는 것이 라이트의 설명이다. 라이트는 〈표 2-1〉에서 볼 수 있는 소규모 고용주에게도 반자율적 피고용자들과 마찬가지로 모순적 계급위치를 부여한다. 이들은 노동자들과 함께 일하는 직접생산자라는 점에서 쁘띠부르주아지이기도 하지만 동시에 그들을 착취하는 자본가계급적 속성을 지니고 있기 때문이다. 이와 같이 라이트는 계급구조에 대한 자신의 초기 연구에서 제시했던 모순적 계급위치들을 이후의 착취 중심적 계급 개념화에서 더욱 체계적으로 통합하고자 한다(Wright, 1989a: 26; 1989b: 301~304; Kingston, 2000: 48).

이러한 라이트의 계급 이론은 그간에 여러 연구자들로부터 다각적인 비판을 받아 왔다. 이를테면, 사회란 계급적 시각만으로 설명될 수 없는 다차원적 영역이 있음에도 불구하고 계급 개념의 재구성을 통해 계급 이론이 비판적 사회과학에서 여전히 핵심적인 이론적 지위를 갖는 것으로 보려는 라이트의 시도는 비과학적이라는 지적이 있다(Becker, 1989). 그런가 하면, 라이트 계급 이론의 이론적 토대 그 자체에 대한 비판도 제기된다. 맑스의 착취 개념이 생산수준에서 논의되는 역사적 개념인 데 반해 라이트의 착취 개념은 분배적이고 탈역사적인 개념이며, 또 조직재에 대한 통제는 자본재에 대한 경제적 통제에 불과하고 기술이란 생산재로서의 노동력과 분리될 수 없다는 점에서 이런 것들의 분리에 기초한 그의 계급 이론은 붕괴될 수밖에 없다는 비판이 그것이다(Carchedi, 1986). 이와 유사한 시각에서 라이트의 주장과는 달리 기술재와 조직재는 착취의 독립된 차원으로 간주될 수 없고 따라서 모순적 계급위치를 설정하고 있는 그의 계급 이론은 근본적으로 이론적 결함을 지니고 있다고 보는 또 다른 비판도 발견된다. 즉, 라이트는 자격증 소지자들이 자격증 없는 사람들의 희생 아래 자신의 가치를 넘어선 고소득을 얻는다는 의미에서 이들을 착취자로 보지만 이 점을 실제로 입증하지 못하고 있고, 무수한 역사적 실례들에서 보듯 생산수단에 대한 통제력을 가진 사람들이 조직재 또한 통제한다는 사실 등이 그와 같은 비판의 논거로 강조된다(Meiksins, 1989).

4. 베버주의의 양극화론 비판과 중간계급 이론

20세기 중반 서구 사회학계에서는 맑스주의적 계급분석에 맞서 두 갈래의 주요 대안이 자리잡게 된다. 그중 하나는 파슨스(Parsons)와 데이비스(Davis) 등에 의해 대변되어 온 사회계층론이고, 또 다른 하나는 립셋(Lipset)을 필두로 한 비정치적 맑스주의 사회학이다. 사회학의 주도적 흐름을 형성한 것은 전자로서 이른바 '기능주의적 계층론'을 정립하기에 이른다. 이 시기를 전후로 이러한 지적 구도 아래 맑스주의 계급 이론가들과 마찬가지로 맑스 이후에 전개되어 온 자본주의적 발전에 주목하면서 맑스주의적 계급분석에 대한 비판을 토대로 자신의 계급 이론을 펼치기 시작하는 이론가들이 등장한다. 밀즈(C. W. Mills), 다렌도르프(Dahrendorf), 록우드(Lockwood), 파킨(Parkin), 기든스(Giddens), 골드소프(Goldthorpe) 등이 그 대표적인 연구자들이며(Therborn, 1983), 그 주된 이론적 기반에 근거해 판단해 볼 때 모두 베버주의 계급 이론가로 분류된다(Abercrombie & Urry, 1986: 25~68).

(1) 밀즈의 '화이트칼라' 이론

밀즈는 흔히 20세기 중반 미국을 대표하는 급진좌파로 알려져 있으나, 베버주의에 경도된 사람이었다.

그는 '영어로 중간계급을 다룬 최초의 자의식적인 사회학적 연구들 중의 하나' (Abercrombie & Urry, 1986: 25)라고 평가되는 『화이트칼라: 미국의 중간계급』(Mills, 1951)에서 20세기 초반 미국 사회의 계급구조를 고찰하면서 주목할 만한 커다란 변화가 일어났다고 하였다. 공업화와 자본주의 기업의 성장과 관료화로 인해 전통적인 농민과 소상공인층이 양적인 면에서나 정치적인 면에서 쇠퇴의 길을 걸어온 반면(Mills, 1951: 13, 20~23, 33), 경제활동인구의 대다수가 소수 자본가층의 휘하에 들어가 임금예속적으로 생활하게 되었다(Mills, 1951: 63~65, 68~69)는 것이다.[5)]

전자는 재산의 집중에 따른 것이지만 후자는 다음과 같은 상호연관된 세 가지 원인의 결과라고 밀즈는 설명한다. 즉, 미국 직업구조에서 나타난 신중간계급 직종들의 급속한 성장은 대량생산기법과 기술합리성의 제고로 인한 제조업 분야에서의 생산성 증대, 기업규모의 증대에 수반되어 온 운송 · 통신 · 금융 · 무역 · 시장조사 · 광고 등과 같은 분배 영역의 확대, 그리고 기업과 정부조직 규모의 확대로 인한 조정 · 관리 · 기록 업무의 필요성 증대 등에 의해 이뤄진 것이라고 한다(Mills, 1951: 63~76, 289~300; Abercrombie & Urry, 1986: 25~28).

밀즈는 이 새로 증가하는 임금예속 생활자들이 전통적인 임금노동자들처럼 무소유계급이고 임금예속적이라는 점에서는 같지만, 직업이라든

5) 밀즈는 자영업자층의 상당수가 대리점, 연쇄점 등 대기업의 휘하로 편입되는 추세에 대해서도 지적하고 있다. p.27 참조.

가 위신, 권력 등의 면에서 이들과 구별되는 집단으로서 자본가와 임금노동자 사이의 중간에 위치해 있는 집단이라고 보았으며(Mills, 1951: 71, 75), 작업복이 화이트칼라로 상징되는 이 집단을 전통적인 중간계급과도 구별되는 '새로운 중간계급'이라 하였다. 그래서 "화이트칼라, 봉급예속생활자, 신중간계급—이 세 용어들은 서로 바꾸어 사용해도 무방하다"(Mills, 1951: 291)고 하였다.

그러나, 이들은 계급적 기준 하나가 아니라 직업, 신분, 권력 등 여러 기준을 복합적으로 적용하여 중간적인 위치로 구별되는 집단(Mills, 1951: 75)이기 때문에, 계급적 경계가 뚜렷하지 않은 집단이면서 그만큼 내적 차이와 다양한 서열을 포괄하고 있는 집단이다. 밀즈는 이 집단에 포함되는 주요한 하위그룹으로 관리직, 봉급생활 전문직, 판매영업직, 사무직 종사자를 꼽았다(Mills, 1951: 64).

한편, 이 화이트칼라층은 혁혁한 양적 성장에도 불구하고, 그 사회적 위상이나 정치적 위상은 별로 높거나 중요하지 않다.

이 새로운 중간계급에 대해서는 지금까지 평가가 크게 네 가지로 갈라졌다. 첫째는 새로운 지배계급으로 부상하고 있다는 평가이며, 두 번째는 사회의 중추세력으로서 자본-임금노동 간의 대립을 완화하고 사회통합과 안정을 도모하는 지렛대 역할을 한다는 평가이고, 세 번째는 자본지배의 체제를 공고히 해 주는 보수엘리트 역할을 한다는 평가이며, 네 번째는 이들이 양극화하여 대부분 임금노동자로 전락하게 됨으로써 노동자계급과 정치적으로도 동질화된다고 하는 맑스주의 진영의 평가이다(Mills, 1951: 290～291).

밀즈는 이 네 가지 견해들을 다 반박한다. 그의 반박은 대개 베버의 논법에 의존하고 있는데, 두 가지를 주된 이유로 들고 있다. 하나는 결정론적 사고에 대한 비판으로서, 양적인 성장과 비중의 증대, 경제적 처지의 공통성 등이 자동적으로 그들의 의식과 정치적 역할을 결정짓는 것이 아니라는 것(Mills, 1951: 295~297)이고, 다른 하나는 신중간계급 내부에는 다양한 하위집단들과 스펙트럼이 포함되어 있기 때문에 어느 한 집단의 경향만으로 일반화할 수 없다는 것(Mills, 1951: 293; 297)이다.

중간계급 몰락 및 양극화, 프롤레타리아화, 계급의식 형성 및 저항 등으로 이어지는 맑스와 맑스주의의 계급 이론과 기대 또한 마찬가지의 논법으로 비판, 부정한다. 그 명제는 우선 인구구조의 면에서 신중간계급이 급증한 사실에서부터 부정(iv)되지만, 이들이 다시 양극화되고 프롤레타리아화하여 계급의식을 획득하고 저항하게 된다는 면에서도 사실과 다르다고 부정된다.

> "맑스주의 이론가들은 사회가 계급의식을 가진 프롤레타리아트와 부르주아지로 양극화되고, 화이트칼라들은 그 사이에 끼어 어느 한쪽 편을 들거나 중립을 지킬 것이라고 기대했으나, 두 가지 모두가 틀렸다"(Mills, 1951: 289).

> "그러나, (맑스주의자들의 그런 기대에도 불구하고), 임금노동자와 봉급예속생활자를 포함하는 무소유 비고용자들이 자동적으로 사회주의 입장을 취하지 않았다는 사실은 무소유라는 것이 내면적 의식이나 정치적 의지를 결정하는 유일한 요인이거나 심지어 핵심적인 요인이 아니라는 것을 명확히 해 준다"(Mills, 1951: 297).

결국 밀즈는 신중간계급이 전반적으로 그 사회적-정치적 위상을 보면, 그다지 크거나 높지 않으며, 따라서 독립변수로서 리더나 전위 역할은 하지 못하고, '종속변수'로서 국면 국면에 따라 커다란 흐름과 승자의 뒤만 좇아가는 '후위부대'(rearguard)라고 결론지었다(Mills, 1951: 352~353).

(2) 록우드의 '정신노동자' 이론

밀즈와는 달리 록우드(Lockwood)는 전형적인 정신노동자인 사무직 노동자의 계급의식에 초점을 두고 이들과 육체노동자 간의 차이를 밝히는 데 주력한다. 특히 그는 노동자계급의식의 주된 매체인 노동조합운동과 정신노동자가 맺고 있는 관계를 해명함으로써 정신노동자와 육체노동자 간의 차이를 드러내 보이고자 한다. 양자가 모두 생산수단의 소유와 통제로부터 분리되어 있고 그로 인해 자신의 노동력을 팔아 생계를 유지할 수밖에 없는 계약노동자라는 공통된 계급적 위치를 갖는다는 점에서 사무직 노동자를 노동자계급으로 범주화할 뿐 아니라 동일한 이해관계를 갖는 것으로 보는 통속적 견해를 록우드는 19세기 중반 이후의 여러 경험적 자료들에 근거하여 논박하고 있다.

이러한 그의 작업을 위해 그가 동원하고 있는 기본 개념은 '시장상황'(market situation), '작업상황'(work situation) 및 '신분상황'(status situation)의 세 가지이다. 여기서 시장상황이란 수입의 원천과 규모, 직무안정성의 정도, 직업상향이동 기회 등으로 구성되는 경제적 처지를 말하고, 작업상황은 분업상의 위치로 인한 작업과정에서 수반되는 일련의 사회적 관계를 의미하며, 신분상황은 사회적인 위계 구조 안에서 차지하는 개인적 위치를 뜻한다(Lockwood, 1989: 13~16; Abercrombie & Urry, 1986: 32~34). 록우드는 이러한 세 가지 측면에서 비교함으로써 사무직 노동자가 갖는 육체노동자와의 차별성을 부각시킨다.

록우드의 주된 분석 결과는 다음과 같다.

첫째, 수입, 노동시간, 고용기간, 휴가기간, 작업환경, 직무안정성, 경영자로의 승진 기회, 연금 문제 등과 같은 시장상황에서 사무직 노동자는 대체로 육체노동자보다 여전히 이점을 향유하고 있다는 것이다. 물론 여기에는 약간의 단서가 붙는다. 즉, 이러한 이점들 중에는 사무직 노동자들이 근자에 와서 거의 누리지 못하게 된 것들도 있고, 사무직 내에서도 영역에 따라 유지되고 있는 이점의 내용에는 상당한 편차가 있다는 것이다. 예컨대, 수입은 양자간의 차이가 거의 줄어든 대표적인 경우인데, 그 까닭은 사무직 노동자가 프롤레타리아화되었다기보다는 노동자계급의 경제적 여건이 줄곧 향상되었기 때문이라고 록우드는 해석한다(Lockwood, 1989: 41~68, 202~204).

둘째, 사무직 노동자의 작업은 육체노동자들과는 분리된 작고 집중된 공간에서 소집단별로 경영자와의 개인적이고 밀접한 접촉 아래 이뤄지는데, 이러한 차별적 작업상황이 사무직 노동자와 육체노동자 집단 간의 일체감 형성의 장애요인으로 작용한다는 것이다. 또한 사무 기술과 사무 자격의 표준화를 위한 보편적 기준이 상대적으로 결여되어 있고, 사무 작업의 집약적인 기계화도 작업상황을 합리화하는 데 크게 도움이 되지 못했다는 점에서 사무직 노동자의 작업상황과 계급의식은 육체노동자의 그것과 다르다는 것이다(Lockwood, 1989: 71~96, 205~208).

셋째, '중간계급적 신분'(middle-class status)을 주장해 온 사무직 노동자들의 신분상황은 20세기로 접어들면서 점차 모호해져 왔고, 사무직 노동자 집단이 처한 이 같은 '신분적 모호성'(status ambiguity)이 이들과 육체노동자 간의 상호 동일시를 가로막는 가장 중요한 장애물 중 하나라는 것이다. 19세기 중엽 사무직 노동자들이 입었던 검은색 외투가 상징해 주듯, 이들은 중간계급의 생활양식에 강한 애착을 가지면서 육체노동자와는 구별되는 중간계급적 신분을 내세워 왔다.

이들이 육체노동자와의 신분적 차별성을 주장할 수 있었던 역사적 배경에는 여러 가지 요인이 있었다. 이를테면, 육체노동자와는 달리 읽고 쓸 줄 아는 능력을 갖고 있었다는 점, 사무직 노동자의 희소성으로 인해 육체노동자보다 전통적으로 많은 물질적 보상이 주어졌었다는 점, 업무의 성격상 중간계급의 성원들과 긴밀하게 접촉하며 일할 수 있었던 점, 대다수의 사무직 노동자들이 중간계급의 가정에서 충원되었다는 점, 사무직 노동자들이 육체노동자들보다 소가족을 선호하고 교육을 통한 자녀들의 사회적 성공을 강력히 선호한다는 점, 그리고 사무직 노동에 남성의 비중이 컸다는 점이 그것이다.

하지만 20세기로 들어오면서 교육의 확대에 따른 읽고 쓸 수 있는 능력의 보편화, 사무직 노동자의 사회하류층으로부터의 충원, 주로 '여성직업' 으로의 사무직 노동의 점진적 전환, 생산적 기여에 대한 강조의 증대 등으로 인해 사무직 노동의 중간계급적 위세의 근거로 제시되었던 것들에 많은 변화가 생겼고 그런 일련의 과정에서 사무직 노동에 대한 사회적 평가도 점차 하락해 왔다. 그럼에도 불구하고 사무직 노동자들이 이수하는 교육의 양이나 질, 육체노동자에 대한 사회적 거리감, 개인적 성취를 통한 사회적 상승이동에 대한 관심 등이 예시해 주듯, 사무직 노동자는 육체노동자와 구별되는 특성들을 여전히 지니고 있고, 이로 인해 이들은 신분적으로 모호한 위치에 처하게 되었다는 것이다. 게다가 사무직 노동자 집단이 오늘날 내부적으로 더욱 이질화되고 있기 때문에 이들이 육체노동자와 동일한 계급의식을 갖는다고 보기는 더욱 어렵다는 것이 록우드의 판단이다(Lockwood, 1989: 99~133, 208~213).

요컨대, 록우드는 계급을 그저 단순하게 생산수단과의 관계에서만 파악하려 할 것이 아니라 시장상황, 노동상황 및 신분상황의 측면에서 종합적으로 규정할 필요가 있고 그런 관점에서 볼 때 사무직 노동자는 육체노동자와 구별되는 계급적 위치와 계급의식을 갖는다는 점을 주장하고 있는 것이다. 사무직 노동자는 시장상황과 노동상황뿐만 아니라 신분상황의 측면 전부에서 아직도 육체노동자와 구별되는 여러 요소들을 부분적으로 지니고 있다고 보기 때문이다.

사무직 노동자에 대한 록우드의 분석에 내포되어 있는 중대한 결함은 사무직 노동자의 계급적 지위에 대한 명확한 규정을 찾을 수 없다는 점이다. 즉, '엄격하게 말하면, 사무직 노동자는 중간계급에도 또 노동자계급에도 속하지 않는다' (Lockwood, 1989: 125)고 얘기할 뿐 계급구조에서 사무직 노동자가 어떤 위치를 점하는지에 대한 세부적인 검토가 빠져 있다는 것이다(Abercrombie & Urry, 1986 : 33~34). 이것은 중간계급과 노동자계급 및 사무직 노동자의 계급적 토대를 보여 줄 수 있는 이론적 검토와 분석 틀의 정립 작업이 선행되지 않은 채 연구가 진행되었기 때문인 것으로 보인다. 그럼에도 불구하고 그의 전체적인 논지로 판단할 때 분명해 보이는 것은 사무직 노동자를 중간계급과 노동자계급의 사이에 위치하는 이질적인 여러 직업집단에 종사하는 월급생활자의 총칭으로 이해한다는 점이다.

(3) 기든스의 '구조화' 이론

자본주의 사회를 이전 사회와 달리 '계급사회' 라고 규정하는 기든스(Giddens, 1991)는 자신의 계급구조화 이론을 구성하는 기본 개념으로 '시장역량' (market capacity)과 '이동기회의 폐쇄성' (closure of mobility chances) 두 가지를 제시한다.

시장역량이란 '개인들이 거래하는 곳에 가져갈 수 있는 연관된 속성들의 모든 형태' (Giddens, 1973: 103)를 의미한다. 자본가와 노동자가 계약을 체결할 때 이들은 제각각 자신들의 시장역량인 재산과 노동력을 갖고 그 같은 거래에 임하게 된다는 것이다(Giddens, 1973: 102~103). 이어서 그는 '매개적 구조화'(mediate structuration)라는 개념을 설정하고 그 안에서 이동기회에 주목하는 가운데 계급관계의 구조화에 대한 자신의 구상을 펼친다. 여기서 매개적 구조화란 '어떤 일정한 시장역량의 존재와 확인 가능한 사회집단으로서의 계급의 형성 사이에 개입하는 요인들, 즉 한편으로는 시장과 또 다른 한편으로는 구조화된 계급관계의 체계를' 전체적으로 '연결시켜 주는 고리로 작용하는 요인들'(Giddens, 1973: 107)을 지칭한다. 그런데 계급관계의 이러한 매개적 구조화는 무엇보다도 특정한 사회에 내재해 있는 이동기회의 폐쇄성 정도에 의해 좌우된다고 한다. 즉, 생산수단, 교육적/기술적 자격 및 육체노동력의 소유자들이 사회이동 과정에서 겪게 되는 이동기회의 폐쇄성 정도에 따라 계급의 구조화가 이뤄진다는 것이다(Giddens, 1973: 107).

"요컨대, 매개적/한정적 계급구조화의 여러 토대들이 중복되는 정도에 따라 계급들은 구별할 수 있는 구성물로 존재하게 될 것이다. 나는…여기서 분류된 매개적/한정적 구조화의 여러 원천들의 조합이 '삼중적 계급구조(a threefold class structure)를 만들어 낼 뿐 아니라 자본주의 사회에 일반적인 것'이라고 말하고 싶다. 하지만 그 어떤 사회에서든 이러한 요소들이 결합해서 '특유의 계급체계'를 형성하는 양식은 경제적, 정치적 발전의 편차에 따라 매우 다르다. 구조화는 전부가 아니면 무(無)인 그런 문제가 결코 아님이 분명하다. 따라서 명확한 계급 '경계'의 존재 문제는 '추상적'으로 해결될 수 있는 것이 아니다. 즉, 경험세계와 관련한 계급분석의 구체적인 목적 중 하나는 필연적으로 그 어떤 경우이든 '계급 원리'가 구조화의 한 양식으로서 얼마나 강력하게 정립되어 왔는지를 확정하는 것이어야 한다. 게다가, '계급원리'의 작동이 주요 계급 분할 안에서의 여러 형태의 구조화를 만들어 낼 수도 있다"(Giddens, 1973: 110).

이와 같이 기든스는 계급을 일단 구조화 관계에 입각하여 형식적인 방식으로 규정하고 나서 곧바로 계급의식의 문제로 들어간다. 계급이 사회적 현실성을 갖는다고 한다면, 그것은 의당 공통된 유형의 행동과 태도를 형성해야 한다고 보기 때문이다.

기든스에 의하면, '계급정체성' (class identity)과는 별개로 또 다른 계급의 존재에 대한 인식을 포함하는 '계급의식' (class consciousness)에는 세 가지 수준의 것이 있다. 가장 낮은 수준의 계급의식은 그저 계급정체성과 '계급분화' (class differentiation)를 인식하는 수준이다. 그 다음 수준의 계급의식은 자신들의 계급이익이 다른 계급들의 계급이익과 상치된다는 인식에 근거하여 계급통일성을 인식하는 수준으로서 계급갈등에 대한 인식을 수반하는 계급의식이다. 마지막으로 엘리트집단이 충원되고 구조화되는 국가와 경제 영역에서의 권력을 전면적으로 재조직하는 것이 가능하고 그러한 재조직화가 계급행위에 의해 실현될 수 있다는 신념을 수반하는 수준의 계급의식으로서 기든스는 이를 '혁명적 계급의식' 이라고 부른다. 이 맥락에서 그는 자신의 계급의식에 관한 시각이 맑스의 그것과 다르다는 점을 강조한다. 맑스가 혁명적 계급의식과 계급이익의 갈등에 대한 의식을 전혀 구별하지 않았다고 보기는 어렵지만 전자를 후자의 직접적인 결과로 가정하고 있음은 사실이라는 것이다 (Giddens, 1973: 112~113).

기든스의 비판은 맑스가 이 같은 여러 수준의 계급의식들을 명확하게 구별하지 못했다는 점에 맞추어져 있다. 이것은 자본주의적 발전에 따라 경제적 문제는 '비정치적인 것' 으로 간주되어 정치적인 것과 구별된다고 보는 그의 관점에서 연유하는 비판이다. 자본주의 사회의 안정은 점점 더 정치와 경제의 제도적 분리에 기초하게 되며 따라서 맑스의 가정과는 달리 혁명적 계급의식이 선진 자본주의 사회에서 갈등적 계급의식의 고양에 의해 필연적으로 형성되는 것이 결코 아니라고 기든스는 주장하고 있는 것이다. 양자의 결합관계가 맑스가 생각했던 것보다 훨씬 취약하고 그런 만큼 혁명적 계급의식의 존재와 발생은 별도의 설명을 요하는 부분이라고 보는 것도 이와 같은 맥락에서이다. 또한 '계급갈등의 제도화' 가 이뤄지는 선진 자본주의 사회에서는 노동자계급의 혁명 잠재력이 약화되게 마련이고 이런 점에서도 노동자계급의 계급의식은 혁명적 의식의 수준에서보다는 계급정체성의 수준 또는 갈등적 계급의식의 수준에서 이해되고 논의될 필요가 있음을 기든스는 강력히 시사한다(Giddens, 1973: 113～117, 287).

그러면, 기든스에게서 중간계급은 어떻게 다루어지고 있는가.

먼저 기든스는 계급규정에 대한 자신의 기본입장을 피력하면서 중간계급의 특유성 중 하나를 이들의 의식적 특성에서 찾고자 한다.

> 이를테면, 루카치와 뚜렌느와 같은 논자들이 하는 것처럼 계급을 하나의 '행위자' 로 보는 것은 잘못이거나 적어도 잘못을 범하기 쉬운 것이라는 점을 나는 이미 강조해 왔다. 계급은 심지어 '집단' 도 아니다. 내가 규정해 온 바와 같이 이 개념은 일반적으로 공유된 시장역량의 수준에 토대를 둔 일군의 구조화 형태들을 의미한다. 이것은 현대 자본주의 사회에서의 중간계급의 위치에 특히 잘 적용된다. 중간계급에 속하는 개인들은 대개 명확한 계급정체감을 갖고 있지 않고, 심지어 노조화되어 있을 경우에도 그 어떤 형태의 갈등의식도 내포하고 있지 않다는 특징이 있기 때문이다(Giddens, 1973: 192).

중간계급의 의식에서 볼 수 있는 이런 특성은 기든스가 볼 때 계급의식이 아니라 '계급인식' (class awareness)의 수준이다. 그리고, 중간계급 성원들이 이러한 계급인식을 갖게 되는 것은 상승이동을 가능하게 해 주는 그들의 우월한 시장역량과 그에 따른 개인주의로 인해 집단적 방법보다는 개인적 노력에 의한 상승이동을 추구하기 때문이다. 이 같은 중간계급의 계급인식과 성향의 결과, 중간계급의 사회적 위상과 영향력은 상층계급이나 노동자계급에 비해 크게 감소된다. 의식의 측면에서 본 기든스의 중간계급관에 따르면, 자본주의 사회에서의 계급투쟁과정에서는 물론이고 일상적 관계에서도 중간계급의 계급적 역할은 거의 기대할 수 없기 때문이다(Giddens, 1973: 288 참조).

기든스는 다른 한편, 계급관계의 한정적 구조화의 측면에서 중간계급의 차별성을 부각시킨다. 록우드를 비롯한 여러 연구자들의 연구결과를 토대로 중간계급이 한정적 구조화의 세 가지 구성요소인 기업 내에서의 분업과 권위관계 및 배분집단의 측면 모두에서 노동자계급과 현저한 차이가 있다고 주장하는 것이다. 즉, 중간계급은 기업조직 안에서 노동자와 구별되는 직무를 수행하고 일정한 권위의 행사를 위임받으며 별도의 거주지역을 형성하는 경향이 있다는 것이다. 또한 노동자계급과 구별되는 그들의 시장역량으로 인해 중간계급은 보다 높은 직업안정성과 임금 및 승진기회를 제공받기 때문에 이들과 노동자계급 사이에는 명확한 계급적 차이가 있다는 것이다(Giddens, 1973: 179~186). 이런 점에서 기든스는 중간계급의 프롤레타리아화 테제를 거부하는 입장에 서게 된다.

기든스는 심지어 하층 화이트칼라 부문의 프롤레타리아화 테제에 대해서도 부정적인 입장을 표명한다. 여성 화이트칼라 노동자에 대한 기든스의 논의는 이 점을 잘 보여 준다. 다른 연구자들과 마찬가지로 기든스도 타자수나 속기사 등과 같은 일상화된 화이트칼라 직종에 종사하는 사람들의 대부분은 여성이라고 본다. 그리고 이들 여성노동자들은 대체로 계급체계에서의 주변적 존재들로서 경제적 보상도 낮고 승진기회도 거의 없는 화이트칼라 부문의 '하류계급'이라고 한다. 그런데 이들은 노동자계급과 중간계급 간의 '완충지대'를 해체하는 것 못지않게 그것을 공고히 하는 역할도 수행한다고 추정한다. 이런 점에서 기든스는 하층 화이트칼라 부문의 프롤레타리아화에 관한 주장들을 받아들일 수 없다고 주장한다(Giddens, 1973: 194, 288).

또 초점에는 차이가 있지만 록우드처럼 기든스는 사무실 작업의 기계화 · 자동화도 사무직 노동자의 프롤레타리아화를 야기하는 것은 아님을 강조한다. 타자기, 계산기, 녹음기 등과 같은 사무기기의 도입은 사무직 노동을 전체적으로 변형시키기보다는 그것의 부속물로 기능할 뿐이고, 컴퓨터에 의한 사무자동화도 사무실 작업을 전반적으로 재조직화하는 효과를 가질 따름이라고 보기 때문이다. 다시 말해, 사무자동화는 단순 작업에 종사하는 일상적 노동자의 수요를 감소시키는 데 반해, 컴퓨터 오퍼레이터, 프로그래머 등과 같이 높은 수준의 교육적/기술적 자격을 요하는 사람들에 대한 수요를 증대시키기 때문에 그것은 사무직 노동자의 프롤레타리아화를 촉진시키는 것과는 거리가 멀다는 것이다(Giddens, 1973: 193~194).

이상의 논의에 비춰 볼 때, 기든스가 중간계급의 경계를 어디에 두고 있는지는 명확하지 않지만, 대체로, 교육적/기술적 자격을 갖춘 사무직 노동자 또는 화이트칼라 노동자, 혹은 비육체노동자로서 아직 프롤레타리아화되지 않은 독자적인 계급이라 할 수 있다.

5. 계층 이론적 관점과 양극화의 문제

지금까지 우리는 맑스의 계급 이론에서 비롯된 중간계급의 몰락과 자본-임금노동 계급으로의 양극화를 둘러싼 찬반 양론과 이와 직결되어 이루어진 중간계급에 관한 논의와 재구성에 대해 검토해 보았다. 이 논의와 개념 재구성은 돌이켜보면, 베버에게서부터 출발한 것이라 할 수 있는데, 특히 중요하게 작용한 것은 그의 다원론적 관점이었으며, 계급 양극화와 중간계급은 베버주의 이론가들은 물론, 네오-맑스주의 이론가들에게까지도 경제일원론과 결정론을 비판하는 가운데 다원적으로 평가되고 재구성되는 결과를 빚어 내었다.

그러나, 계급이란 개념은 이미 맑스 이전부터 고전경제학자들이나 사회주의 사상가들에 의해 주로 경제적인 의미에서 사용되어 오던 말이었고, 경제적 위치, 역량, 기능, 이해관계 면에서의 차이를 담고 있는 용어였으며, 일부는 경제적 이해상충이나 적대관계까지 포함시키기도 하였다. 이런 점에서 볼 때, 베버 이후에 진행된 계급과 중간계급 개념의 수정과 재구성은 대부분 경제적인 함의를 일정 정도씩 벗어나는 개념구성이었다. 그리고, 이 같은 수정과 재구성은 계층 이론 쪽으로 가면서는 더 이상 수정이나 재구성이라기보다는 파괴적인 의미를 지니게 되었다. 계층 이론은 다원적 관점을 넘어서서 계급 개념이 함축해 온 집단, 관계, 갈등, 적대 등의 의미를 사실상 거세해 버렸기 때문이다. 그리고는 인간들 사이의 계급적 차이와 관계를 '다원적인 희소가치들이 인간들 사이에 불평등하게 분포된 상태', 즉 '계층'으로 대체해 버리기 때문이다.

우리가 여기서 굳이 계급적 관점과 계층적 관점을 비교, 대조하려는 이유는 앞서 문제제기(제1장)에서도 언급한 바 있지만, 중산층 몰락이나 양극화를 계급적 관점이 아니라 계층적 관점에서, 그러니까 소득이나 생활수준 면에서의 불평등이나 격차가 벌어지는 것을 놓고 계급적인 몰락과 양극화를 논하고 평가하는 것은 앞뒤가 맞지 않고, 표적도 빗나가는 일이기 때문이다. 사실, 베버나 다원적 관점에서 맑스 이론을 비판하는 것도 표적이 빗나간 측면이 있지만, 계층론적 관점에서 비판하는 것은 그보다 더 멀리 빗나간다는 것이다.

그런 의미에서 이 절에서는 첫째, 계급 개념의 형성사를 간략히 살펴보고, 둘째, 불평등이라는 것과 계급, 계층이 서로 어떻게 같고 다른지 하는 점을 정리해 본 다음, 끝으로는 계층론적 관점에서 전형적으로 제기되는 양극화론 비판의 사례를 짚어 보기로 하겠다.

(1) 계급 개념의 역사

레이몬드 윌리엄스(Williams, R., 1983: 60~69)에 의하면, 계급(class)이라는 말은 본래 '재산에 따라 구분한 로마시민'을 뜻하는 라틴어 'classis'에서 유래하였다. 이 말은 후에 교회조직에 대해 사용되었고, 일반적으로 분류와 집단을 뜻하는 말로 쓰이게 되었다. 그리고 17세기 영국에서는 교육과 결부된 의미로 쓰이기도 하였다.

17세기 말부터는 계급이라는 말이 집단 혹은 분류라는 일반적인 용어로 널리 쓰이게 되었다. 그래서 사람뿐 아니라 식물과 동물에 대해서도 사용되었고, 오늘날과 같은 사회적 함의를 지니지 않았다. 오늘날과 같은 사회적 함의를 담은 계급 개념이 출현한 것은 산업혁명과 사회재조직이 이루어지던 1770년과 1840년 사이였다. 물론 이 두 가지 성질의 의미는 극한적인 경우를 제외하고는 서로 구별하기 어려운 것이 사실이다.

특히, 과도기에는 더욱 그러했다. 사실 18세기 말까지 현대적인 계급적 의미를 지니는 용어로는 오히려 서열(rank), 순위(order), 신분(estate), 직위(degree) 등이 계급보다 더 일반적으로 사용되었다.

계급이란 용어에 새로운 의미가 부가된 것은 1790년과 1830년 사이에 정치, 사회, 경제적 권리를 둘러싸고 일어난 일련의 논쟁들 속에서였다. 이것은 바로 '생산적 계급' 혹은 '유용한 계급' 이라는 표현으로서, 다분히 귀족에 반대되는 의미이다. 중간계급과 스스로를 노동자계급으로 인식한 노동자계급은 자신들을 귀족과 같은 '특권계급' 과 구별 혹은 대립시키는 의미로 '유용한 계급' 혹은 '생산적 계급' 이라는 표현을 썼다. 그러나 이 용법은 중요하지만 혼란스러운 것이기도 하였다.

본래 '일하는 계급' (working class: 노동하는 계급)을 가리키는 말이었던 이 용어들은 변화과정 속에 있었기 때문이다. 오웬(Owen)은 1813년 '가난하고 일하는 계급' 이라는 표현을 쓴 바 있지만 당시는 매우 일반적인 의미로 사용하였다. 그러나, 그는 1818년 『일하는 계급을 위한 두 개의 기록』이라는 책을 발간했으며, 같은 해 'The Gorgon'[6]에서는 노동자(workmen: 일하는 사람들)와 고용자를 명확히 구별하는 가운데 '일하는 계급' 이라는 말을 사용했다. 이런 용법은 급속히 확산되었다.

1840년대에는 '중간계급들' 과 '일하는 계급들' 은 일반적으로 사용되는 용어가 되었다. 전자는 단수로 쓰이는 경향을 띠었고, 후자는 단수, 복수가 모두 쓰이는 경향을 띠었다. 사회주의자들의 용법에서는 대개 단수로, 일상적인 대화에서는 복수가 더 많이 쓰였다. 그러나 이 두 용어들은 흔히 혼용되는 경향이 있었다. 그럼에도 불구하고, 'working man' 혹은

---

6) 그리스 신화에 나오는 뱀 머리를 한 괴물.

'workman' 은 계속적으로 육체노동을 뜻하는 것이었다. 이 말은 '일하는 계급' 과 매우 강하게 결부되어 있었지만, '일하는 계급' 은 육체노동만을 의미하지 않고 피고용관계를 포함하는 것이었다. 그리하여 1890년 법에 의하면, '노동하는 계급' 이라는 표현은 임금생활자 혹은 봉급생활자를 모두 가리키는 것이었다. 이것은 사례금(fee)('전문직계급'), 이윤('상인계급'), 재산('독립생활자') 등에 의존하는 사람들과의 구별을 가능하게 했다. 봉급생활자들이 보통 자신들을 귀속시키는 '중간계급' 은 상대적으로 자신들의 사회적 지위를 평가하고 따라서 사회적으로 구별하는 표현이다. '유용한 계급' 혹은 '생산적 계급' 이라는 개념으로부터 특화한 '일하는 계급' 이란, 경제적 관계를 표현하는 것이다. 결국, 이 두 가지의 계급 개념은 서로 다른 모델에 근거하고 있다. '중간계급' 은 1860년대부터 중상계급, 중하계급으로 용어가 분화하기 시작하였으며, 그 후 '일하는 계급' 은 '숙련', '반숙련', '노무자' (labouring)로 나뉘었다.

한편, 계급이라는 말은 앞서 지적한 것처럼 첫째로는 단순한 분류, 둘째로는 경제적 관계를 표현하는 것이었는데, 각각의 개념은 동시에 계급들의 수를 달리하는 식으로 쓰이는 경향을 보이기도 했다. 즉, 후자적 의미에서는 계급을 두 개 혹은 세 개 정도로 나누는 반면, 전자적 의미에서는 훨씬 더 작게 세분하는 경향을 보였다.

19세기 초에는 이 두 개의 경향이 모두 존재했다. 밀(J. S. Mill)은 계급을 '지주, 자본가, 노동자' 셋으로 나누었다. 맑스도 임금노동자, 자본가, 지주 셋으로 나누었다. 그러나 그 후 자본주의 발달과 함께 3분법은 새로운 2분법으로 대체되어 갔으며, 맑스주의자들에게는 그것이 부르주아지와 프롤레타리아트였다.

서양 근대에 형성된 계급이라는 개념은 이처럼 '일하는 사람들' 이라는 개념을 주축으로 하면서 한편으로는 '신분' 이라는 말처럼 사람들을 대분류하는 개념이면서 '일하지 않고 놀고 먹는', 그래서 '비생산적인' 귀족신분을 비판하면서 거기에 대립되는 개념으로 사용되었다. 경제적인 측면에서 사람들을 분류하고, 생산적인 활동을 하느냐 않느냐를 나누는 데에서 비롯되었다. 그러면서 이 '일하는 사람들' 이라는 개념으로부터 중간적인 계급, 즉 중간계급이라는 개념, 나아가서는 이것으로부터 부르주아지 혹은 자본가계급이라는 개념이 분화해 갔던 것이다. 이렇게 볼 때, 계급이란 첫째, 대분류의 개념으로서, 둘째, 경제적인 생산과 관련하여 어떤 위치에 있느냐를 가지고 사람들을 나눌 때, 특정한 위치에 속하는 것으로 나누어지는 사람들을 가리키는 말이었다.

칼 맑스는 이러한 계급 개념을 대부분 그대로 수용하였으며(마우케, 1990: 35), 생산적이냐 비생산적이냐 하는 점, 그리고 경제적 생산과 관련한 위치가 무엇이냐(생산관계 내에서의 위치)에 따라 사람들을 대분류한 것이 그의 계급 개념이었다. 그러나 그는 여기에 계급들 사이의 적대적이고 모순적인 관계, 그리고 이러한 모순이 발전하여 계급형성과 갈등을 통해 전체 사회의 혁명적 변화가 초래된다는 계급관계 및 계급혁명의 이론을 추가하였다.

(2) 사회불평등과 계급, 계층

계급 개념과 계급 이론은 그 후 오늘날까지 수많은 변화와 변형들이 이루어졌지만, 가장 대표적인 것은 아직도 칼 맑스의 것이다. 이런 점에서 맑스의 것을 중심으로 삼으면서 이것이 계층 개념이나 이론과 어떤 점이 다른지를 보기로 하자.

계급과 계층은 모두 사회적인 불평등, 그러니까 사람들 사이의 불평등

(보다 정확하게는 자연적이 아닌, 후천적인 불평등)을 가리키는 말이다. 사회적 불평등이란 "인간들이 행사하는 권리나 기회, 그리고 그 결과로서 갖게 되는 보상, 특권, 지위 등에 있어서의 차이"라고 할 수 있다.[7] 계급과 계층에 관한 이론은 모두 그러한 불평등이 왜 생겨나고, 어떤 상태에 있으며, 그것이 사회적으로 어떤 의미를 지니고 또 어떤 영향을 미치는가를 탐구하고 설명한다는 점에서 같다. 그러나 그 개념 구성과 현상을 탐구, 설명하는 이론의 내용은 사실 크게 다르다.

계급(social class; 사회계급)이란 "경제적-생산적 위치에 따라 구분되는 대규모의 사회집단들로서, 계급간의 이해관계가 대립적이고, 계급 내의 이해관계는 동일한 집단들 하나하나"를 가리킨다. 맑스의 경우는 한 걸음 더 나아가 이러한 이해대립이 모순적이고 적대적이라고 보았고, 이 경제적으로 모순적-적대적인 관계는 정치적-이데올로기적인 모순-적대의 관계로 발전하여 마침내 그 모순과 적대를 해결하는 혁명으로 이어진다는 이론을 전개하였다. 이 과정에서 당연히 진행되는 과정이 바로 계급의 양극화라는 것이었다.

계층(social stratum, strata; 사회계층)이란 "사람들에게 소중한 가치들이 분배 및 분포되어 있는 상태를 통계적으로 구획지어 나눈 임의적 크기의 집단들 하나하나"를 가리킨다. 그래서 계층들의 수는 나누는 사람에

---

7) 불평등은 선천적, 자연적으로 주어지는 성질인 경우가 있고, 후천적, 사회적으로(=사람들 사이의 관계에서) 생겨나는 경우가 있다. 루소(1978: 332쪽 이하)는 불평등을 두 개로 나누어 앞의 것을 자연적 불평등, 뒤의 것을 사회적(혹은 정치적) 불평등이라 하였다.
사회적 불평등이란 그랩(1994: 22)에 의하면, "사람들이 영위해 나가는 생활에서, 보다 구체적으로 그들이 행사하는 권리나 기회, 그리고 그들이 향유하는 보상이나 특권에서 가장 현저하게, 결과적으로 나타나는 사람들(혹은 그들이 점유하고 있는 사회적으로 규정된 여러 지위) 간의 차이들 중에 그 어느것을 의미"한다.

따라 임의적-편의적으로 많거나 적다. 예컨대, 소득이나 재산소유, 학력에 따른 계층들, 혹은 그 종합에 의한 계층들은 9개가 될 수도 있고, 5개가 될 수도 있다. 그러나 어떤 경우에는 계급분류에 대응하기 위해 2~4개 정도로 계층들을 '대분류' 하여 명칭만 '계급' 이라 하기도 한다. 상층계급, 중층계급, 하층계급 하는 것이 그 대표적인 예, 그러나 모순적인 용어의 예이다.

어쨌든, 계층들은 서열적인 관계에 있기는 하지만, 그 관계라는 것은 형식적인 관계이고 실질적인 사회관계는 아니다. 그래서 계층 이론에서는 계층들 사이의 사회적 관계를 상정하지 않으며, 계층들은 그 내부에 어떤 공통적인 점이 있기는 하지만, 계층 내의 사람들 사이의 관계도 상정하지 않는다. 가령 월수입 100만 원 미만의 소득 '계층' 과 월소득 100만 원 이상 200만 원 이하의 소득계층은 실재하지 않는 통계적, 임의적으로 존재하는 범주에 불과하며, 따라서 각각의 계층에 속하는 구성원들 상호간의 상호작용관계도 없을 뿐 아니라 그 관계가 적대적이지도 않다.

반면에 계급은 자본주의 사회의 경우 사회구성원들이 자본가계급, (임금)노동자계급, 중간계급 등 실재하는 몇 개의 커다란 집단들로 나누어져 적대적인 상호작용관계를 맺고 내부적 상호작용을 통해 조직으로 발전한다. 예컨대, 전경련, 노동조합, 중소기업협동조합이나 농민단체 등은 계급별로 발전한 조직들의 예이다. 계급조직들은 독자적인 언론기관이나 정치조직을 만들기도 하고 특정한 정당조직을 지지, 후원함으로써 이익을 도모한다. 이 과정에서 계급들은 서로 충돌하기도 하고, 언론과 정치조직을 통한 대립과 갈등 현상도 빚어 내며, 경우에 따라서는 정치권력구조나 사회경제적 질서를 크게 변화시키는 결과를 낳기도 한다. 이런 의미에서 계급은 '실재하는 집단' 인 반면, 계층은 '통계상으로 존재하는 임의적인 집합' 이라고 할 수 있다.

불평등과 관련하여, 계급 이론은 경제적 불평등에 주목하면서, 그것이 '생산' 과 관련하여 어떤 위치에 있느냐에 따라 발생한다고 본다. 그리고, 그러한 위치에 따른 차이와 불평등으로 인해 이해관계의 분할 및 사회적 대립, 갈등의 관계가 생긴다고 본다. 나아가 이러한 불평등은 후천적이고 사회제도적인 요인 때문에 발생하는 것이기 때문에, 궁극적으로 극복이 가능하다고 본다.

이와 달리, 계층 이론은 불평등의 다차원성에 주목한다. 그리고, 그러한 불평등이 부와 명예 등 여러 차원의 소중한 가치들이 사회구성원들에게 '분배' 된 상태인 것으로 본다. 따라서, 직접적으로 이해관계의 분할 및 사회적 대립, 갈등의 관계를 초래하는 요인이라기보다는 차이와 불평등의 상태 그 자체인 것으로 본다. 나아가서는 이러한 불평등은 궁극적으로 극복이 불가능하고 불가피한 현상이라고 보며,[8)] 기능주의 계층 이론들의 경우에는 그러한 불평등이 오히려 사회 전체의 순탄한 기능을 위해 필요 불가결한 차별적 보상제도(incentive system)라고 본다.[9)]

계급 개념과 계층 개념의 특징과 차이를 간략히 정리해 보면, 다음의 〈표 2-2〉와 같다.

---

8) 보비오(1998)에 따르면, 좌파 이념의 핵심은 평등주의이고, 우파 논리의 핵심은 인간불평등 불가피론이다. 좌파는 인간은 원래 평등해야 하는데 사회제도 때문에 불평등한 상태에 있으므로 사회제도를 바꾸어 평등을 실현해야 한다고 주장하는 반면, 우파들은 인간은 능력의 차이 등으로 불평등할 수밖에 없는 것이고 사회제도의 개조를 통해 이를 시정하려는 것은 어리석은 짓이라고 주장한다.

9) 이러한 시각을 대표하는 Davis & Moore(1994: 39~41)는 "한 사회는 기능하는 체계로서 사회구성원들에게 사회적 지위들을 배분하고 그러한 지위를 수행하게 해야 한다" 면서 각 지위들은 '기능적 중요성' 의 면에서 차이가 있고, 그러한 자리를 채우는 데 필요한 '인력과 재능이 희소' 하고 훈련을 필요로 하기 때문에 그에 합당한 보상을 차등적으로 해 주는 것이 필요하다고 설명한다.

〈표 2-2〉 계급 개념과 계층 개념의 차이

	사회계급	사회계층
구분기준	경제적 생산과 관련한 위치	분배된 다양한 가치들의 소유 정도
분류방식	대분류	중소분류
조직속성	사회적 관계의 속성 있음	사회적 관계의 속성 없음
실재 여부	실재하는 대규모 집단	통계상의 임의적 집합
행위 여부	역사적 행위의 주체	행위주체(단위)가 아님
소멸 가능성	역사적으로 소멸 가능	역사적으로 소멸 불가능

(3) 계층론적 관점에서 본 불평등과 양극화의 문제

다른 한편, 이와 같은 계급 개념과 계층 개념, 그리고 양자 사이의 개념적 차이들은 사회적 불평등을 어떤 관점에서 보느냐 하는 관점의 차이에서 비롯된다.

계층 이론적 관점에서 볼 때, 불평등이란 "인간들이 소망스럽게 생각하는 재산, 소득, 권력, 학벌, 명예 등의 가치들이 인간들 사이에 사회적으로 불평등하게 분배, 분포된 상태"로 파악된다. 그것도 '양적으로' 불평등하게, 즉, 누구에게는 많이, 누구에게는 적게 분배, 소유된 상태인 것으로 파악된다. 그래서 계층을 첫째, 분배의 상태, 둘째, 양적인 차이, 따라서 연속선상의 차이를 지니는 단위인 것으로 파악한다. 이 두 가지 관점은 계급적 관점과 매우 대조적이다.

계급 이론적 관점에서는 첫째, 불평등 그 자체보다는 불평등의 원인과 결과, 즉 그것이 왜 생겨나고 또 어떤 결과를 낳는가 하는 점에 더 주목한다. 그래서 생산수단의 소유 및 생산과 관련된 권력이나 지식의 소유가 불평등을 낳고, 이 불평등은 연속해서 또 다른 불평등을 낳으며, 이런 과정이 반복되는 것으로 파악한다. 그 다음 두 번째로는 그러한 불평등 상태와 불평등의 생산-분배-재생산 과정이 단순한 차이나 차이의 재생산에 불과한 것이 아니라 인간들 사이의 지배와 착취와 갈등으로 매개된다고 본다. 그리고 이 지배-착취-갈등의 관계는 인간 개개인들 사이에서뿐 아니라 집단적으로도 이루어지고, 이러한 집단적인 지배-착취-갈등의 관계는 계급이라고 하는 실제 집단들을 만들어 내어 집단적으로 사고하고 행동하고 갈등하게 만든다고 본다.[10] 이 두 가지가 계층 이론과 대조적이며, 불평등을 바라보는 결정적인 차이이기도 하며, 계층과 계급 개념 사이의 중요한 차이를 빚어 내는 요소이기도 하다.

그렇다면, 양극화 현상은 그 두 가지 관점에서 서로 어떻게 달리 파악되는가.

앞에서도 몇 차례 언급한 바 있지만, 양극화는 크게 두 가지 측면들로 이루어져 있다. 하나는 '인구구조 면에서의 양극화'로서 계급/계층적 인구구성 상태의 양극화, 혹은 양극을 이루는 계급/계층들로의 인구이동과 집중이며, 다른 하나는 '소유 정도의 격차심화'로서 양극을 이루는 계급/계층의 소유상태에 격차가 더 벌어지는 현상이다.

계급론적 관점을 대표하는 칼 맑스의 경우, 자영농과 소상공업자를 비롯한 잡다한 중간계급들이 자본가계급과 노동자계급, 부르주아지와 프롤레타리아트 두 개의 양극 집단들로 해체, 이동, 집중되어 가는 현상과

10) 바로 이런 관점 때문에 칼 맑스의 계급 이론은 생산수단에 대한 사적 소유에 기반한 적대적 생산관계에서 출발, 계급들 사이의 지배-착취-갈등 관계, '즉자적 계급'으로부터 '대자적 계급'으로의 형성발전, 계급적인 저항과 혁명운동, 인간들 사이의 지배와 착취, 그리고 계급이 없는 공산주의 사회로의 이행으로 이어진다. 막스 베버의 경우는 혁명론으로까지 가지는 않지만, 그와 유사하게 불평등한 소유에서부터 출발, 시장상황, 계급상황, 사회계급의 형성, 지배와 갈등 순으로 이어진다.

추세가 전자이고, '부익부 빈익빈' 테제, 즉 부자와 가난한 자, 부르주아와 프롤레타리아, 두 양극 집단의 소유상태, 즉 부가 한쪽에서는 더 늘어나고 다른 한쪽에서는 더 줄어드는 현상과 추세가 후자이다. 전자는 인구의 변화, 후자는 소유 상태의 변화를 말하는 것이기 때문에 비슷한 것 같지만 명백히 다르다.

가령, 부르주아와 프롤레타리아의 인구가 각각 전체 인구의 2%와 30%를 차지하고, 나머지 중간계급들의 인구가 68%를 차지했는데, 이 구조가 각각 3%, 50%, 47%를 거쳐 4%, 75%, 21%, 그 다음에는 6%, 90%, 4%로 바뀌어 가는 것이 계급구조 양극화의 한 측면이고, 계급적 인구구조는 3%, 50%, 47% 그대로이든 변화하든 상관없이 부르주아 집단의 부는 시간이 가면 갈수록 전체적 혹은 평균적으로 늘어나는데, 프롤레타리아 집단의 부는 줄어들어 가는 현상과 추세가 양극화의 또 다른 측면, 즉 '소유 정도의 격차심화'를 말하는 것이다.

계층론적 관점에서 볼 때에도 양극화는 위와 마찬가지로 두 가지 측면들로 파악이 된다. 인구구조의 면에서 상류계층, 중류계층(혹은 중산층), 하류계층이 예를 들어 각각 15%, 50%, 35%를 차지하던 구조(=통계적으로 정상분포 곡선을 그리는 상태)가 계층이동을 통해 20%, 10%, 70%, 그리고 나아가서는 20%, 0%, 80%, 혹은 '20 대 80 사회' (혹은 80 대 20 사회)로 변화하는 현상 혹은 추세가 그 하나이다. 그러나 계층 이론의 주류 입장에서는 이 같은 양극화 추세를 부정, 비판해 왔으며, 자본주의 산업사회가 발달을 해 오면서 오히려 그 반대로 중간이 더 불룩해지는 구조, 예를 들어 '15 대 50 대 35' 이던 것이 '20 대 80' 쪽이 아니라 '10 대 80대 10' 혹은 '5 대 90 대 5' 쪽으로 변화해 왔고 앞으로도 그럴 것이라고 보아 왔다.

다른 하나의 측면은 계급 이론에서와 마찬가지로 소유 면에서의 양극화, 즉 '소유 정도의 격차 심화'로서 가령 상류계층의 부 혹은 평균소득이나 납세액이 100이고, 상류계층과 '양극'을 이루는 하류계층의 부 혹은 평균소득이나 납세액이 50이었는데, 이 2 : 1의 격차가 3 : 1, 4 : 1로 벌어지는 현상이나 추세이다. 그리고, 이 두 계층의 사이에 있는 중간계층(혹은 중산층)의 부 역시 양극으로 분해되어 작은 일부는 부가 늘어날 수 있지만, 대부분은 줄어들어 하류계층의 수준으로 전락을 하거나 근접해 간다고 본다. 이것이 계층 이론적 관점에서 말하는 양극화의 다른 한 측면이다. 그러나, 앞의 경우와 마찬가지로 계층 이론의 주류에서는 이런 일이 벌어지는 것은 정상적인 일이 아니며, 오히려 일반적인 추세는 중간계층(혹은 중산층)의 인구수가 늘어나는 것과 함께 부의 수준이나 생활수준 등도 향상된다는 입장을 가져왔다.

우리가 이상에서처럼 계급 이론적 관점과 계층 이론적 관점을 불평등과 양극화 문제에 비추어 상호비교해 보고, 또 그 사이사이에 계층 이론적 관점 내부에도 주류와 비주류가 있다는 점을 지적한 이유는 계층론적 관점에서 제기되는 양극화론은 비주류 소수들의 주장이고, 본래 계층론 주류의 입장에서는 양극화론, 그리고 '계급 이론'과 '계급양극화 이론'을 모두 부정하고 비판해 왔다는 사실을 드러내기 위함이었다.

계층 이론적 관점에서 제기되는 양극화론은 모순적이라는 제1장에서의 이야기는 바로 그것, 그러니까 계층 이론의 적, 혹은 반대라고 할 수 있는 계급 이론과 계급혁명론을 차용하여 계급 이론이 마치 자신들의 이론이었던 것처럼 말을 한 후, 결론은 결국 '중산층 보호, 육성론'으로 나아갔다는 것이다. 이 과정에서 그들은 "그러지 않으면 혁명이 일어난다"는 식으로 적(=계급 이론, 계급혁명론)을 이용하여 누구인가를 위협했던 것이다.

계층 이론의 주류는 이와 달리 정공법을 써 왔다. 즉, "양극화 이론은 허구이며 사실과 다르다, 역사는 오히려 그 반대의 추세를 증명해 보여 왔다" 라고 주장해 왔던 것이다. 자세한 이야기는 생략하고, 독일 계층 이론의 고전을 이루었던 셸스키와 현대 독일 계층 이론의 대가를 이루고 있는 볼테와 라딜로부터 그 대표적인 목소리를 짧게 들어 보기로 하자.

(4) 계층 이론적 계급양극화론 비판—셸스키의 '평준화된 중산층 사회' 이론

제2차 세계대전 이후 독일의 1세대 사회학자 셸스키(Schelsky, H.)는 미국의 밀즈와 비슷한 시기, 그러니까 이미 1950년대에 맑스의 양극화 예언은 빗나갔다고 주장하였다. 그리고 그 반대로 당시의 서독 사회는 오히려 '중하층' 을 중심으로 '평준화된 중산층 사회' [11] 로 변화했다고 주장하였다. 이런 관점과 이론은 그 후 계층 이론의 주류를 이루었으며, 그의 '중산층 사회' 이론은 "중산층이 중심인 사회, 그런 사회가 바람직한 사회일 뿐 아니라 실제적으로도 사회의 역사와 현실은 이쪽 방향으로 변화해 왔다" 는 주장이 핵심을 이루었다. 이런 의미에서 그 이론의 명칭은 간단히 줄여서 '중산층 (중심) 사회 이론' 이라고 부르는 것이 나을 것

11) 본래 셸스키는 '중산층' 이 아니라 중간신분층(독일어로 Mittelstand)이라는 말을 사용했는데, 이것은 중간계급과 계층을 다 포괄하는 중간적 지위나 신분을 의미하는 말이다. 그래서 계급이나 계층도 아니고, 우리말에 익숙한 '중산층' 이라는 말로 번역하였다. 신분과 지위(독일어로 Stand, 영어로 status)라는 용어는 시대와 문맥, 사용하는 이론가에 따라 그 의미가 다양하다. 그래서, 중세적 의미의 신분과 근대적 의미의 계급이나 베버가 사용한 신분(혹은 지위), 또 일반적으로 현대 사회학에서 이야기하는 지위와 신분, 한국인들이 일상생활에서 사용하는 지위와 신분 등은 각각 그 의미들이 상이하다.

이다.

그는 평준화가 단지 계층구조의 면에서 일어난 것으로 파악할 것이 아니라 대대적인 사회이동을 통해, 그리고 이 중산층에 속하게 된 사람들의 정서를 통해 파악해야 한다는 점을 지적하면서, 중산층 사회의 평준화가 지니는 세 가지 측면을 강조하였다. 첫째는 정치적 권리, 교육기회 등 기회에 있어서 평준화가 이루어졌다는 것이고, 둘째는 상당히 많은 사람들이 소득수준 면에서 중간적인 위치에 속하게 되었다는 점이며, 셋째는 대다수 사람들의 생활양식과 욕구가 균질화되었다는 점이다.

그는 이러한 중산층 사회로의 평준화가 한편으로는 노동자들의 숙련성 증가, 사무직 노동자층의 형성, 다른 한편으로는 복지정책, 누진세제도, 소비재 대량생산 및 대량소비에 따른 생활양식의 균질화 등으로 인하여 생겨났으며, 그 결과, 계급들간의 긴장관계가 해소되었다고 하였다 (Schelsky, H., 1953a, 1953b; Bolte/Hradil, 1988: 95～96).

그러나, 현대 독일의 대표적인 계층 이론가들인 볼테와 라딜(Bolte/Hradil, 1988)은 셸스키가 말하듯 중산층 사회로의 평준화가 일정하게 진행되어 맑스의 양극화 이론이 부정되었다고 보지만, 오늘날의 시점에서 볼 때, 사회적 불평등은 여전히 많이, 여러 곳에 남아 있기 때문에, '평준화' 주장도 과장된 것이라고 비판하였다. 이들은 특히 노동자계급이 계속 유지되면서 그 내부에 분화 및 이질화 현상이 병행되었다는 점을 강조하였다. 그리고, 이를 통해 한편으로는 중산층 사회론을 비판하고, 다른 한편으로는 맑스의 양극화 명제 및 '노동자계급의 동질화' 추세론에 대해서도 반론을 폈다(S.103, S.106～107). 노동자계급의 경우, 그 내부에 상층, 중간층, 하층으로의 분화가 명백하여, 전반적으로 '상향평준화' 가 일어난 것도, 그렇다고 맑스식으로 하향평준화와 동질화가 일어난 것도 아니라고 주장하였다(Bolte/ Hradil, 1988: 356).

계층 이론가들의 이 같은 비판과 주장들에 비추어 볼 때, 칼 맑스의 양극화론을 비판하고 또 실제 역사를 통해 부정되었다고 본 밀즈나 마르쿠제 같은 네오맑스주의 이론가들, 그리고 베버주의 이론가들의 경우는 그 반대로 계층 이론의 관점과 주장, 특히 다원적이고 양적인 관점과 주장을 일정 부분 수용하는 입장이었다고 할 수 있으며, 라이트와 같은 경우는 맑스와 베버, 그리고 계층적 관점을 모두 수용하여 결합 혹은 절충시킨 인물이었다고 평할 수 있을 것이다.

제3장 한국에서의 계급양극화와 중산층 개념

우리나라에서 계급에 관한 논의와 연구는 1980년대 초까지 불가능했다. 정부의 엄격한 통제와 탄압으로 인하여 계급이라는 용어조차 사용하는 것이 힘들었고, 계급양극화를 연구하거나 논의하는 것 역시 불온시되었다. 정부와 관변 학계에서는 이런 문제와 관련한 '정답'이 내려져 있었는데, 그것은 계층 이론이었고, "산업사회가 발달하면, 계층구조는 중간이 불룩한 다이아몬드형 계층구조가 된다"는 것이었다.

계급에 관한 논의와 연구, 그에 뒤이은 논쟁은 1980년대 중반 '진보적인 소장학자'들이 등장하면서 터져 나오게 되었다. 처음에는 서구의 네오-맑스주의 계급 이론에 대한 연구와 소개에서부터 시작되었으나, 뒤이어 맑스-레닌주의 이론도 도입되었다. 이 과정에서 선도적인 역할을 한 서관모는 정통 맑스주의 계급 이론에 입각하여 우리나라에서 계급양극화가 진행되어 온 것을 입증하는 경험적 연구를 실시하여 발표하였다. 서관모의 연구는 학계의 다각적인 반향을 불러일으켜 계급론 논의와 계급양극화 연구, 중산층 이론과 연구 등을 촉발하는 결과를 낳았으며, 일종의 붐을 일으켰다.

1. 1980, 90년대 한국에서의 계급양극화와 중산층 연구

(1) 서관모의 계급양극화 연구와 신중간제계층론

서관모(1987)는 인구 센서스자료를 가공, 활용하여 지난 30여 년(1955~1985년)간 우리 사회의 계급구조가 어떤 상태에 있었으며, 어떤 변화를 겪어 왔는가를 맑스-레닌주의 계급 이론에 입각하여 실증적으로 연구하였는데, 그 대표적인 변화가 자본가계급과 노동자계급으로의 양극화 추이였다는 것이 결론이었다. 그러나, 그는 분석에서 이른바 '신중간계급' 의 범위를 다소 좁게 잡으면서 이들이 '단일한 계급으로 형성되어 독자적인 계급으로서의 역할이나 영향력을 행사할 수 없을 것' 이라는 판단에 입각하여 이들을 여러 개의 분산된 '중간계층들' 이라 지칭하였다.

그는 우선 양극화라는 것을 '계급구조 면에서의 양극화', 그러니까 '중간적인 계급, 계층이 인구규모 면에서 축소되고 자본-임금노동의 수적 비중이 커지는 현상' 으로 이해하면서 이를 경험적 자료에 입각해 입증하려 하였다.

〈표 3-1〉에서처럼, 1955년부터 1980년 사이 우리나라의 자본가계급과 노동자계급은 각각 0.3에서 1.1%, 17.5%(노동자+무산자층)에서 37.2%로 모두 증가 추세를 보이고 있으며, 나머지 중간적인 계급/계층들(신중간계층, 비농자영업, 농어민층)은 무려 82.2%에서 59.3%로 축소되고 있다.

〈표 3-1〉 계급구성의 변화

	1955	1960	1970	1975	1980
자본가계급	0.3	0.5	0.6	0.9	1.1
신중간제계층	4.1	4.3	5.7	6.8	8.7
비농자영업자층	7.5	10.5	13.6	14.7	17.1
농어민층	70.6	65.2	51.7	42.5	33.5
노동자계급	9.2	11.8	24.1	31.5	37.2
주변적 무산자층	8.3	7.7	4.3	–	–
합계	100.0	100.0	100.0	100.0	100.0

자료: 서관모(1987); 김영모(1997: 32)에서 재인용.

그러나, 이러한 추세를 계급양극화로 해석할 수 있느냐 하는 점은 여러 가지 논란의 소지가 있다.

첫째는 서관모 자신이 일관된 입장을 유지하지 못했지만, 특히 농어민층을 중간적인 계급/계층으로 포함시키면, 이들이 전반적으로 축소해가고 있지만, 농어민층을 별도로 제외시키면, 신중간계층과 도시자영업부문은 각각 4.1에서 8.7%, 7.5에서 17.1%로 오히려 증가세를 보이기 때문이다. 김영모(1997: 32)는 이 점을 비판하면서 농어민층은 당연히 중간적인 계급/계층에 포함시켜 보아야 할 것이라고 하였다. 그러나, 뒤에 다시 살펴보겠지만, 홍두승(1983; 1992)은 농어민층을 제외한 상태에서 중간적 계급/계층의 양극화 추세를 부인하고, 오히려 그 반대로 중간적인 계급/계층의 증가와 비대화 추세가 진행되어 왔다는 연구결과와 해석을 내놓았다. 이런 해석은 서관모의 계급구조 변화 〈표 3-1〉를 통해서도 가능하고 입증된다.

둘째는 농어민층을 포함시켜, 중간적 계급/계층의 규모는 비록 축소가 되었더라도 1980년 현재 59.3%로 절반이 넘는데, 이것을 과연 몰락이나 양극화라고 평가할 수 있는지, 또 그런 감소 추세가 언제까지, 얼마만큼 지속될 것인지 입증되었느냐는 점이다.

그 다음 세 번째는 농어민층의 경우에도 문제가 되지만, 중간적 계급/계층을 어떤 기준으로 어디까지 구획짓는 것이 타당하냐, 나아가서는 그 중간적인 집단의 계급적 성격과 역할, 그리고 그 집단의 축소 혹은 증가가 어떤 계급론적-정치적 함의를 지니는 것이냐 하는 점 등이다. 이 가운데에서 특히 기업 부문의 중간적 계급/계층에 대한 계급적 분류와 경계, 그 성격규정은 논란의 소지가 많은 지점이다.

이 점과 관련하여, 서관모는 자본가계급과 노동자계급 사이에 위치하는 소위 '신중간계급'을 통상적인 표현과는 달리 '신중간제계층'이라고 불렀다. 자본주의적 발전에 따라 '스스로 계급을 형성하지 못하는 새로운 집단'(서관모, 1989: 56)이 출현하는데 신중간제계층도 바로 그런 집단들에 속한다는 것이다. 그의 설명에 의하면, 원래 독립소생산자 집단인 쁘띠부르주아지는 동질적인 하나의 사회계급으로서의 중간계급이었는데, 자본주의적 발전에 따라 오늘날에는 그 중간계급이 독자적인 사회계급을 구성하지 못하고 독립소생산자집단과 임금근로자의 일부인 신중간계층을 포함하는 이질적인 집단들로 구성된다고 한다.

이 중간제계층은 쁘띠부르주아지와 반프롤레타리아트로 구성되는데, 후자는 계급 대립관계상의 지위나 계급상태의 측면에서 프롤레타리아트에 가까워 대개 중간계층에서 제외되고 이런 점에서 중간제계층은 다양한 쁘띠부르주아지를 뜻하는 셈이다. 또 서관모는 농민을 독자적인 사회적 범주로 분석할 필요가 있다고 보아 중간제계층에서 제외하고 있다. 그래서, 그의 중간제계층은 사실상 도시의 전통적인 구중간 '계층' 과 신중간 '계층' 으로 구성되는 집단들이다(서관모, 1988: 256~257).

그는 기업 부문의 봉급예속생활자들, 즉 밀즈적 의미의 화이트칼라를 셋으로 구분하였다. 자본의 전반적 기능만을 압도적으로 수행하는 사람들의 집단으로서의 '부르주아지' 와, 결합노동자의 기능만을 압도적으로 수행하는 사람들의 집단으로서의 '프롤레타리아트' , 그리고 그 사이에 위치하는 중간적 집단들이다. 이 세 번째 그룹이 기업 부문의 신중간계층으로서 신중간제계층의 한 부분을 이룬다. 신중간제계층에는 이 밖에도 국가와 민간 부문의 '임금취득중간층' 과 '인텔리층' 이 포함되나, 기업 부문의 단순사무원들은 프롤레타리아트, 즉 노동자계급으로 범주화하였다.

그는 이 '신중간제계층' 이 그 숫자나 경계가 고정되어 있지 않은 중간적 집단들로서 부르주아지와 프롤레타리아트의 재생산과정에서 부단히 재생산되지만, 하나의 동질적인 중간계급이나 계층을 형성하지 못할 뿐 아니라 이들의 대부분 특히 그 하층들은 프롤레타리아화 과정 속에 있다고 보았다(서관모, 1987; 1989).

(2) 김영모의 중산층 양극화론과 홍두승의 중간계급 성장론

김영모(1997: 33)는 서관모가 기업 부문 화이트칼라 중 하층그룹, 즉 하위직 사무원과 판매원을 노동자계급으로 분류한 것이 잘못되었다고 비판했는데, 그 이유로 이 그룹은 일반 노동자계급과는 달리, 상승이동이 가능하고 계급적 귀속의식이 다르다는 점 등을 들면서 이들을 '신중산층' 에 포함시켰다. 김영모가 '신중간계급' 이 아니라 굳이 '신중산층' ,

즉 중산층이라는 말로 표현한 것은 지난 시절의 두 가지 관행을 계속할 뿐 의미상으로는 계급, 즉 중간계급이나 신중간계급과 동일한 의미이다.

그 두 가지 관행이란, 서두에게 언급했듯이 '계급' 이라는 '불온시되던 용어' 를 대신해 '층' 이라는 용어로 부르던 관행과, 비슷하게 억압되던 '자본' '노동' 이라는 용어를 대신해 자본가계급과 노동자계급이 유산자층, 무산자층으로 바뀌어 불리고, 그 사이 중간에 있는 계급을 중산층으로 지칭하던 관행을 따르는 것이었다. 그러나 이렇게 해서 '중산층' 개념이 출현하였고, 본래 '중간계급' 혹은 '쁘띠부르주아지' 라는 의미에서 출발하였지만, 어의상 유산자-무산자층 사이에 있는 '재산이 중간쯤 되는 사람들' , 즉 계급이 아니라 계층, 그러니까 소유계층이나 소득계층이라는 새로운 의미도 파생되었다.

이런 관행에서 파생되고 변형된 '중산층' 은 계급적 의미가 아니라 계층적 의미를 지니는 것이다. 왜냐하면, 맑스식의 계급에서는 재산소유 여부나 정도가 구분의 기준이 아니라 생산수단의 소유 여부이며, 이것만이 아니라 '생산과 관련한 기능' 이 또 하나의 기준으로 적용되기 때문이다. 그래서, 이 '재산소유 정도' 를 뜻하는 '중산층' 이라는 새로운 용어는 계층적인 의미를 지니는 것이라는 이야기인데, 후에 이것은 여러 학자들에 의해 다양한 방식으로 재가공됨으로써 본래의 의미로부터 더 유리되었다. 그러나, 김영모는 이를 본래의 중간계급 개념과 동일한 의미로 혼용하였다.

"… (저자의) 중산층의 개념은 비생산적 임금소득자를 신중산층이라 하고 구중산층은 소규모의 생산 및 소유권자를 말한다. … 고용원을 둔 사업주를 … 자본가라 하고, 고용원이 없는 자영자를 구중산층이라 하며, … 봉급과 급료를 받는 생산직 근로자와 가사사용인 … 등을 노동자라고 말한다. 그리고, 신중산층은 전문기술직, 행정관리직 및 사무직 종사자, 즉 화이트칼라를 말한다”(김영모, 1997: 43).

김영모(1997: 31)는 그와 같은 개념구성 속에서 우리나라 계급을 〈표 3-2〉에서처럼 크게 자본가, 노동자계급과 구중산층, 신중산층 넷으로 나누면서 1955년부터 1980년 사이 우리나라에서 계급양극화가 진행되어 왔다는 것을 경험적으로 입증하고 주장하였다.

〈표 3-2〉 계급구조의 변화

	1955	1960	1966	1970	1975	1980
자본가계급	0.4	1.7	0.7	2.4	2.9	3.7
구중산층	70.0	65.6	55.4	47.9	39.1	35.8
신중산층	6.2	6.8	9.3	13.5	14.5	17.3
노동자계급	23.4	24.7	34.6	36.5	43.3	43.3
미상	1.2	–	–	–	–	–
합계	100.0	100.0	100.0	100.0	99.9	100.0

자료: 김영모(1997: 31) 〈표 1-1〉.

여기서도 서관모의 연구에서와 마찬가지로 양극화를 양적 인구규모의 변화로 입증하고 있으며, 양대 중산층의 비중은 76.2%에서 53.1%로 축소된 이후에도 절반을 넘고 있어 마찬가지의 논란거리가 남아 있다. 김영모는 다음의 〈표 3-3〉에서처럼 1980년 이후 1990년까지의 양적 변화 추세도 연구하였으나, 노동자를 신중산층으로 재분류하지 않아 자영자, 즉 구중산층이 계속 줄어드는 것 외에는 중산층 몰락과 양극화의 추세를 명확히 드러내지 못하고 있다. 이는 그가 기초자료로 사용한 정부의 ‘경제활동인구’ 통계와 직업분류가 필요한 정보를 제공하지 못하기 때문에 비롯된 일로 짐작된다.

〈표 3-3〉 종사상 지위에 따른 계급구조와 그 변화

연도	고용주	자영자	노동자	무급가족종사자	합계
1980	4.0	31.4	43.4	21.1	99.9
1990	5.4	24.2	59.7	10.6	99.9

자료: 김영모(1997: 44) 〈표: 2-1〉에서 발췌.

한편, 홍두승(1983) 또한 서관모, 김영모와 비슷한 시기의 한국 사회 계급양극화 현상을 연구했는데, 계급분류가 베버적 개념을 절충하여 두 사람과 다르기는 하지만, 신구 중간계급을 합쳐 중간계급이 1960년과 1980년 사이 꾸준히 증가해 왔다는 것을 경험적으로 명확히 입증하였다.

그는 계급을 상류계급, 중상계급, 신중간계급, 구중간계급, 근로계급, 도시하류계급, 독립자영농, 농촌하류계급 등 8개로 분류했다. 상류계급에는 자본가뿐 아니라 정부의 최고관리를 포함시켰는데, 이들은 통계자료상 적절히 포착되지 않기 때문에 통계분석적 의미가 약하다고 보아 〈표 3-4〉에서처럼 실제 분석에서는 제외시키고 있다. 또, 기업 부문의 화이트칼라는 다시 상하 둘로 나누어 상층부는 관리직 공무원 및 고급 자유전문직과 합쳐 '중상계급' 이라 하였고, 하층부는 행정공무원, 일반 자유전문직, 교사 등과 합쳐 '신중간계급' 이라 하였다. 그리고 이른바 '구중간계급' 에는 도시 자영업자층만 포함시켰으며, 농민은 따로 범주화하여 '독립자영농' 과 '농촌하류계급' 으로 다시 2분하였다. 또, 생산-기능직 노동자층은 노동자계급이 아니라 근로계급으로, 나머지 노무자, 행상, 청소원 등은 도시하류계급이라 따로 분류하였다(홍두승/서관모, 1985: 17).

〈표 3-4〉 한국 사회의 계급구조 변화(1960~80)

계급구분	1960	1970	1975	1980	1990	1995
중상계급	0.9	1.3	1.2	1.8	1.9	3.6
신중간계급	6.6	14.2	15.7	17.7	26.1	25.5
구중간계급	13.0	14.8	14.5	20.8	19.6	22.2
근로계급	8.9	16.9	19.9	22.6	31.3	27.7
도시하층계급	9.6	8.0	7.5	5.9	4.2	8.2
독립자영농	40.0	28.0	28.2	23.2	13.0	12.1
농촌하층계급	24.0	16.7	12.9	8.1	4.9	0.6
합계	100.0	100.0	100.0	100.0	100.0	100.0

자료: 홍두승(1983); 홍두승(1992); 홍두승/김병조/조동기(1999)에서 종합.

위의 결과를 보면, 중간계급을 구성하는 세 집단, 즉 중상계급, 신중간계급, 구중간계급이 1960년과 80년 사이 각각 0.9에서 1.8%, 6.6에서 17.6%, 13.0에서 19.8%로 증가하여 모두 합치면, 20년 사이 20.5%에서 40.3%로 그 비중은 2배 가까이로 늘어났다. 그리고 이것은 같은 분류에 의해 연구한 결과, 1990년에는 약간 더 늘어나 41%에 달하게 되었다(홍두승, 1992; 홍두승/구해근, 1993: 276). 홍두승은 이것을 두고, '중간계급이 크게 성장한 것', 또 '성장하는 추세에 있는 것' 이라고 평가하였다(홍두승/서관모, 1985: 22; 홍두승/구해근, 1993: 276). 그 후 다시 같은 분석을 한 결과, 중간계급은 1995년 현재 다시 51.3%로 늘어 증가 추세가 지속되고 있는 것으로 나타났다(홍두승/김병조/조동기, 1999).

그러나, 이러한 결과 및 해석은 맑스의 중간계급 몰락론과 계급양극화론을 부정하는 결과이자 해석이라고 할 수 있지만, 김영모가 비판했듯, 현격한 감소 추세에 있어 온 농민층을 구중간계급, 따라서 중간계급의 수에서 제외시킨 것은 빗나간 비판이자 해석이라고 하겠다. 그래서 우리가 독립자영농, 1960년 40.0%에서 1980년 23.2%로 감소한 '농촌 부문의 구중간계급' 까지 포함시켜 그 추이를 본다면, 20년 전인 1960년 60.5%이던 것이 1980년에 와서는 63.2%로서 거의 늘어나지 않은 상태이며, 그 후, 1990년에 이르러서는 69.6%로 늘어났다가 다시 1995년에는 63.4%로 되돌아가 버린 것으로 나타난다. 이런 변화를 새롭게 해석한다면,우리나라 중간계급은 '지속적으로 성장' 한 것이 아니라 전체적인 규모에서는 큰 변화 없이 단지 그 내부구성에 변화가 있어 왔다는 것, 그나마 1990년대 이후부터는 어떤 급격한 변화도 없는 구조적 정체상태에 들어왔다는 것을 의미할 뿐이다. 근로계급의 비중도 감소 혹은 정체상태에 들어간 것으로 해석된다.

다른 한편, 홍두승은 김영모와 달리 '중산층' 개념을 중간계급과 전혀 다른 개념, 그래서 계층적 의미로 파악, 구성하여 연구를 진행시킨 바 있다.[1)]

> "중산층이란 주로 경제적 소유상태나 생활양식에 따라 규정되고, 생산관계에 의해 규정되는 중간계급과는 구별된다. 따라서 객관적 계급위치로는 노동자계급에 속하는 사람들…도 중산층에 속할 수 있고, 반대로 경제상태가 열악한 일부 화이트칼라층은 중산층에서 제외될 수 있다. 요컨대, 중산층을 하위의 계층과 구별짓는 기준은 '중산층적 삶' 을 가능하게 하는 경제적 자원의 소유와 생활양식이라 볼 수 있다"(홍두승/구해근, 1993: 277).

1) 홍두승(1992)은 중산층을 ①가구주의 계급적 지위, ②가구소득, ③본인의 교육 정도를 기준으로 종합하여 판별할 수 있다고 하였고, 점수에 따라 핵심적 중산층(2점 이상), 주변적 중산층(1~2점 사이), 비중산층(1점 이하)으로 다시 나누기도 하였다.

(3) 한완상 외와 한상진의 새로운 중산층 개념화

한편, 1980년대 후반 같은 시기, 한완상 외(1987)와 한상진(1987)은 계급 개념과 이론 자체를 부인하면서 계급적 뿌리를 가지고 있는 '중산층' 개념을 계층론적 관점에서 거세하고 새로운 개념화를 시도하였다. 이들은 중산층 개념이 본래 계급과는 전혀 다른, 독자적인 기원을 갖는 한국 고유의 개념인 것으로 이해하면서, 다원적인 계층 구분기준과 주관적인 계층 귀속의식을 함께 고려하여 새로운 '중산층' 개념을 탄생시켰다.

한완상 외(1987)는 우선 그 연구목적이 국가적인 차원에서 '중산층을 육성' 하고, 각종 생활의 기회를 보다 많은 계층에 확산시키는 데에 정책적으로 기여하기 위함이라는 것을 밝히면서, 이를 위해서는 중산층이 무엇인지 그 개념을 밝히고 또 구체적으로 새롭게 개념규정할 필요가 있으며, 이를 바탕으로 해 우리나라 중산층의 실태를 밝히려 하였다.

이들은 중산층 개념 자체가 한국 고유의 사회성과 역사성을 갖는 개념이기 때문에 기존의 신/구 중간계급이라는 범주로는 중산층을 이해할 수 없다고 전제하면서, 거주지역, 주택의 규모와 소유 형태, 직업, 교육수준, 가구 소득 등 전형적인 계층 변수들을 기준으로 하여 중산층을 식별하였다. 그리고 여기서는 '경제기획원' (1985, "중간층 육성대책")의 중간층 판별기준을 중산층 판별의 중요한 기준으로 삼았다. 그 기준은 ①최저 생계비의 2.5배 이상에 해당하는 가구 소득을 가져야 함, ②자기 집이 있거나 최소한 독채 전세에 거주하여 주거생활이 안정되어야 함, ③일고나 임시고보다 상용고나 자영업주로서 직업이 안정되어야 함, ④고졸 이상의 학력을 소지한 사람이어야 함 등이었다.

이와 병행해서 한완상 외는 주관적인 귀속의식을 통해서도 중산층을 파악하고자 하였다. 귀속의식은 세 가지 방식으로 측정하였는데, 그 첫째는 "본인이 중산층에 속한다고 생각하는지" 여부, 두 번째는 "우리 사회를 생활 정도에 따라 5개의 층으로 분류할 때, 본인은 어디에, 그러니까 2~4번의 층(중의 상, 중의 중, 중의 하)에 속한다고 생각하는지", 그리고 세 번째로는 본인은 "그렇게 잘살지는 못하나 아이들을 대학까지 보낼 수 있고 체면치레 할 만큼 교제도 하며 여름 휴가엔 가족 바캉스도 다녀올 수 있고 문화적인 생활도 어느 정도 즐기고 있는" 사람(즉, '중산층')에 속하는지 여부를 통해서였다. 조사결과, 중산층 귀속의식은 각각 79%, 69%, 69%에 달하는 것으로 나타났다.

그러나, 이와 같은 중산층 개념화 및 판별의 방식은 임의적이고 상대적이고 주관적일 뿐 아니라 인과관계의 면에서 볼 때 동어반복적이다.

임의적이라는 이유는 본래 계층 구분이라는 것이 그렇듯이 "어느 정도를 소유해야 중산층이다"라는 절대적-객관적 기준이 없이, 통념이나 연구자 주관에 따라 그 구획을 임의적으로 긋기 때문이다. 여러 기준들을 적용하면서 '가중치'를 주는 것도 마찬가지이며, 어떤 기준은 넣거나 빼는 데에도 연구진의 편의나 임의성이 작용한다. 이는 상대적인 것과도 통하는데, 가령 계층을 1~5까지 다섯이나 1~4까지 넷이나 상중하 셋으로 나눈다고 하면, 그 급간의 차이도 상대적인 많고 적음의 차이이지만, '중간'이라고 하는 위치는 과연 어디이고, 그 범위는 어디까지인가 하는 점을 판별하고 규정짓는 것도 상대적이고 임의적이고 가변적일 수 밖에 없다. 정부나 연구기관에서 흔히 소득계층을 5분위로 나누지만, 거기서 중간층은 왜 3분위만이 아니라 넓게 2, 3, 4 분위 모두를 포함하는 것으로 간주되느냐 하는 것이다.

그 다음, 계급적인 관점에서 볼 때, 혹은 객관적인 관점에서 볼 때, 생활수준이나 상태는 독립변수가 아니라 종속변수, 그러니까 그전에 어떤 조건이나 위치에 있기 때문에 생겨나는 결과이다. 주관적인 계층귀속의식도 독립변수가 아니라 종속변수이며, 생활상태나 수준을 연결지어 본다면, 이 후자는 중간 '매개변수' 라고 할 수 있을 것이다. 따라서 이런 인과관계적인 측면을 진지하게 고려하지 않는다면, 설명되어야 할 것을 설명변수로 집어 넣는 '동어반복' 의 허구와 무의미에 빠진다는 것이다.

마지막 또 한 가지 문제는, 한완상 외와 직결되는 것은 아니지만, 이 같은 중산층 개념으로는 계급 이론적 이슈인 '중간계급 몰락' 이나 '계급양극화' 에 대해 직접적인 증거나 반론을 제기하기 어렵다는 점이다.

이상에서 지적한 사항들은 한상진의 중산층 개념화, 나아가서는 '중민' 개념과 '이론' 이라는 것에도 마찬가지로 적용된다.

한상진은 한완상 외와는 달리 맑스주의 계급 이론과 그 이론에 함축된 변혁 이론, 노동자계급 중심의 변혁 이론과 실천에 대해 강하게, 직접적으로 이의를 제기하면서, 그의 독창적인 중산층 개념과 이론, 그렇지만 한완상 외와 근본적인 차별이 없는, 계층론적 중산층론을 펴는가 하면, 나아가서는 중산층 가운데 개혁지향적인 중산층을 '중민' 이라 새로 개념화하면서, 한국 사회의 변혁운동은 노동자, 농민, 빈민 세 축으로 이해되는 '계급적인 기층민중' 이 아니라 개혁의지와 의식이 더 강한 '중민', 즉 '중산층적 민중' 이 중심이 되어야 한다는 주장에 이르렀다. 이렇게 보면, 한상진의 새로운 개념구성과 이론은 2단계에 걸쳐 이루어졌다. 계층론적 중산층 개념의 정립, 두 번째는 개혁의지를 갖춘 중산층, 즉 중민 개념과 이론의 정립 그것이다.

한상진(1987)은 기존의 중산층 논의가 ①주관적 귀속의식을 지나치게 강조하거나, ②경제적 범주에 함몰되거나, ③중산층을 중간계급으로 등치시키고 있다고 비판한다. 그러고 나서 중산층 개념은 한국적인 국가의 위상과 역할을 고려할 때, 단순 통계적 범주를 넘어 정치적-이데올로기적인 실천의 의미를 함축하는 범주가 되어야 한다고 주장하였다(한상진, 1987: 122).

그리고, 우선은 통계자료에 입각하여 사회적 기준(직업/교육/주택)과 객관적 기준(수입)이라는 판별기준을 두 가지로 묶은 다음, 이를 교차시켜 두 가지 기준을 다 충족시키는 집단만을 '객관적인 의미의 중산층'이라고 규정하였다. 그 다음에는 이것을 다시 주관적으로 '중산층 귀속의식'이 있는가 여부와 교차시켜 네 부류로 나누었다. 그래서 객관적 기준과 주관적 기준을 다 충족시키는 집단은 중산층, 그리고 나머지는 객관적 기반 없는 주관적 중산층, 주관적 의식 없는 객관적 중산층, 비중산층 등으로 분류하였다.

한상진의 중산층은 결국 직업, 학력, 수입, 주택, 계층귀속의식 등과 같은 객관적 · 주관적 기준에서 일정한 수준에 이른 집단을 의미한다. 따라서 중산층은 계급의 경계를 넘어 구성되는데, 이를테면 1985년의 경우 계급별 중산층의 비율은 신중간계급의 71%, 구중간계급의 41% 그리고 노동자계급의 20%로 나타난 바 있다고 하였다(한상진, 1990a). 여기서 볼 수 있듯이, 그의 중산층 개념 규정에 의하면 신중간계급이나 구중간계급과 같은 중간계급이라고 해서 모두 중산층은 아니며 또 노동자계급이라고 무조건 중산층 범주에서 빠지는 것도 아니다.

이 같은 중산층 개념에 이어 그는 '중민' 개념과 이론을 개발해 내었다.

그는 우선 사회변혁을 위해서는 전통적인 계급모델인 '양극화 변혁모델'로는 어렵고 '민중연합'에 기반한 '중심화 변혁모델'이 요구된다고 주장하였다. 전통적 계급모델이 변혁운동의 민중성을 포착하는 데 충분치 못한 이유라고 그가 내세운 몇 가지를 들어 보면 다음과 같다. 즉, 한국의 산업화 과정에서는 산업노동자를 중심으로 한 계급구조의 양극화 추세가 그렇게 두드러지지 않은 데 반해 신중간층이 증가 추세를 보이고 있다는 것이다. 또 한국 사회의 모순구조는 노동과 자본의 모순뿐만 아니라 관료적 권위주의의 모순, 분단에 따른 모순 등 복합성을 띠고 있고, 따라서 지배층에 대한 불신과 저항의 잠재력이 큰 진취적인 중간층의 참여 없이는 변혁운동의 민중성을 확보하기 어렵다는 것이다(한상진, 1990b : 444~446). 노동자계급 중심의 계급 이론과 변혁운동에 대한 이 같은 비판 아래 그는 통상적인 민중 개념을 비판적으로 재구성하면서 '중민'(中民)이라는 새로운 개념을 이끌어 내었다.

중산층 안에는 기득권 유지에 집착하는 보수적 집단과 사회변혁을 요구하는 근대적 집단이 공존하는데, 민중의 정체성을 갖고 있는 후자가 바로 중민이라는 것이었다. 이와 같이 그는 중산층을 단순히 수혜계층으로만 간주해 온 종래의 시각을 비판하면서 중산층 중에서 이른바 '깨어 있는 중산층', '사회변혁의 주체로 이해된 중산층', '민중의 일부로 보는 중산층'을 개념화하기 위해 중민 개념을 고안해 냈다.

그러나, 이 중민에는 중산층뿐 아니라 청년학생세대도 대학교육을 통해 중민의 성격을 갖는 동시에 기층민중과 가장 강력하게 연대를 추구하는 세력이라는 점에서 중민의 일부로 포함되었다. 그래서, 중민은 결국 첫째, 젊고 고학력이면서 증가 추세에 있는 전문기술직 중심의 신중산층, 둘째, 근대적 성격을 갖는 조직화된 노동자계급 셋째, 청년학생세대 등으로 구성된다고 보았다. 그러고 나서는, 다양한 사회 영역의 중심부문에서 성장해 온 이들이 기층민중과 제휴하는 가운데 양극화를 저지하면서 중민을 중심으로 키워 나가는 변혁운동노선이 바로 '중민노선'이라고 주장하였다(한상진, 1990a; 1990b: 454; 1987; 1988).

이상과 같은 한상진의 논의를 보면, 그의 중산층 분류는 매우 자의적이라고 평가하지 않을 수 없다. 일정한 이론적 근거에 입각한 분류가 아니라 임의적이고 평면적인 객관적 · 주관적 계층지표를 혼용하여 중산층 개념을 도출해 내고 있으며(박형준, 1990), 또 그에 준거하여 여러 계급들로부터 중산층의 구성부분을 확보하려 했기 때문이다.

2. 1990년대 한국의 계급연구와 계급분석

1980년대 중반부터 맑스주의 계급 이론의 출현과 활성화, 이에 따른 계급양극화 연구에서 촉발된 연구와 논쟁, 그리고 새로운 개념화의 시도들은 이상에서 살펴본 인물들의 범위를 훨씬 더 넘어선다. 과장해서 말하자면, 사회학자는 물론 경제학자나 정치학자치고 당시 계급 이론가 아닌 사람이 없었다고 할 정도로 1980년대 후반 우리나라에서는 계급 이론과 연구가 가히 붐을 이루었고, 치열한 논쟁거리가 되었다.

그러나 1990년을 전후하여 소련, 동구 사회주의권의 붕괴 소식이 전해지면서 맑스주의 계급패러다임은 일대 충격을 받게 되었으며, 이로 인해 1990년대 초에 이르러서는 논쟁은 물론, 계급에 관한 관심과 이론적, 경험적 연구들이 현저히 퇴조하는 경향을 보였다. 그러나, 그런 와중에서도 1990년대에 계급연구를 계속하거나 새로 시작하는 흐름이 없었던 것은 아니며, 특히, 미국의 네오-맑스주의 계급 이론가인 라이트의 이론을 수용하여 한국에 적용하는 일단의 라이트학파 학자들은 비교적 활발한 연구를 전개하였다. 그러나 이들의 문제의식은 계급양극화론이 아니었다.

(1) 조은/강정구/신광영의 계급분석

조은/강정구/신광영(1991)은 우리가 앞 장에서 살펴본 네오-맑스주의 이론가의 한 사람인 E. O. 라이트의 계급분류모델을 한국에 적용하여 거의 본격적인 계급분석을 실시하였다. 이들은 전국표본 조사자료를 수집, 분석하여 한국 사회의 계급구조를 〈표 3-5〉에서처럼 양적인 측면에서 정리해 내었고, 한국 사회에서 나타나는 특이점들을 지적하였다.

〈표 3-5〉 라이트모델에 입각한 한국 사회 계급구조(1991)

계급분류	구성비
자본가계급	8.0%
쁘띠부르주아	37.9% (농촌 15.3%)
중간계급	12.8%
노동계급	41.1%
합계	99.8%

자료: 조은 외(1991: 35)에서 발췌.

이들이 지적하는 한국적 특이성은 '중간계급'에 비해 '쁘디부르주아'와 '노동계급'의 규모가 상대적으로 크다는 점 등[2]인데, 우리가 그

2) 이들의 지적은 첫째, 자본주의적 발전이 심화되는 가운데서도 소상품생산이 상당히 잔존해 있다는 이중성으로 인해 노동자계급(41.1%)과 쁘띠부르주아지(37.9%)의 비율이 매우 높다는 것이다. 그 결과 계급구조가 노동자계급과 쁘띠부르주아지로 양분화되어 있다는 점, 둘째, 3차 산업의 과잉성장으로 인해 노동자계급과 쁘띠부르주아지의 내적 이질성이 매우 크다는 점, 셋째, 성 분절적 계급구조의 속성을 매우 강하게 지니고 있다는 점, 즉, 가부장제적 전통으로 인해 노동자계급이나 쁘띠부르주아지에 속하는 여성의 비율이 남성의 경우보다 훨씬 높다는 점, 넷째, 계급구조에서도 지역주의가 반영되고 있다는 점, 예컨대, 자본가계급 중에는 영남 출

결과를 해석할 때 유의해야 할 것은 이들이 라이트의 용어와 분류법을 적용하고 있다는 점이다.

이들은 맑스에서의 '중간계급', 그리고 흔히 말하는 '구중간계급'을 쁘띠부르주아라 부르는 반면, 맑스에서는 '결합노동자', 따라서 노동자이고, 밀즈에서는 기업 부문의 신중간계급, 화이트칼라이고, 서관모에서는 '기업 부문의 중간계층'인 것을 그냥 '중간계급'이라 개념화하는 라이트를 따르고 있다. 그래서, 중간계급의 범위를 협소하게 잡고 있으며, 여기에는 쁘띠부르주아, 즉 구중간계급이 포함되지 않을 뿐 아니라 거의 별개의 집단처럼 간주되고 있다.

이들은 또 중간계급뿐 아니라 쁘띠부르주아와 자본가 계급도 독특하게 분류하였다. 기업 부문의 노동자층에서 숙련노동자와 프롤레타리아를 뺀 나머지(7개 하위집단들)를 '중간계급'(대졸자는 전문노동자로 취급하여 중간계급)으로 간주하였으며, 고용원을 1명도 두지 않은 자영업자만 쁘띠부르주아로 간주하였으며, 고용원이 1명 이상 9명 이하인 경우는 모두 '소자본가', 즉 자본가계급의 한 부분으로 분류, 귀속시켰다.

이 같은 분류법은 여러 가지 논란의 소지가 많지만, 그중에서 몇 가지만 지적하자면, 첫째는 맑스가 '기능자본가'라 부르고 홍두승이 '중산계급'으로 분류한 경영간부나 임원을 '중간계급', 즉 통상의 '신중간계급'에서 제외시켜야 하지 않느냐는 점이고, 둘째는 구중간계급에 해당하는 쁘띠부르주아와 '소자본가' 사이의 구분과 경계가 매우 임의적이고 통상의 구분법과도 판이하다는 점, 그래서 타당하냐, 적합하냐, 설득력이 있느냐 하는 점이다. 쁘띠부르주아지는 통상 고용원을 4인 이하(때

신이 거의 절반을 차지하는 데 반해, 강원도나 충청도 출신은 거의 없는 것으로 나타나는 점 등이다.

로는 4인 미만)를 둔 자영업자까지 포함시키고 있으며, 자본가는 그 이상의 고용원을 두어 '타인노동' 을 활용하여 먹고 살며 치부하는 그런 층을 가리킨다. 조은 외의 분류법은 이런 통상적인 견해와 상충할 뿐 아니라, 그 결과, 〈표 3-5〉에서 나타나듯, 통계적으로 자본가가 무려 8%로 집계되는 비상식이 초래되었다.

물론, 그런 분류법과 그에 따른 통계수치를 다른 각도에서 재해석한다면, 조은 외의 조사결과는 앞서 본 홍두승의 통계결과와 근본적 차이는 없는 것으로 보인다. 일단 문제의 소지가 많은 자본가계급은 제쳐놓고 볼 때, 신구중간계급의 합은 50.7%로서 그 양적 비중의 면에서 절반을 넘으며, 홍두승의 경우, 65% 내외로 그 비중이 더 크지만, 조은 외의 소자본가(8%)를 대부분 쁘디부르주아로 재규정하여 중간계급에 합치면, 58% 내외에 이르게 되고, 반면 홍두승의 '중상계급' (2~3%)에서 일부를 '기능자본가' 로 빼면, 62~63%가 되므로, 양자의 격차는 이런 재해석만으로도 4~5% 수준으로 줄어들어 '대동소이' 하게 된다.

홍두승은 '근로계급' , 조은 외는 '노동계급' 이라 부르는 '협의' 의 노동자계급의 경우도 홍두승은 1990년도에 31%, 조은 외는 41%로서 무려 10% 차이가 나지만, 이 차이는 특히 주변적인 노동자층을 노동자계급에 포함시키느냐(조은 외) 않느냐(홍두승) 하는 데 따라 발생한 계산상의 차이일 뿐이다. 홍두승의 분류법에서는 노동자에도 중간계급에도 포함되지 않는 도시, 농촌 부문의 '하층계급' , 맑스주의에서는 프롤레타리아 혹은 반프롤레타리아(서관모)로 간주된 이 '주변계급' (김진균, 조희연 등)은 통계상 9%에 달하는 것으로 집계되었으며, 우리가 이 집단을 '근로계급' 에 포함시킨다면, 이 협의의 노동자계급의 비중은 40% 내외로 커지며, 조은 외의 '노동계급' 의 비중과 같아지게 된다.

종합적으로 정리해 보면, 조은 외의 조사결과는 자본가계급 1% 미만,

중간계급 58% 내외, 노동자계급(협의) 40% 내외라는 것이며, 홍두승의 조사분석 결과와 '대동소이' 하다는 것이고, 중간계급의 몰락과 양극화 테제에 비추어 본다면, 그 테제를 부정하는 실증적 증거가 되기도 한다.

(2) 계급구조 변화에 대한 조돈문의 연구

이 같은 계급구조의 양적 변화와 관련해서는 조은 외와 마찬가지의 계급 개념과 분류법을 적용한 조돈문(1994)의 연구, 분석이 더 명료한 그림을 보여 주었다. 그는 한국 사회의 계급구조가 1960년부터 90년까지 30여 년에 걸쳐 양극화되었는지를 분석하였는데, 분석결과들 중 주목할 만한 것은 다음 두 가지이다.

첫째, 계급들간의 노동력의 상대적 분포 측면에서 쁘띠부르주아지의 비율은 1990년 34%로 여전히 가장 높지만 이들의 상대적 비율이 1960년 73%였던 점과 비교해 볼 때 지난 30년간 한국 사회의 계급구조에서 쁘띠부르주아지는 급격하게 감소했다는 것이다. 이것은 쁘띠부르주아지의 절대 다수를 차지하던 농업 부문의 축소에 따른 것이며, 비농업 부문의 쁘띠부르주아지는 그 사이 비농업 부문의 팽창으로 인해 소폭으로 증가해 왔지만, 향후에는 감소할 것으로 전망된다고 하였다.

둘째, 중간계급 중에서도 특히 경영인층 · 감독인층 · 전문노동자층이 큰 증가세를 보여 1960년 각각 0.53%, 1.68%, 5.45%였던 것이 1990년에는 2.69%, 7.62%, 21.66%로 늘어났다는 것이다. 그는 향후 제조업 부문의 성장률 둔화로 경영인층과 감독인층의 증가는 완화되겠지만 전문노동자층은 지속적인 증가세를 유지할 것으로 전망함으로써 전체적인 중간계급의 계속적인 성장을 예견하였다.

이 밖에도 조돈문(1996)은 중간계급 내의 집단간 이질성을 환기시키고, 이를 경험적으로 입증하려는 연구를 하였다. 그는 특히 중간계급 내의 전문가집단과 경영감독자집단의 차이에 주목하여 그 존재조건을 비교 분석하였는데, 그 결과는 다음과 같다,

첫째, 전문가집단은 연령이 낮고 대학교육을 받았으며 도시문화에서 성장한 뒤 서비스 부문에서 국가나 비영리조직을 위해 일하고 있는 데 반해, 경영감독자집단은 상대적으로 연령이 높고 대학교육을 받지 못했으며 농촌문화에서 성장한 후 제조업 부문에서 자본의 역할을 대행하고 있다. 둘째, 이 두 집단은 직무만족, 계급정체감, 계급관계 의식, 실천적 참여, 사회 · 정치 의식 일반 등의 측면에서도 차이를 보이고 있다. 전문가집단은 상대적으로 높은 수준의 중간계급 정체감, 친노동자계급적인 진보성향, 사회 문제 전반에 대한 높은 관심을 보이는 데 반해, 경영감독자집단은 중간계급으로서의 정체감 형성의 어려움, 친자본가계급적 성향, 사회 문제 전반에 대한 낮은 관심을 보이고 있어 뚜렷한 대조를 이루고 있다. 셋째, 계급연구는 계급 내 이질성을 고려하지 않으면 의미가 없으며, 계급연합의 정책을 수립함에 있어서도 이 같은 중간계급 내의 차별성을 염두에 두어야 한다.

(3) 중산층/중간계급에 관한 유팔무의 연구

유팔무(1991)는 중산층을 맑스식으로 해석하여 중간계급과 동일한 것으로 간주하였다. 그에게서 중산층이란 "자신의 생산수단과 노동력에 의존하여 자급자족하는 사람과 비생산적 서비스활동이나 기생적인 방식으로 소득을 얻는 사람들의 무리"이다. 여기서 '비생산적' 이라는 말

은 잉여가치의 생산 및 실현과 관련하여 비생산적이라는 의미가 있는 것이다. 유산(자)계급, 즉 자본가계급이란 "생산수단의 소유를 기초로 임금노동자를 고용하여 잉여가치를 생산 또는 실현하는 데 활용함으로써 타인노동을 착취하는 사람들의 무리"를 가리키고, 무산(자)계급, 즉 임금노동자계급이란 "생산수단을 가지지 못했기 때문에 자본-임금노동관계 속에 들어가 임금을 대가로 잉여가치를 생산, 실현시키는 사람들의 무리"이다.

그는 이런 개념구성 속에서 중산층에 속하는 집단들로 ①도시 소규모 상공업자(행상, 노점상은 제외), ②각종 자영업 형태의 정신, 육체 서비스업, ③자영업 형태 또는 업무하청의 형태로 일하는 자유전문직 종사자(고용된 사람은 제외), ④국가 및 공공기관 종사자와 종교 등 각종의 민간 사회단체 종사자, ⑤불로소득생활자(부동산임대수입, 저축이나 증권 등 이자수입 생활자), ⑥농민(지주, 농업자본가, 여가산업자본가 제외) 등을 꼽았다. 그리고 이 집단들은 '주요한 소득원천'이 잉여가치의 생산 및 실현에 비추어 볼 때 '비생산적'이라는 점에서 공통적이라고 하였다.[3)]

유팔무(1993)는 그와 같은 개념화에 입각하여 그 후 조은 외(1991)가 사용한 원자료를 재분석했는데, 다음의 〈표 3-6〉에서처럼 유효응답자 1987명 중 61.1%에 해당하는 1,215명이 중간계급에 속하는 것으로 나타났으며, 자본가계급은 3.3%, 노동자계급은 25.9%였다. 그는 또 중간계급을 구성하는 하위집단들을 자본주의 부문에 속하느냐 않느냐, 생산 부문에 속하느냐 않느냐 하는 두 가지 기준에 입각해서 크게 네 부문으로 나누었다. 그리하여, 자본주의 부문이자 생산 부문에 속하는 집단은 부문

3) 맑스는 이런 의미에서 소규모의 상공업자와 농민뿐 아니라 국가관료도 불로소득생활자와 마찬가지로 '비생산적 계급들' 또는 '중간계급'과 '소시민계급'(Mittelklasse, Kleinburger)이라 불렀다.

(1)로, 비자본-생산 부문은 부문(2), 자본-비생산 부문은 부문(3), 비자본-비생산 부문은 부문(4)라 하였다.

〈표 3-6〉 계급별, 부문별 구성

(단위: %, N=1,987)

자본가계급	3.3%
중간계급	61.1%
부문(1): 제조업	(2.2)
부문(2): 농업, 제조업	(27.7)
부문(3): 상업서비스	(1.8)
부문(4): 상업, 공공, 민간서비스	(29.4)
노동자계급	25.9%
기타	9.6%
계	99.9%

중간계급은 각각 제1부문(자본주의적 생산 부문의 중간관리자집단)에 2.2%, 제2부문(비자본주의적 생산 부문의 자영농, 소상품생산자 집단)에 27.7%, 제3부문(자본주의적 비생산 부문의 중간관리자 집단)에 1.8%, 그리고 제4부문(비자본주의적 비생산 부문의 소상인, 공무원, 민간서비스 종사자 집단)에 29.4%가 분포되어 있는 것으로 나타났다. 전체 인구 가운데 기타 9.6%를 제외하고[4] 자본가계급이 3.3%, 노동자계급이 25.9%인 데 비해 중간계급의 구성비가 이처럼 큰 이유는 주로 비자본주의 부문에 속하는 부문(2)와 부문(4)의 인구가 압도적으로 많기 때문이며, 부문(2)에는 특히 자영농을 중심으로 한 농림어업 종사자 구성비(25.4%)가, 부문(4)에서

4) 기타(191명, 9.6%)는 실업(20명 1.0%), 질병(19명 1.0%) 등의 이유로 일을 안 하는 사람 56명(2.8%) 등이다.

는 자영업 형태의 상업서비스업 종사자와 공공서비스 종사자의 구성비(각각 19.4%와 6.8%)가 크기 때문이었다. 그리고 이러한 4개의 계급 부문들을 다시 통상적인 관례에 따라 '구중간계급'과 '신중간계급'으로 재분류하는 경우, 부문(2)와 부문(4)-1을 합한 구중간계급은 937명 47.2%이고, 자본 부문에 속하는 부문(1)과 부문(2), 비자본(비영리) 부문에 속하는 부문(4)-2, (4)-3을 합한 신중간계급은 278명 14.0%(이 중에서 전자는 4.0%, 후자는 10.0%)에 달하였다.

유팔무의 이 같은 분석과 연구는 서관모를 비롯한 김영모, 홍두승, 한상진, 조은, 조돈문 등의 계급적 접근이나 계층적 접근들과 차이를 보이는 것이었으며, 첫째, 중산층을 맑스의 중간계급과 동일한 것으로 취급하였고, 둘째, 계급분류를 맑스식으로 하였으며, 셋째, 중간계급의 동질성보다는 이질성에 더 주목하는 특징을 지녔다.

3. 중산층 개념을 어떻게 규정할 것인가

지금까지 우리는 국내외에서 전개되어 온 계급과 계층에 관한 논의와 연구, 그중에서도 특히 양극화 문제와 직결되는 중간계급, 중간계층, 중산층에 관한 논의와 연구들을 검토하였다. 이 과정에서 우리는 다양한 이론과 관점, 그리고 개념규정들을 볼 수 있었다. 개념들은 매우 다양한 관점에서 구성, 사용되어 왔으며, 한국적인 번역어 혹은 조어에 해당하는 '중산층'이라는 개념 또한 마찬가지로 다양한 관점에서 다양하게 이해, 사용되어 왔다.

(1) 중산층 개념에 대한 네 가지 이해방식

중산층에 관한 국내에서의 개념적인 이해방식 혹은 개념규정들을 종합해 보면, 다음처럼 크게, 그러니까 계급 이론적 이해방식 두 가지와 계층론적 이해방식 두 가지로 정리해 볼 수 있다.

첫째는 중산층을 칼 맑스식으로 중간계급이나 쁘띠부르주아와 동일한 '계급'으로 파악하면서 용어만 '층'으로 부르는 방식이다.

둘째는 중산층을 베버나 네오 맑스주의적으로 신구 중간계급을 합한 중간계급으로 이해하는 방식이다. 여기서 '신중간계급'이란 전통적인 중간계급 혹은 쁘띠부르주아와 달리, 자본주의 기업 부문의 화이트칼라 노동자 혹은 사무-관리-기술직 노동자들을 주로 가리키는 것으로서 노동자계급이 아니라 중간계급 혹은 중산층에 속한다고 보는 것이다.

셋째는 중산층을 경제적인 소득이나 생활의 측면에서 중간적인 위치에 있는 사람들, 즉 경제적인 면에서의 중간계층으로 이해하는 방식이다. 이 경우, 중산층은 중간계층뿐 아니라 중간층, 중류층, 그리고 계층론적 의미의 중간계급(=중간계층군)과 뜻이 같다.

넷째는 중산층을 다원적-복합적 요소로 구성된 중간계층이라 파악하는 방식이다. 경제적인 면에서의 소득이나 재산, 생활수준뿐 아니라, 교육수준이나 생활양식, 주관적인 의식상태(즉, 중산층 귀속의식) 등을 함께 고려하여 중간쯤 되는 사람들이라 이해하는 것이다. 이 경우, 중산층이란 계층론적 의미에서의 중간층이라 할 수 있지만, 그때그때 내용구성이 달라지기 때문에, '번역어'가 아니라 '조어'에 해당한다고 할 수 있을 것이다(〈표 3-7〉 참조).

물론 시대상황의 변화에 따라 용어가 달라지고 같은 용어의 의미가 달라지기도 하며, 입장과 관점에 따라 중산층이라는 용어를 사용하지 않는다. 앞서 여러 학자들의 논의와 연구를 보았지만, 어떤 학자들은 중산층 대신 중간계급이라는 용어를 고집하는 반면, 어떤 학자들은 중간계급이나 중간계층이라는 용어와 혼용해 쓰기도 한다. 그럼에도 불구하고 중산층이라는 용어는 우리 사회에서 이미 20여 년간 사용되어 왔고, 일반인들에게도 뿌리내린 상태이다. 학술적인 의사소통과 토론, 그리고 연구 및 분석의 도구, 그 결과들의 축적 등을 고려할 때, 문제는 용어 자체가 아니라 어떤 의미로 사용되고 또 사용할 것이냐 하는 점이다.

(2) 중산층에 대한 우리의 개념 규정

우리는 중산층 개념을 계급 이론적 관점에서 이해, 사용하고자 한다. 그래서 앞의 첫 번째 이해방식에서처럼 중간계급을 중심으로 이해하되, 네오 맑스주의 이론가들에 의해 국내외에 가장 많이 통념화되어 있는 이른바 '신중간계급' 까지 포함하는 개념으로 이해, 사용하고자 한다. 이렇게 보면, 두 번째의 이해방식에 해당한다(〈표 3-7〉에서 유팔무 외, 1999와 같음).

사실, 계급양극화를 파악하고 설명하는 데에는 이러한 이해방식이 부적절하다고 할 수 있지만, 통념과 의사소통, 연구결과의 축적 등의 문제를 고려하여 후자를 택한 것이다. 그러나, 그럼에도 불구하고 소위 신중간계급은 독립된 별개의 계급이라고 보기 어려우며, 계급양극화 테제를 반증할 때 이데올로기적으로 가장 많이 이용되어 온 개념이자 관점이기 때문에, 우리는 이 집단을 맑스적 관점에서 노동자계급, 즉 '임금노동자계급' 에 속하는 것으로 간주하고자 한다. 그래서 비록 이 집단을 통념에 따라 중산층에 포함은 시키지만, 중간계급은 아니라는 입장이다.

〈표 3-7〉 다양한 중산층 개념구성과 분류기준의 비교

	개념정의 핵심	분류 기준	연도별 중산층 구성비	비고
한완상 외 (1987)	중류계층	거주지역, 주택의 규모와 소유 형태, 직업, 교육수준, 가구 소득		중간계급과 별개. 중산층=한국 고유의 사회성과 역사성을 갖는 개념
한상진 (1987)	객관, 주관적 중류계층	직업, 학력, 수입, 주택, 중산층귀속의식		중간계급과 별개. 중산층 가운데 민중적 정체성 가진 집단들= '중민'
홍두승, 구해근(1993)	중류계층	경제적 소유상태, 생활양식		중간계급과 별개
유팔무 (1993)	중간계급	직업, 종사상의 지위	1991년 (61.6%)	중산층=중간계급. "자신의 생산수단과 노동력에 의존하여 자급자족하는 사람과 비생산적 서비스활동, 기생적인 방식으로 소득을 얻는 사람들의 무리"
김인철 (1994)	중류계층	소득수준, 교육 정도, 취업형, 주택소유 형태	1991년 (64.4%)	대도시 중산층의 경우임
김영모 (1997)	신중간계급 +구중간계급	직업, 종사상의 지위	1960년 (72.4%) 1980년 (53.1%)	신중산층=비생산적 임금소득자, 구중산층=고용원 없는 자영업자
유팔무 외 (1999)	구중간계급 +신중간계급	직업, 종사상의 지위	1995년 (67.3%)	기업 부문 사무직 중간관리자층은 노동자계급(상층)에 속하면서 중산층 신중간계급 부문에도 속하는 것으로 봄
김호기 (1999)	주, 객관 중류계층	중류귀속의식, 경제자원, 생활양식		"자신의 계급위치가 사회적 위계의 중간에 있다고 주관적으로 생각하며 중산층적 삶을 가능하게 하는 경제적 자원과 생활을 소유하고 있는 집단"
함인희 외 (2001)	주관적 중류계층	중류귀속의식	1999년 (74.7%)	상층, 중산층, 하층 가운데 귀속감

한편, 계층적 관점, 특히 세 번째의 이해방식은 언론인을 비롯한 일반인들에게 통념화되어 있어 대중성이 많이 있기는 하지만, 앞서 양극화 및 불평등 문제와 관련해 논의하면서 지적한 바 있듯이, 피상적이고 임의적이라는 문제가 있기 때문에, 개념도구로서 유용성이 떨어진다. 네 번째의 복합적-계층적 이해방식은 인과관계를 문란하게 만드는 문제가 심각하여 세 번째의 이해방식보다 유용성이 더 떨어진다고 할 수 있다.

그래서 결국 우리는 두 번째 이해방식을 취하지만, 중산층을 구체적으로 분류하고 분석할 때에는 학력이라든가 소득, 주택소유, 생활양식 등과 같은 계층적 변수는 지표로 삼지 않으려고 한다. 이러한 변수들은 중산층을 구성한다기보다는 서술해 주는 측면이라고 보기 때문이다. 반면에, 우리는 비록 사무직 노동자나 소위 '신중간계급' 이 중산층 개념의 중심을 이룬다고 하더라도 이 집단이 중산층 전체를 뜻하는 것이 아니라는 점을 분명히 하고자 한다. 중산층에는 즉, 자영업자층을 비롯한 소위 '구중간계급' 과 '자영농민' , 그리고 국가기관이나 민간사회단체와 같은 비영리 서비스 부문 등 크게 세 가지 부문들이 포괄되어 있다고 보기 때문이다. 맑스의 계급 이론으로 보면, 이 세 가지 부문들이 '중간계급' 을 구성한다. 그리고, 중산층의 중심을 이루는 '사무직 노동자층' 은 맑스의 계급 이론으로 보면, 중간계급이 아니라 노동자계급이지만, 즉 임금노동자계급으로서 소위 생산직 노동자라 불리는 노동자층에 비해 상대적으로 소득수준이나 교육수준, 기업 내에서의 권위 등을 많이 가진 '노동자계급 상층' 에 해당하지만, 앞서 언급한 것처럼 통념을 존중하여 중간계급의 세 부문과 함께 '중산층' 의 또 한 부문으로 간주하고자 한다.

(3) 전체 사회의 계급구성과 중산층의 네 가지 부문

이와 같은 우리의 계급론적 중산층론의 관점에서 한국 사회의 전체 인구를 계급적으로 구분하면, 우선 경제활동인구가 아닌 '비부양인구층'(아동, 학생, 전업주부 등)이 있고, 자본-임금노동 관계에 직접적으로 포괄되어 경제활동을 하는 자본가계급과 임금노동자계급으로 나누어진다.

자본가계급에는 소유-경영을 동시에 하는 전형적인 자본가 이외에도 화폐, 유가증권, 부동산 등의 소유물을 투자 혹은 대여함으로써 이윤을 분점하는 자산가층(수동적 자본가), 소유는 없으되 자본가 기능을 대신하는 전문경영인 혹은 경영간부층(순수 기능자본가)이 포함된다.[5)]

임금노동자계급에는 경영간부 이상을 제외한 모든 민간기업 종사자가 포함된다. 따라서 생활물자를 생산하는 생산 부문(혹은 제조업 부문) 이외에 모든 상업서비스 부문(숙박, 음식, 법률, 의료, 음악, 영화 등 포함)에 종사하는 피고용자들이 포함된다. 이 밖에도 여러 층의 주변적인 임금노동자층이 존재한다. 첫째는 일용직, 임시직 노동자와 단기 실업자 등이며, 둘째는 자영업 부문의 임금노동자, 셋째는 국가 부문의 임금노동자이다. 이들은 엄격하게는 자본주의 부문에 속하지는 않지만, ①주변적인 위치에서 자본에 의해 흡입 혹은 퇴출되는 '산업예비군' 이거나 ②반자본가라고 할 수 있는 자영업자본에 예속되어 있거나 ③정치, 행정 기능이 아닌 경제적 서비스 기능에 종사하는 사람들(기술직 공무원, 국영기업체 종업원 등)로서 국가가 직접적으로 경제에 개입하는 국가자본 부문에 종사하기 때문에 과도적인 성격을 지니는 임금노동자라고 하겠다.

5) 종업원 규모는 5인 이상.

중간계급은 자본-임금노동 관계 바깥에 존재하는 가장 큰 계급으로서 여기에는 크게 두 부류가 속한다. 하나는 소위 '구중간계급'으로서 제조업, 상업, 서비스업, 농업을 불문하고 자기자본과 자기노동력을 중심으로 상품의 생산, 유통에 종사하는 영리 부문 종사자들이고, 다른 하나는 비영리 서비스 부문으로서 공공, 민간의 소비기금에 기초하여 운영되는 기관이나 단체에 속하여 서비스를 제공하는 공공, 민간 서비스 부문 종사자들(정치가, 행정직 공무원, 군인과 종교, 사회단체 종사자 등)이다.

자본주의 사회에는 이 세 가지 커다란 계급들 이외에도 장기실업자, 영세민, 빈민 등과 같이 경제적으로 가장 주변적인 위치에 놓여 있는 '주변계급'(룸펜 프롤레타리아트), 그리고 경제 및 사회구조의 복잡성으로 말미암아 어느 한 계급으로 분류되기 어려운 '기타집단들'(초중등 교사, 대학교수 등)이 존재한다.

이상의 계급분류에서 중산층은 임금노동자계급 상층과 중간계급을 포괄한다. 그리고, 경험적 자료를 이러한 중산층 정의에 근사하도록 분류, 분석하기 위해 다음과 같이 조작적으로 정의하고자 한다.

첫째, 자본주의 부문에 종사하면서 종사상의 지위가 피고용자인 임금노동자 가운데 경영간부를 제외하고 직종을 기준으로 크게 상하 두 계층으로 나누었을 때, 통념상 직위, 학력, 소득의 면에서 상층에 속하는 것으로 간주되는 노동자인 경우 → 화이트칼라 노동자(=노동자계급 상층).

둘째, 비자본주의 부문에 종사하는 도시, 농촌의 자영업자로서 직종을 기준으로 통념상 자영업자이거나 종사상의 지위가 경영주인 경우 → 자영업자.

셋째, 비자본주의 부문에 종사하는 비영리 공공, 민간 서비스 부문 종사자로서 직종을 기준으로 통념상 이 부문 종사자인 경우 → 비영리 서비스 부문 종사자.

이상의 조작적 정의는 일반적인 센서스 조사자료들이나 기타 2차 자료들이 담고 있는 직업 또는 직종에 관한 정보들을 이용하여 계급분류의 1차적인 기준으로 삼기 위한 것이다. 그리고 종사상의 지위에 관련된 정보를 계급분류의 2차적인 기준으로 삼기 위한 것이다. 이 밖에, 담고 있는 정보가 부족한 자료의 경우에는 사례들을 기타 혹은 처리불능으로 처리하여 계급분류에서 제외시키고자 한다.

이와 같은 분류법과 조작적 정의에 입각하여 계급분류의 체계를 도식화하면 다음의 [그림 3-1]과 같다.

자본가 계급 (1)

중산층 (2)		
	자본주의 조직 부문	비자본주의 조직 부문
생산 부문	〈제1부문〉 1-1.화이트칼라 노동자(211) 1)상층(2111) 2)중층(2112)	〈제2부문〉 2-1. 도시자영업(2211) 2-2. 농림어업(2212) 1)상층(22121) 2)하층(22122)
비생산 부문	〈제3부문〉 3-1.화이트칼라 노동자(212) 1)상층(2121) 2)중층(2122)	〈제4부문〉 4-1. 영리서비스자영업(2221) 4-2. 비영리서비스(2222) 1) 국가(22221) 2) 민간(22222) 3) 기타(22223)

노동자 계급 하층 (3)
1. 생산직 노동자(31) 2. 하층 사무직, 판매직, 서비스 노동자(32)

[그림 3-1] 중산층 분류를 위한 개념도(괄호안은 분류코드)

[그림 3-1]에서는 중산층을 구성하는 사람들의 내적인 이질성과 차이를 개념적으로 명료히 드러내기 위해 자본주의/비자본주의 부문을 한 축으로 하고 생산 부문과 비생산 부문을 다른 한 축으로 하여 크게 4개의 하위 부문들을 구별하였다. 그리고, 앞의 분류법에 따라 각각의 직종들이 4개의 부문들 가운데 어디에 속하는지를 표시하고, 각 부문 내에서의 차이를 비교, 분석할 수 있기 위해 별도로 하위범주들을 나누어 표시하였다. 이 하위범주들은 또 그 내부의 수직적인 차이를 고려하여 대부분 다시 상/하로 구분할 수 있다.

우리는 또 논의와 분석의 편의상, 이 4개의 부문들을 보통 말하는 신, 구 중간계급 부문들로 묶을 수 있을 것이다. 이렇게 묶는다면, ①자본주의 부문의 생산/비생산 부문에 속한 화이트칼라 노동자들, ②비자본주의/비생산 부문에서 영세 자영서비스업을 제외한 전문자영인과 공공서비스, 민간서비스 부문이 신중간계급 부문에 속하고, ③비자본주의/생산 부문에서 전문자영인을 제외한 나머지 도시, 농촌의 자영인과 ④비자본주의/비생산 부문의 영세 자영서비스업자가 구중간계급 부문으로 묶인다.

제4장 IMF 사태 이후 한국의 중산층은 몰락했는가

1997년 말에 발생한 IMF 사태와 한국 경제의 위기는 한국인의 생활패턴을 크게 동요시켰다. 기업의 도산과 정리해고가 진행되면서 실업률은 크게 높아져, 1999년 초 8.8%에 이르렀다(중앙일보, 1999년 11월 27일자). 1999년 중반부터 실업률이 개선되었지만, 노동조건이 취약한 비정규직 종사자가 1999년 이후 정규직 노동자의 수를 상회할 정도로 크게 증가하였다. 대량 실업과 불안한 노동조건 속에서 일반 가구의 소득과 소비수준은 크게 위축되었다. 1998년 3/4분기 도시 근로자 가구의 가구당 월평균소득은 1997년 동분기에 비해서 14.4% 감소하였고 가구당 소비지출은 동 기간에 16.8% 감소하였다(통계청, 1998).

IMF 환란 이전 우리 사회에는 고도의 경제성장에 대한 낙관적인 기대가 널리 퍼져 있었다. 지난 30~40년 동안 이루어진 급속한 노동분업 및 자본구성의 고도화는 근로자의 소득수준과 소비수준을 향상시켰으며 이는 중산층이 양적으로 확대되는 기초가 되었다. 그러나 대량 실업의 위기가 팽배하면서, 이제까지 자신을 중산층이라고 생각하였던 많은 사람들이 생계에 위협을 느끼게 되었다. 바야흐로 중산층 몰락의 위기감이 사회 저변에 확산되기에 이르렀다.

1. 중산층 몰락의 의미와 평가 및 분석의 지점들

그러나, 중산층의 몰락과 양극화라는 것은 쉽게 단정할 수 없는 문제이며, 우리가 제1장에서부터 지적해 온 것처럼 생각보다 복잡하다.

우리가 유의해야 할 것은 첫째, 중산층 몰락과 양극화가 최소 두 가지 차원에서 이루어진다는 점이다. 하나는 계급, 계층적 인구구성 상태의 양극화나 중간집단의 위축과 몰락이 있을 수 있고, 다른 하나는 소득수준이나 생활상태의 면에서 상층집단과 하층집단 사이의 격차가 심화되고 중간집단의 상태가 열악해져 상층과 격차가 벌어지고 하층에 근접해 가는 현상이 있을 수 있는 것이다. 우리는 앞의 측면을 인구구성상태 면에서 이루어지는 양극화와 중산층의 몰락이라고 할 수 있고, 후자는 생활상태 면에서의 양극화와 몰락이라 할 수 있다. 여기서 유의해야 할 것은 전자는 계급, 계층적 지위의 이동이 일어나는 현상을 가리키는 반면, 후자는 그럴 수도, 그렇지 않을 수도 있다는 점이다.

경제적인 생활상태라는 것은 특정한 계급, 계층의 생활상태이면서도 계층론적 관점에서는 동시에 그것이 계층분류와 소속의 기준(따라서 경계)으로 간주되기 때문에, 생활상태의 변화는 계층적 지위의 변화가 없는 상태에서 이루어질 수 있고, 계층적 지위의 변화, 즉 계층이동을 수반하면서 함께 이루어지는 것으로 이해된다.

예를 들어 소득수준을 기준으로 중산층을 월 200~600만 원 소득자라고 할 때, 어떤 사람(갑)은 월 150만 원으로 소득이 감소한 반면, 어떤 사람(을)은 그대로, 어떤 사람(병)은 500만 원에서 400만 원으로 소득이 감소했고, 이로 인해 이들 중산층의 소득이 평균적으로 350만 원에서 300만 원으로 낮아졌다고 하자. 이 경우, 소득저하를 경험한 사람들이 많고, 평균적으로도 소득이 저하되었지만, 병이라는 사람은 소득저하에도 불구하고 계층적 지위는 중산층 그대로인 반면, 갑이라는 사람은 소득저하와 함께 중산층 지위도 상실하여 지위가 하층으로 하강한 것으로 평가된다. 이 갑이라는 사람도 중산층을 100만 원 이상 600만 원 미만의 소득자로 넓게 잡았었다면, 중산층 지위를 계속 유지한 것으로 평가된다.

계층론적 관점은 이 같은 임의성과 상대성을 갖기 때문에 사태를 평가, 서술하는 데에 혼란을 줄 수 있으며, 우리가 계급론적 관점을 취하는 이유의 하나도 거기에 있다.

둘째로는 누구를 중산층으로 볼 것이냐 하는 문제이다. 여러 가지 학설과 통념들이 존재하고 애매하기도 하기 때문에, 무엇보다도 그 의미와 개념을 명확히 하지 않으면, "중산층이 몰락하고 있다"라는 식의 진술이나 주장 역시 그 내용이 명확하지 않고 또 부정확할 수 있다. 한국의 언론인들이 지니고 있는 중산층에 관한 통념, 애매모호한 계층론적 중산층 개념이 그 대표적인 예이다.

셋째로는 양극화라는 표현은 비교적 덜하지만, 몰락이라는 말은 매우 애매모호하다는 것이다. 양극화란 어떤 변화 추세와 경향을 뜻하는 것이기 때문에 사실 작은 변화나 추세도 양극화, 즉 양극화 추세라 말할 수 있다. 그러나, 몰락은 결코 작은 변화나 추세를 말하는 것이 아니기 때문에, 그 변화가 얼마나 크고 많을 때 몰락인지를 정하거나 묵계를 해야만 몰락을 이야기할 수 있다. 따라서 몰락의 범위가 정해지지 않은 상태에서 몰락을 말하는 것은 따라서 애매하고 부정확하고 또 과장일 수 있다. 한국의 언론들이 지난 수년 동안 중산층의 몰락을 거듭해서 주장해 왔지만, 부정확한 것은 물론, 과장이 매우 심했다. 몰락을 이야기하고 판별하는 기준을 정할 필요가 있다는 것이다.

몰락이라는 말의 핵심적 의미는 "없어진다", 즉 있던 것이 없어진다는 뜻이다. "집안이 몰락했다"라고 하는 경우, 무엇 무엇이 없어졌다는 것을 뜻하며, "중산층이 몰락했다" 혹은 "몰락하고 있다"라고 하는 경우, 그 의미는 기본적으로 "중산층이 없어졌다" 혹은 "없어지고 있다"는 뜻이다. 중산층의 몰락이란 결국 중산층적 지위를 지닌 사람들이 지위이동을 하여 인구구성 면에서 그런 지위를 지닌 사람들이 없어졌거나 없어지고 있는 것을 뜻한다.

그러나 생활상태의 측면에서는 없어진다 혹은 몰락이라는 말이 잘 어울리지 않는다.

예를 들어 소득이 줄어들고 생활수준이 낮아지는 것은 없어지는 것이 아니며, 없어지는 것과는 질적으로 다른 변화이다. 이는 재산의 경우도 마찬가지이다. 소득이 없어지고 모든 재산이 없어지는 것은 분명 몰락이라고 할 수 있지만, 이런 경우는 생활수준의 저하는 물론, 계급, 계층적 지위의 이동도 수반된다. 그러나, 이런 몰락의 경우는 적고, 대개는 소득수준이나 생활수준의 '저하'나 '악화'가 일어나는 것이 일반적이다. 그래서 우리는 생활상태와 관련해서는 '몰락'이라는 절대적인 표현보다는 상대적인 변화 혹은 추세를 가리키는 '저하'나 '악화'라는 말이 어울리고 적절하다고 본다. 그래서 이런 용어들을 주로 사용하고자 한다.

물론, 특별한 경우에는 생활상태의 측면에서도 몰락을 이야기할 수 있다.

그러면 이제부터 우리나라의 중산층이 IMF 사태를 겪은 이후 과연 몰락을 했는지, 그리고 이를 통해 계급양극화가 이루어졌는지에 대한 경험적 분석과 검증에 들어가기로 하겠다. 검증과 분석의 순서는 다음과 같다.

첫째, 인구구성의 면에서 IMF 사태를 전후한 1990년대 한국의 계급구성 상태는 어떠했으며, 1990년대 초, 중, 후반에 걸쳐 어떻게 변화하였는가. 여기서 중산층의 인구구성비는 어떻게 달라졌는가. 즉, 증가했는가, 몰락했는가, 아니면 몰락하는 추세를 보였는가.

둘째, 생활상태의 면에서 중산층은 1990년대에 어떤 변화를 겪었으며, 특히 IMF 직후에는 어떤 변화를 겪었는가. 그러한 변화는 몰락이라고 할 수 있는가, 아니면 몰락의 추세를 보여 주는 것이라고 할 수 있는가 하는 점이다.

셋째, 의식구조 혹은 의식상태의 면에서 중산층은 과연 어떤 변화를 보였는가. 계급양극화론과 계급혁명론에서 평소 주장해 오던 '정치적-이데올로기적 급진화' 같은 것이 나타났는가.

이 같은 작업들은 동시에 하는 것보다 따로따로 구분하여 진행하는 것이 혼란을 피하는 길이기 때문에, 우리는 두 가지 사항에 대해서는 이 장에서 다루고, 나머지 세 번째의 사항에 대해서는 제6장에서 다루고자 한다. 물론, 그 사이사이에 검증되거나 논증된 점들은 마지막 제6장에 가서 요약, 제시하면서 종합적으로 논의하게 될 것이다.

2. 중산층 몰락(?)의 미시-거시 경제적 배경

(1) IMF 사태에 대한 1998년 정부의 경제정책적 대응과 결과

1997년 말 한국 사회는 외환, 외채상환, 금융위기를 맞아 국제통화기금(IMF)으로부터 긴급 구제금융지원을 받은 이후, 급속한 경제위기와 실업난에 빠져 들게 되었다.[1)]

IMF는 한국 정부에게 금융지원을 해 주는 대신, 여러 가지 경제관련 정책안들을 요구조건으로 내세웠다. 그 요구조건들은 거시경제지표의

---

1) IMF 사태가 왜 발생하게 되었는가에 대해서는 의견들이 분분하였다. 그 견해들은 크게 '김영삼 정부 책임' 론, '역대 정부(국가) 책임' 론, '재벌 주책임' 론, '국민모두 책임' 론 등 IMF 사태발생의 원인이 주로 한국 사회 내적인 데에 있었다고 보는 내인론, 세계 자본주의, 국제금융자본, IMF 기구 등과 같은 외적 요인이 더 중요했다고 보는 외인론으로 나누어졌다. 내인론은 크게 '김영삼 정부 책임' 론과 '박정희식 축적체제 원인' 론, 그리고 '정부개입모델책임' 론 등 셋으로 묶어 볼 수 있다. 외인론 역시 '국제적인 신자유주의 압력' 론과 '미국 금융자본음모' 론, '세계 자본주의 과잉축적위기' 론 등 셋으로 묶어 볼 수 있다.
내인론 중에서 대표적인 것으로는 '박정희식 축적체제 원인론' 이라 할 수 있는 것으로서 강철규(1998), 정운찬(1998), 장상환(1998a), 장하성(1998), 최장집(1998) 등 비판적인 경향의 경제학자와 사회과학자들 사이에 가장 지배적인 견해를 이루었다. 외인론 중에는 민주노동운동연구소(1997)처럼 구조적인 위기에 처해 있는 취약한 한국 경제를 초국적자본이 전략적으로 와해, 굴복시키려는 '음모' 에 의해 IMF 사태가 발생했다고 보는 견해와 '과잉축적위기론' 이라 할 수 있는 견해가 지배적이었다. 이 후자에서는 ①선진 자본주의 국가들의 축적위기와 시장부족에 따른 시장개방압력 → ②지속적인 수출을 위한 한국의 점진적 시장개방조치 수용 → ③무역적자의 발생 및 누적 → ④외환시장의 교란과 외채위기 등의 논리적 순서로 IMF 사태 발생의 과정을 설명했으며, 임휘철(1997: 58~65), 채만수(1997), 김세균(1998), 이종현(1997), 이상영(1998) 등이 이러한 경향에 속하였다. 더 자세한 내용에 대해서는 유팔무(1998)를 참조.

조정(경제성장률 3% 이내의 저성장, 금리는 18~20%의 고금리, 물가는 9%의 고물가수준), 부실 종금사 및 은행에 대한 폐지, 금융기관의 외국인 인수합병 허용, 외국인주식투자한도 50% 이상으로 확대, 기업의 부채비율 축소, 은행경영에 대한 정부간섭배제, 수입선다변화제도 폐지, 합병 및 기업구조조정시 정리해고 용이화 등이었다(유팔무, 1998).

IMF가 이 같은 조건들을 내세운 이유는 1차적으로 위기에 처한 한국경제를 구조개혁하여 건실화함으로써 앞으로의 외채상환을 가능하게 하기 위한 것이었다. 그러나 다른 한편으로는 이 기회를 통하여 한국의 상품시장과 금융시장을 한층 더 개방하게 하고, 선진국의 상품과 자본이 한국 시장에 더 많이 진출할 수 있게 하기 위한 것이었다.

김대중 정부는 금융위기뿐 아니라 한국 경제 전반의 위기를 극복하고 IMF와의 협약을 이행하기 위해 대체로 IMF의 처방에 그대로 따르는 경제개혁 정책들을 수립, 추진하였다. 고속성장의 정책을 버리고 저속성장의 정책을 채택하였으며, 부실금융기관의 폐쇄, 금융기관의 자율화, 외국자본에 대한 금융시장과 부동산시장의 개방확대, 노동자에 대한 정리해고제의 도입 등을 실시하였다. 그리고, 국가공무원수의 감축, 재벌기업(그룹)에 대해서는 책임경영제도입(주주총회 기능의 정상화), 결합재무제표작성, 상호지급보증중단, 부채비율축소, 소수의 주력업종 중심으로의 축소 등을 실시하도록 강제하거나 압력을 가해 왔다. 정부의 직접적인 정책목표는 협약의 이행이었으나 중장기적으로는 외채를 상환하고 한국 경제를 회생시키는 것이었다. 이를 위한 정부의 정책기조는 금융부실, 기업부실을 해소하고 외국 자본을 대거 유치하여 기업경쟁력을 높이고 수출을 증대하는 것이 되었다. 그리고, 정리해고제의 도입과 함께 노사관계 안정화가 중요한 정책목표로 자리잡게 되었으며, 실업난이 발생함에 따라 이에 대한 대책 마련에도 부심하게 되었다(유팔무, 1998).

이에 따라 김대중 정부는 첫째, 정리해고제와 근로자파견제를 도입함으로써 노동시장을 유연화하였고, 이로 인해 고용불안과 대량실업사태가 초래되었다. 실업률은 1997년 말 2.6%이던 것이 1998년 말 7.9%로 높아졌고, 실업자 수는 1999년 1/4분기에 200만 명을 넘어섰다(이영련, 1999).

둘째, 정부정책으로 말미암아 자본시장의 자유화가 크게 확대되었다. 외국주식소유 한도가 철폐되었고, 외국인에 대한 국내공채 및 단기화폐시장 매개수단에 대한 제한 없는 투자를 허용하였고, 외국인에 의한 적대적 M&A가 허용되었다. 1,148개 산업 중 31개 산업만 제한하고 나머지 97.3%의 산업은 외국인 직접투자가 가능하도록 완전 개방하였다. 그 결과, 1998년중 외국인 직접투자자금이 88억 5천만 달러가 유입되었다(이영련, 1999).

셋째, 많은 금융기관들이 퇴출되고 구조조정되었다. 1998년 10월 말까지 모두 410개의 금융기관 중 16개 종합금융사, 5개 상업은행, 6개 증권회사, 4개의 보험회사를 비롯하여 모두 96개의 금융기관이 폐쇄되거나 운영이 정지되었다(이영련, 1999).

넷째, 기업 부문의 구조조정도 본격적으로 진행되기 시작하였다. 1998년 한 해 동안만 해도 정부는 5대 재벌그룹 20개사를 비롯해서 55개사를 퇴출시켰다(이영련, 1999).

다섯째, 공기업의 민영화와 구조조정 작업이 추진되었다. 정부는 24개의 비금융 공기업 가운데 5개는 1999년까지, 6개는 2000년까지 민영화를 추진하였다(이영련, 1999).

이러한 신자유주의적인 변화와 개혁 속에서 1998년도 1년 사이 한국은 외환위기를 벗어났고 경제도 회복되는 추세에 들어서게 되었다. 가용외환보유고는 1997년 12월 18일 39.4억 달러에 불과하던 것이 1999년 2월 18일 522.2억 달러로 늘었으며, 1998년에 –5%를 기록한 경제성장률은 1999년부터 ＋로 전환하였다. 그리고, 국제적인 신용평가사들은 대부분 1998년 12월 한국의 신용등급을 투자부적격에서 투자적격으로 상향 조정하였다(이영련, 1999).[2)]

(2) 산업구조와 직업구조의 거시적 변화

한편, IMF 사태와 당시 정부의 대응은 중산층 몰락 현상과 관련하여 직접적인 요인과 배경으로 작용하였지만, 그러한 현상은 장기적-거시적인 차원에서 진행되어 왔을 수 있다. 이런 의미에서 IMF 상황 이전까지의 거시적인 공업구조와 직업구조가 어떤 변화를 겪어 왔는지를 그 배경으로서 살펴볼 필요가 있다.

1950년대에서 1990년 후반에 이르기까지 한국의 산업구조는 농업 중심에서 공업 중심을 경유하여 서비스화로 이행하고 있다(〈표 4-1〉). 1950년대 중반 전체 취업자의 79.5%를 차지했던 농림어업 종사자는 1995년 16.1%로 크게 줄어들었다. 농림어업 종사자의 급격한 감소와 더불어 종

---

2) 1998년에 시작된 IMF 체제는 흔히 다음과 같이 2001년 여름 약 3년 반 만에 끝났다고 이야기되고 있다.
"우리나라는 지난해 8월 국제통화기금(IMF) 지원자금 195억 달러를 모두 갚았다. 당초 예정보다 3년이나 앞당긴 것으로 외환위기를 겪은 아시아 국가 중 가장 먼저 IMF 체제에서 졸업했다.
1997년 말 40억 달러로 바닥을 드러냈던 외환보유액은 이 달 15일 현재 1052억 달러까지 늘어나 외환위기가 재현될 가능성은 희박해졌다. 국가신용등급도 환란 발생 1년 3개월여 만인 1999년 1월 이미 투자적격등급을 회복했고 지금은 BBB+(S&P, 피치)까지 높아져 A등급 진입을 눈앞에 두고 있다. 1998년 -6.7%까지 떨어졌던 경제성장률은 1999년 10.9%, 2000년 8.8%로 수직 상승했다. 일본 싱가포르 등 경쟁국들이 대부분 마이너스 성장에 그친 지난해에도 3% 안팎의 양호한 성장률을 기록했다"(『매일경제』 2002년 2월 24일자).

사상 지위에서 자영업주 및 가족 종사자의 비율도 크게 낮아졌다. 1960년 고용주, 자영업주 및 가족 종사자는 전체 취업자의 78%에 이르렀으나, 1995년에는 그 비율이 40%로 감소하였다.

〈표 4-1〉 직업구성의 변화 (1955~1995)

(단위: %)

직업군	1955	1960	1966	1970	1975	1980	1985	1990	1995
전문직	1.6	2.4	2.8	3.2	3.3	4.5	5.8	7.4	10.5
관리직	1.2	1.3	0.9	1.0	0.8	1.1	1.5	2.1	4.3
사무직	2.4	2.6	4.3	5.9	6.7	9.5	11.5	15.4	14.5
판매직	4.5	8.3	10.7	10.2	10.5	12.1	15.5	14.0	15.8
서비스직	2.1	5.2	5.4	6.7	6.5	7.1	10.8	8.8	11.8
생산직	8.7	13.4	19.2	21.8	23.0	28.1	30.3	31.6	27.0
농림어업	79.5	66.7	56.8	51.2	49.2	37.6	24.6	20.7	16.1
계	100.0	100.0	100.0	100.0	100.0	100.0	100.0	100.0	100.0

주: 홍두승,김병조, 조동기(1999), p.47에서 재인용.

생산직 종사자는 1955년 8.7%에서 계속해서 증가하여 1990년에는 취업인구 중 가장 높은 비율(31.6%)을 차지하였다. 그러나 이후 생산직 종사자의 비율은 다소 감소하여 1995년 전체 취업자의 27%를 차지하였다. 사무직 종사자도 1990년에 최고치로 크게 증가하다가 1995년에는 그 비율이 다소 낮아졌다. 이러한 추이는 제조업 부문 종사자의 비중이 1990년 이후 조금씩 감소하고 있음을 반영한다.

[그림 4-1]은 1990년대 산업별 취업자 분포를 나타낸다. 서비스 부문은 1990년대 초반부터 2000년 현재에 이르기까지 완만하게 증가하고 있다. 한편 광공업 부문 취업자는 1990년대 감소의 추세를 보이고 있다. 공공행정, 민간 부문에 종사하는 취업자의 비율은 1990년대를 거쳐 유사한 수준에 머물고 있다.

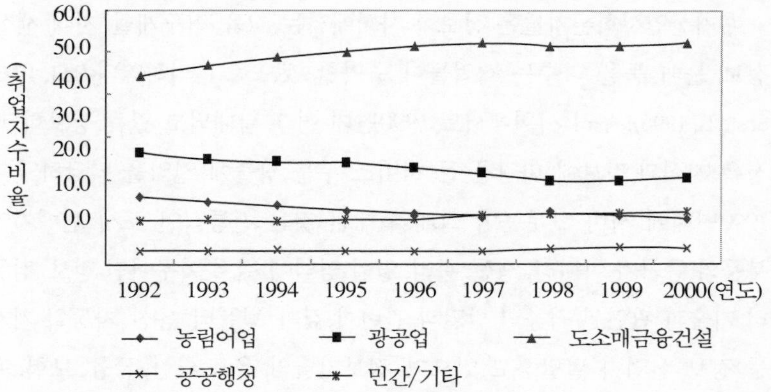

[그림 4-1] 1990년대 이후 산업별 취업자 분포

1990년대 직업구조의 변화는 정보화 추세를 반영하고 있다. 서비스 근로자, 전문, 기술공/준전문가의 비중은 1990년대를 거쳐 꾸준히 증가하여 왔다([그림 4-2]).

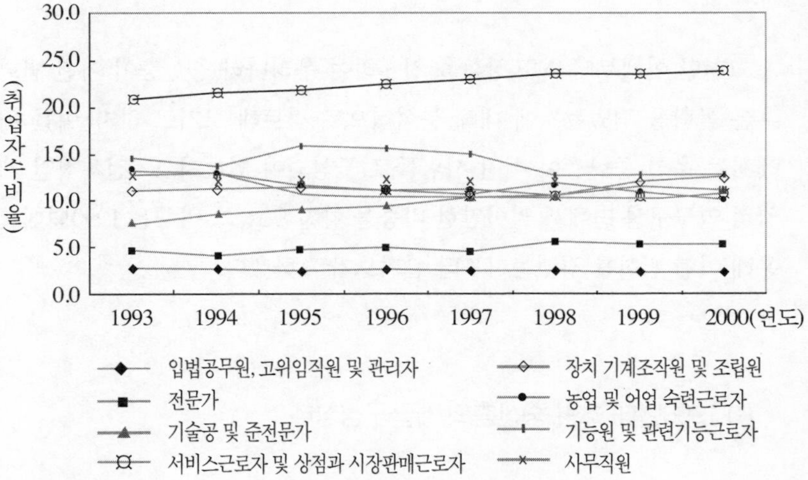

[그림 4-2] 1990년대 이후 직업별 취업자의 분포

후기산업사회론자들은 정보화 사회에서는 교육, 연구개발, 지식 생산, 정보 분배 등을 다루는 직업들이 증가할 것으로 논의하였다(Bell, 1973; Castells, 1996). 우리 사회에서도 1990년대 이후 확대되고 있는 정보화 과정은 지식과 정보에 바탕을 둔 서비스 부문 창출에 일익을 담당하였다. 1990년대에 서비스 부문이 크게 확대된 것은 전통적인 도시 판매자영 부문의 증가가 아니라, 생산, 관리, 영업 영역에 걸쳐 이루어진 정보, 컴퓨터 기술과 관련된 직종의 발달과 관련이 깊다. 컴퓨터, 통신, 자동화 기계 등 정보 산업이 발달하고 있으며, 정보기술의 응용 확산, 금융, 보험, 유통, 방송, 보건, 행정 등의 분야에서 정보기술이 응용 확산되고 있다.

3. 1990년대 계급구성의 변화를 통해 본 중산층 몰락의 여부

그러면 이제부터 IMF 상황을 전후하여 우리나라 중산층이 어떤 변화 혹은 몰락을 겪었는지에 대해 분석적으로 검토해 보기로 하자. 이를 위해서는 우선 중산층이 어떤 사람들로 구성되어 있는지, 또 전체적인 계급적 인구구성 면에서 얼마만한 비중을 차지했고, 그 비중은 1990년대를 통해 어떤 변화를 겪었는지부터 살펴보기로 하겠다.

(1) 1990년대 초반 중산층의 계급구성상태

앞서 언급한 것처럼 우리는 중산층을 중간계급과 임금노동자계급 상층부를 합한 것으로 이해한다. 그러나 동일한 중산층이라 하더라도 그들이 속해 있는 부문은 다양하다. 이와 같은 부문을 크게 자본주의/비자본주의 부문, 생산/비생산 부문으로 교차해서 나누어 보면, 중간계급을 구성하는 부문은 제3장의 [그림 3-1]에서와 같이 크게 넷으로 되어 있다.

이와 같은 부문의 구별이 필요한 이유는 동일한 중산층에 속해 있더라도, 자본주의 부문에 속해 있느냐 않느냐에 따라, 생산 부문에 속해 있느냐 않느냐에 따라 거기에 속한 계급구성원의 생활상태와 사회의식에 중요한 차별적 영향을 미칠 것이라 기대되기 때문이다. 자본주의적 생산 부문에 속한 경우, 자본주의적 생산관계로부터 직접적인 영향을 받게 되며, 비생산 부문에 속한 경우는 이보다 덜 직접적으로 영향을 받게 될 것이다. 생산 부문에 속해 있지만 비자본주의 부문에 속한 경우는, 자본주의적 생산관계보다는 상업적 경쟁관계로부터 직접적인 영향을 받게 되며, 비자본주의적 비생산 부문에 속한 경우는 자본주의적 생산관계로부터 가장 영향을 적게 받을 것이다.

중간계급 내의 제1부문은 자본주의적으로 조직화된 생산 부문으로서, 여기에는 자본주의적 기업(종업원 5인 이상)에 조직화되어 있는 중간관리자 집단(과장, 부장, 국장, 실장급 직위)이 속한다. 농림어업의 경우, 자본주의적으로 조직화된 정도가 낮기 때문에 대개는 제2부문, 흔히 구중산층 또는 구중간계급이라 불리는 부문에 속한다. 여기에는 도시, 농촌의 소생산자가 속한다. 소생산자는 중소자본(중소기업)과 구분이 명확할 수 없으나 관례에 따라 4인 이하의 종업원으로 운영되는 경우로 간주한다.

상업, 금융, 서비스 등은 생산 부문이 아니기 때문에 제3부문, 즉 자본주의적 비생산 부문에 속한다. 그러나 소위 '화이트칼라 노동자' 가운데 '하급의 사무, 관리직 종사자들' 은 중간관리자로서 자본기능을 하는 것으로 간주하기 어렵기 때문에, 즉 노동자계급에 속하는 것으로 간주되므로 여기서 제외된다. 그리고 동일한 비생산 업종에 속한다 하더라도 그것이 자본주의적으로 조직화되어 있지 않은 경우, 즉 소상인을 비롯한 자영업 형태의 상업적 서비스 종사자들도 여기서 제외되며, 제4 부문에 속하는 것으로 간주하려 한다. 이 밖에도 제3부문에는 소위 '문화산업' 또는 서비스산업이 속하는데, 여기에는 교육, 언론기관도 포함된다. 그러나 이러한 산업에 종사하는 사람들 가운데에서 중간관리자층만이 제3부문에 속하는 것으로 간주하려 한다. 그리고 같은 교육, 언론기관의 경우라 해도 국공립 교육기관과 공영 언론기관은 공공서비스 부문에, 따라서 중간계급 제4부문에 속한다고 볼 수 있다.

제4의 중간계급 부문에는 자영업 형태의 상업적 서비스 종사자(소위 자유전문직과 정신, 육체 서비스업주), 그리고 공공서비스나 민간서비스 기구에 종사하는 소시민층, 즉 국가공무원, 군인, 목사 등의 인텔리겐치아들이 속한다. 이 조직화된 인텔리들은 직위상 고위층과 하위층 사이의 차이가 관료제적 명령체계와 권위배분으로 인하여 두드러지지만, 소득의 근거가 자본이나 임금노동이 아니라 '사회적 소비기금' 이기 때문에 계급적으로 한 덩어리라 할 수 있다. 그들의 내적 이질성이나 차이는 따라서 계급의 하위 부문(공공/민간), 또는 직위에 따른 계층적 차이(상층/하층)로 세분하여 포착할 수 있을 것이다.[3)]

유팔무(1993)는 이 같은 기준에 따라 1991년 3월 동국대학교 조은, 강

---

3) 공공 부문, 특히 국가공무원들은 계급적으로 보면, 노동자계급과 중간계급 둘로 나누어져 있다. 통념에 따라 크게 6급 이하와 5급 이상으로 나누어야 하고, 6급 이하의 하급공무원들도, 행정직과 기능직 등으로 다시 나누어 노동자계급 상층과 하층으로 나누어 상층만 고급공무원과 함께 중산층으로 분류해야 할 것이다. 그러나, 이에 관한 충분한 정보를 담고 있지 않은 일반 자료들로 분류할 때는 공무원은 대부분 중산층에 속하기 때문에, 편의상 모두 중산층으로 분류할 것이다.

정구 교수와 한림대학교 신광영 교수가 제주도를 제외한 전국을 대상으로 수집한 설문조사 「경제활동 및 생활실태 조사」의 자료를 재분석하였다. 20세 이상 65세 이하의 경제활동인구 2,039명(유효응답자 1987명)을 대상으로 조사된 이 자료(조은/강정구/신광영, 1991, p.33 참조)는 조사대상자가 속한 산업, 종사상의 지위, 고용원 규모(5인 이상 여부), 직위, 소속직장의 성격(영리성, 비영리성) 등 계급별, 계급 부문별 귀속성을 판별하는 데 필요한 정보들과 계급구조관, 계급/계층 귀속의식, 현실참여의 경험 등 계급적 사회의식을 알려 주는 유용한 정보들을 포함하고 있었다. 분석결과, 아래의 〈표 4-2〉처럼 61.1%가 중산층에 속하는 것으로 나타났다.

〈표 4-2〉 1990년대 초의 계급구성상태와 중산층의 비중

(단위: %)

		91년 표본
자본가계급		3.3
중산층	화이트칼라노동자	4.0
	도시/농촌자영인	27.7
	전문자영인	–
	판매유통자영인	19.4
	국가 부문	6.8
	민간 부문	3.2
	기타비자본	–
	소계	61.1
노동자계급(하층)		25.9
기타		9.6
계		100.0

유팔무(1993)의 분석결과임.

화이트칼라 노동자는 생산 부문 중간관리자 집단을 가리키며, 도시/농촌자영인은 비자본주의적 생산 부문의 자영농, 소상품생산 집단을 가

리킨다. 국가 부문, 민간 부문 종사자는 비자본주의적 비생산 부문의 공무원, 민간서비스 종사자를 가리킨다. 이 중산층의 부문들을 흔히 말하는 '구중간계급'과 '신중간계급'으로 묶어 보면, 구중간계급은 도시/농촌 자영인, 판매, 유통 자영인을 합한 47.1%에 이르며, 화이트칼라노동자, 국가, 민간 부문 종사자를 합한 소위 신중간계급은 14.0%에 그치고 있다.

(2) 1990년대 중반 우리나라 중산층의 계급구성상태

1990년대 중반의 상황을 알아보기 위하여 우리는 위와 동일한 계급분류법에 기초하여 1995년도 2% 인구센서스 자료를 분석하였다.

센서스에서 조사되고 있는 직업관련 변수는 세분류의 직업과 산업분류 그리고 종사상의 지위이다. 따라서 직업, 산업분류, 및 종사상 지위의 상태를 조합하여 중산층 및 자본가, 하층노동자의 인적 구성을 분석하였다.

먼저 직업군을 생산 부문/비생산 부문, 자본제조직 부분/비자본제비조직 부문으로 분류하였다. 생산/비생산 부문의 기준에서 생산 부문은 1차 산업 및 2차 산업에 해당하는 직업을 포함한다. 2차 산업은 광공업, 제조업일반, 전기, 가스업 부문으로 구성된다. 비생산 부문은 도소매, 유통업, 금융, 임대업, 컴퓨터관련 서비스, 연구 부문, 교육, 기타 공공사회서비스로 구성된다.

자본제조직 부문/비자본제 비조직 부문의 분류에서 자본제조직 부문은 1, 2, 3차 산업에 걸쳐 피고용인으로 종사하는 임금노동자계층과 자본가를 포함한다. 조직 부문의 임금노동자계층은 다시 상층과 하층으로 구분하였는데 상층은 자본을 소유하지는 않았지만 조직재를 소유하여 노동을 통제하는 계층으로서 고위관리직과 전문/준전문직을 포함한다. 하층은 일반 사무직으로 분류하였다.

비자본제 혹은 비조직 부문에는 도시자영인, 농어민, 그리고, 비영리 서비스 업종으로서 국가, 민간관련 업종이 포함된다.

도시자영인은 자기 자본이나 전문적인 기술을 중심으로 자영업에 종사하는 인구로 구성된다. 그런데 센서스에서는 종사상의 지위를 임금노동자, 고용인 없는 사업주, 고용인 있는 사업주, 무급가족 종사자로 구분하고 있다. 자본가와 자영인의 구분은 기본적으로 피고용인의 수에 따른다. 그러나 센서스에서는 피고용인의 수를 구분하고 있지 않아 자본가와 소규모 자산의 자영인을 구분하기가 사실상 불가능하다. 여기서는 고용인을 둔 사업주 중 직업코드에서 "기관장 및 최고경영자" 만을 자본가로 간주하였고 나머지는 도시자영인으로 간주하였다. 도시자영인은 다시 전문직과 비전문직으로 구분하였는데, 전문직 자영인은 의사, 변호사, 엔지니어 등 자격증에 기반을 둔 전문적 지식과 기술로서 자기 사업하는 집단을 의미한다. 비전문 자영인은 전문 지식과 기술보다는 소규모의 자산으로 생산, 판매, 유통업에 종사하는 계층으로 간주하였다.

농어업 부문 자영인은 출하목적으로 농어업에 종사하는 농어민(상층)과 자급농어민(하층)으로 구성된다.

국가 부문 종사자는 입법공무원 및 고위임직원, 국가 부문에 종사하는 법률전문가(상층)와 관세, 조세 및 관련 준전문가와 수사관(하층)으로 구성된다.

민간 부문 종사자는 종교인과 작가 및 창작 예술가로 구성된다.

교육 부문은 공립, 사립학교 교원과 과학자, 연구원 중 교육기관에 종사하고 있는 계층으로 구성된다. 상층은 일반교사와 전문연구원을 포함하며, 하층은 준교원과 준전문연구원을 포함한다.

이 같은 다양한 부문들을 분석, 종합한 결과, 전체 계급구성의 상태는 자본가가 0.18%, 중산층이 67.3%, 하층노동자가 30.5%로 나타났다. 중산층은 〈표 4-3〉과 같이 자본제조직 부문의 화이트칼라 19.9%, 도시비전문자영인 24.8%, 전문자영인 1.3%, 농어민 13.7%, 국가 부문 종사자 3.4%, 민간 부문 종사자 0.8%, 교육 부문 종사자 3.4%로 구성되어 있다.

〈표 4-3〉 1990년대 중반의 중산층 구성상태

(단위: %)

<table>
<tr><td colspan="2" rowspan="3"></td><td colspan="2">자본제조직</td><td colspan="4">자본제비조직 부문</td><td colspan="5">비자본제 부문</td><td></td></tr>
<tr><td colspan="2"></td><td colspan="2">도시자영업</td><td colspan="2">농어업</td><td colspan="2">국가</td><td rowspan="2">민간</td><td colspan="2">교육</td><td rowspan="2">계</td></tr>
<tr><td>상</td><td>하</td><td>비전문</td><td>전문</td><td>상</td><td>하</td><td>상</td><td>하</td><td>상</td><td>하</td></tr>
<tr><td rowspan="2">자본가</td><td>생산</td><td colspan="2">0.11</td><td colspan="2" rowspan="2">-</td><td colspan="2" rowspan="2">-</td><td colspan="2" rowspan="2">-</td><td rowspan="2">-</td><td colspan="2" rowspan="2">-</td><td>0.11</td></tr>
<tr><td>비생산</td><td colspan="2">0.07</td><td>0.07</td></tr>
<tr><td rowspan="2">중산층</td><td>생산</td><td>6.0</td><td>4.1</td><td>7.1</td><td>-</td><td>0.2</td><td>13.5</td><td>-</td><td>-</td><td>-</td><td>-</td><td>-</td><td>30.9</td></tr>
<tr><td>비생산</td><td>5.8</td><td>4.0</td><td>17.7</td><td>1.3</td><td>-</td><td>-</td><td>2.6</td><td>0.8</td><td>0.8</td><td>2.7</td><td>0.7</td><td>36.4</td></tr>
<tr><td rowspan="2">하층
노동자</td><td>생산</td><td colspan="4">18.8</td><td colspan="2">0.8</td><td colspan="2"></td><td></td><td colspan="2"></td><td>19.6</td></tr>
<tr><td>비생산</td><td colspan="4">11.8</td><td colspan="2">-</td><td colspan="2">0.7</td><td>-</td><td colspan="2">0.4</td><td>12.9</td></tr>
<tr><td colspan="2">계(N=212, 623)</td><td colspan="4">76.8</td><td colspan="2">14.5</td><td colspan="2">4.1</td><td>0.8</td><td colspan="2">3.8</td><td>100.0</td></tr>
</table>

자료: 통계청, 1995. 『인구주택총조사』.

중산층 인구의 산업별 분포를 보면, 제조업, 서비스업, 농림어업이 중심을 이루고 있다(〈표 4-4〉). 이는 중산층이 기업조직 부문의 임금노동자 상층, 전통자영 부문의 쁘띠부르주아들로 구성됨을 반영한다. 또한 비자본, 비영리 부문의 종사자 대다수가 중산층 범주에 포함되어 있다.

〈표 4-4〉 1990년대 중반 중산층의 산업 부문별 구성상태

(단위: %)

			농림어업	제조업	서비스	국가관련	교육관련	계
자본가			–	0.11	0.06	–	–	0.17
중산층 65.5	자본제조직	상	0.1	6.0	5.8	–	–	11.9
		하	0.0	4.1	4.0	–	–	8.1
	비전문자영		–	7.1	17.7	–	0.1	24.9
	전문자영		–	0.1	0.9	–	0.3	1.3
	농어민	상	0.2	-	–	–	–	0.2
		하	13.5	–	–	–	–	13.5
	국가	상	–	–	–	2.6	–	2.6
		하	–	–	–	0.8	–	0.8
	민간		–	–	0.8	–	–	0.8
	교육	상	–	–	–	–	2.7	2.7
		하	–	–	–	–	0.7	0.7
하층노동자			0.8	18.7	11.8	0.7	0.4	32.4
계 (N=212,623)			14.6	36.2	40.9	4.1	4.2	100.0

(3) 1990년대 후반 IMF 직후의 계급구성상태와 중산층

1990년대 후반 IMF 직후의 상황에서 계급구성상태와 중산층의 비중이 어떻게 달라졌는지를 알아보기 위해 우리는 1998년 노동패널자료를 활용하여 계급분류와 분석을 하였다.

한국노동패널조사는 비농촌지역에 거주하는 한국의 가구와 가구원을 대표하는 패널표본 구성원(5,000가구와 13,738명의 가구원)을 대상으로 1년에 1회 경제활동 및 노동시장 이동, 소득활동 및 소비, 교육 및 직업훈련, 사회생활 등에 관하여 추적 조사하는 종단면 조사(longitudinal survey)이다.

직업은 표준직업분류의 대분류에 근거하여 8개의 직업군으로 나누었다. 산업은 농업, 광공업, 서비스/판매, 공공행정, 민간서비스로 구분하였다. 종사상 지위는 정규직, 비정규직, 고용주, 자영인, 가족 종사자로 구분되었다. 계급분류시 정규직과 비정규직은 임금, 고용조건, 노동의 질에서 차이가 큰 것을 고려하여, 그 계급위치를 차별화시켰다. 자영인과 가족 종사자는 같은 계급범주로 자리매김하였다.

좀더 세부적으로는 〈표 4-5〉과 같이 고위행정직의 경우 산업분류와 종사상 지위에 입각하여 화이트칼라 노동자(1), 자본가(0), 공공행정종사자(5)로 구분하였다. 전문가는 종사상의 지위에 초점을 맞추어 민간/기타 부문 종사자(6), 자본가(0), 전문자영인(4)으로 구분하였다. 기술, 준전문가는 산업 부문과 종사상 지위를 복합적으로 고려하여, 화이트칼라(1), 공공 부문 종사자(5), 민간 부문 종사자(6), 자본가(1), 생산 부문 자영인(2), 판매유통 부문 자영인(3), 전문자영인(4)으로 구분하였다. 사무직은 산업 부문과 종사상 지위에 기초하여, 화이트칼라 노동자(1), 공공 부문 종사자(5), 민간 부문 종사자(6), 하층노동자(7), 자본가(0), 생산 부문 자영인(2), 판매유통자영인(3)으로 구분하였다. 판매서비직의 경우 정규직은 화이트칼라 노동자(1)로 간주하였고 비정규직은 하층노동자(7), 그리고 고용주는 자본가(0), 자영인과 가족 종사자는 판매유통 부문 자영인(3)으로 구분하였다.

농업근로자는 종사상 지위에 기초하여 정규직은 화이트칼라 노동자(1), 비정규직은 하층노동자(7), 고용주는 자본가(1), 자영인/가족 종사자는 생산 부문 자영인(2)으로 구분하였다.

기능, 조립원은 임금근로자는 공공 부문 정규직(5)을 제외하고 하층노동자(7)로 분류하였다. 종사상 지위가 고용주인 경우에는 자본가(1)로 구분하였고, 자영인/가족 종사자인 경우에는 생산 부문 자영인(2)으로 구분하였다. 단순노무직은 산업, 종사상 지위를 막론하고 하층노동자(7)로 분류하였다.

〈표 4-5〉 노동패널조사자료를 활용한 계급분류도

직업	종사상 지위	산업				
		농업	광공업	도소매, 금융, 사회간접자본	공공행정	민간서비스
고위행정, 관리직	정규직	–	1	1	5	1
	비정규직	–	1	1	5	1
	고용주	–	0	0	0	0
	자영인	–	–	–	–	–
	가족 종사자	–	–	–	–	–
전문가	정규직	6	6	6	5	6
	비정규직	6	6	6	5	6
	고용주	0	0	0	0	0
	자영인	4	4	4	4	4
	가족 종사자	4	4	4	4	4
기술 준전문가	정규직	1	1	1	5	6
	비정규직	7	7	7	5	6
	고용주	0	0	0	0	0
	자영인	2	2	3	4	4
	가족 종사자	2	2	3	4	4
사무직	정규직	1	1	1	5	6
	비정규직	7	7	7	7	7
	고용주	0	0	0	0	0
	자영인	2	2	3	3	3
	가족 종사자	2	2	3	3	3
판매, 서비스직	정규직	1	1	1	1	1
	비정규직	7	7	7	7	7
	고용주	0	0	0	0	0
	자영인	3	3	3	3	3
	가족 종사자	3	3	3	3	3
농업 근로자	정규직	1	–	–	–	–
	비정규직	7	–	–	–	–
	고용주	0	–	–	–	–
	자영인	2	–	–	–	–
	가족 종사자	2	–	–	–	–

기능원, 조립원	정규직	7	7	7	5	7
	비정규직	7	7	7	7	7
	고용주	0	0	0	0	0
	자영인	2	2	2	2	2
	가족 종사자	2	2	2	2	2
단순 노무직	정규직	7	7	7	7	7
	비정규직	7	7	7	7	7
	고용주	7	7	7	7	7
	자영인	7	7	7	7	7
	가족 종사자	7	7	7	7	7

분류코드:

자본가 = 0

중산층범주: 화이트칼라노동자= 1, 생산 부문 자영인= 2, 판매유통 부문 자영인= 3, 전문자영인= 4, 공공 부문 노동자= 5, 민간 부문 노동자= 6,

하층노동자 = 7

계급분류의 결과, 중산층은 〈표 4-6〉에서처럼 전체의 57.5%에 이르고 있다. 화이트칼라가 19.3%로 가장 비율이 크며 그 다음으로 판매유통 자영인, 생산 부문 자영인으로 쁘띠부르주아의 비율이 높다. 이 밖에 공공 부문, 민간 부문 종사자의 비율이 11.3%로 높게 나타나고 있다. 이를 신구 중간계급들로 묶어 보면, 신중간계급(코드 2+4+6+7)이 31.5%, 구중간계급(코드 3+5)이 26.0%로 집계된다.

〈표 4-6〉 1998년 계급구성상태와 중산층의 비율

구분	비율(%)
1) 자본가	7.5
2) 화이트칼라	19.3
3) 생산 부문 자영인	11.8
4) 전문자영인	0.9
5) 판매유통 부문 자영인	14.2
6) 공공 부문 종사자	2.5

7) 민간 부문 종사자	8.8
8) 하층노동자	35.0
계	100.0

· 1998년 노동패널조사자료에 기초한 분석결과임.
· 여기서 중산층은 구분 2~7로서 전체의 57.5%임.

(4) 소결

이상에서 우리는 1990년대 초반, 중반, 후반의 자료 분석을 통해 각 시기의 계급구성상태와 중산층의 비중이 어떠했는지를 검토해 보았다. 각 시기의 중산층 비중을 비교, 종합해 보면, 다음과 같다(〈표 4-7〉).

첫째, 우리나라 중산층은 1991년 67.2%의 비중을 차지하던 것이 95년에도 비슷한 수준으로 67.3%를 유지하였으나, 98년 IMF 직후의 시기에서는 57.5%로 약 10% 정도 줄어들었다. 이는 중산층이 급속히 감소했음을 보여 준다.

둘째, 중산층을 크게 신, 구 중간계급으로 나누어 보면, 전통적인 구중간계급은 1991년부터 98년까지 51.8% → 40.8% → 26.0%로 계속 급속한 감소 추세를 보인 반면, 이른바 신중간계급은 그 반대로 15.4% → 26.5% → 31.5%로 상당한 증가 추세를 보여 왔다.

셋째, 전체적인 계급구성상태의 면에서 볼 때, 자본가계급과 노동자계급 하층의 비중은 상대적으로 커지는 추세를 보였다. 자본가계급은 1991년 3.6%에서 98년 7.5%로 늘어났으며, 노동자계급 하층은 1991년 28.5%에서 95년 30.5%, 98년 35.0%로 계속적으로 비중이 증가해 왔다.

〈표 4-7〉 1990년대의 계급구성과 중산층 비율의 변화

		1991		1995	1998
			(조정)		
자본가		3.3	3.6	0.2	7.5
중산층		61.1	67.2	67.3	57.5
	신중간계급	14.0	15.4	26.5	31.5
	구중간계급	47.1	51.8	40.8	26.0
하층노동자		25.9	28.5	30.5	35.0
계		90.4	(99.3)	98.0	100.0

분석에 사용된 1991년의 자료는 〈경제활동 및 생활실태조사〉, 1995년 자료는 〈인구주택총조사〉, 1998년 자료는 〈노동패널조사〉로서 각각 그 성격에 차이가 있다.

이상의 추세들을 종합해 볼 때, 1990년대 우리나라의 계급구성은 칼 맑스가 주장한 것과 유사한 계급양극화 추세를 보이고 있다. 이러한 추세는 세 가지 측면 모두에서 나타나고 있다. 중산층이 줄어들고, 특히 구중간계급은 급속히 줄어들고 있으며, 양극의 자본가계급과 노동자계급(하층)은 각각 늘어나고 있는 것이다.

그러나 우리는 여기서 두 가지 사항에 유의해야 할 것이다.

하나는 이러한 추세는 추세일 뿐 "양극화가 이루어졌다"거나 "중산층이 몰락했다, 혹은 몰락하고 있다"라는 식으로 단정지을 수는 없다는 것이다. 이런 식으로 말하는 것은 앞서 지적한 바와 같이 과장이고 예단이라는 것이다. 중산층은 아직도 인구의 절반 이상을 차지하고 있기 때문이다. 본래적인 의미의 몰락과 양극화는 그야말로 중산층이 "없어지는 것", 그래서 사실상 자본-노동 2개의 계급만 남게 되는 것을 말하기 때문이다.

다른 하나는 신, 구 중간계급과 관련된 것이다. 구중간계급, 즉 본래의 중간계급은 맑스의 말처럼 급속히 줄어들고 다른 계급으로 이동해 가고

있지만, 신중간계급은 오히려 늘어나고 있다. 이는 양극화론에 반대되는 '중산층 비대화론' 혹은 '중산층 (중심) 사회' 론의 타당성을 부분적으로 입증해 주는 측면이기도 하다. 물론, 전적으로 입증해 주는 것은 아니며, 오히려 양극화론이 더 많이 입증되고 있다. 그러나, 우리가 만일 중산층을 판단할 때, 많은 사람들처럼 구중간계급을 도외시하고 신중간계급만 주목한다면, 사정은 달라질 것이다. 반면에 칼 맑스식으로 화이트칼라 노동자를 위시한 신중간계급의 일정 부분을 노동자계급으로 파악하고 중산층에서 이 부분을 제외시킨다면, 사정이 또 달라질 것이다. 가령, 이 노동자계급 상층의 비중이 20% 정도라고 한다면, 양극화 추세는 더 심하고 급속하게 일어나고 있는 것으로 나타날 것이다. 구중간계급의 급속한 감소 추세를 감안할 때 그렇고, 신중간계급의 증가 추세(노동자계급 상층의 증가 추세 포함)를 감안할 때 그러하다.

4. 사회이동은 어떤 계급 부문에서 많이 일어났는가

사회이동은 계급 및 계층구조의 개방성과 관련되며, 개방성에 대한 분석은 일반적으로 세대간, 세대 내 직업이동을 통하여 이루어진다. 여기서는 중산층과 하층노동자의 세대간, 세대 내 지위이동을 분석하여, 중산층의 개방성 여부를 진단해 보고자 한다. 특히 IMF 전후 중산층의 직업이동을 분석함으로써, 중산층 몰락 테제의 적합성을 검정하고자 한다.

먼저 중산층 자신과 그 부모의 사회계급적 기초를 비교할 것이다. 세대간 직업이동은 1996년 서울대 사회발전연구소가 실시한 『국민의식조사』 자료에 기초하여 살펴본다. 『국민의식조사』는 20세 이상의 성인남녀를 표본대상으로 하여 제주도를 제외한 전국단위에서 실시된 표본조사이다. 그런데, 『국민의식조사』에는 조사대상자의 종사상의 지위나 산업 부문에 대한 정보가 결여되어 있어 계급분류가 어려운 경우가 다수 존재하였다. 이 연구에서는 계급구분이 어려운 직업들을 결측값으로 측정하였다. 결과적으로 분석에서 제외된 사례수는 368개였다.

다음의 분석에서는 처음 직업과 1998년 3월 시점에서의 직업 차이를 비교하였다. 세대 내 직업이동은 1998년 3월 한국직업능력개발원에서 조사한 『한국인의 직업의식 조사』의 자료를 활용하였다. 『한국인의 직업의식 조사』는 IMF 금융지원 이후 한국 경제가 대규모의 구조조정을 겪으면서 실업률이 급속하게 증가된 시점에 실시되었다. 또한 이 시기는 "중산층 몰락"에 대한 위기의식이 사회적으로 고조된 때이기도 하다. 따라서 이 자료는 위기상황에서의 중산층의 지위이동을 분석하는 데에도 유용한 자료이다. 불행히도, 원자료 확보가 용이하지 못하였던 관계로, 『한국인의 직업의식 조사』 보고서에서 제시된 직업이동표를 부분적으로 활용하는 수준에서 분석이 이루어졌다.

IMF 위기상황에서 일어난 중산층의 지위이동은 한국노동연구원이 1998년과 1999년 실시한 '노동패널조사 자료'를 활용하여, 보다 심층적으로 분석하였다. 중산층 내 어느 집단이 하층 노동자로 지위하락을 경험할 개연성이 큰지, IMF 전후 중산층 제 범주의 직업이동을 계급이동의 측면에서 검토하였다.

(1) IMF 이전 시기의 세대간 직업이동

앞에서 지적하였듯이, 세대간 이동은 1995년 시점에서 취업 종사자와 그 아버지의 계급기초를 비교하여 분석하였다. 중산층의 계급범주는 화이트칼라, 농어민, 비전문자영인, 국가 부문 종사자, 민간/기타 부문 종사자로 구분하였다. 각 범주를 간단하게 요약하면 화이트칼라 노동자는 자본/기업 부문에 종사하는 임금근로자를 포함한다. 농어민은 농림어업에 종사하는 사람을 포함한다. 비전문자영인은 판매, 유통 부문에 종사하고 있는 자영인을 가리킨다. 국가 부문 종사자는 고위공무원, 일반 공무원 등 국가 부문에 종사하는 집단을 가리킨다. 민간/기타 부문은 종교 및 사회단체 종사자와 교육 및 연구기관에 종사하는 집단을 포함한다. 위와

〈표 4-8〉 세대간 직업이동

(단위: %, N)

자녀의 지위(1995)	아버지의 지위							
	자본제조직 화이트칼라	농어업	자영업	국가	민간/기타	하층 노동자	계	N
자본제조직 화이트칼라	12.8 (48.9)	38.3 (17.3)	17.8 (26.0)	5.6 (26.3)	5.6 (24.4)	20.0 (18.8)	100.0 (21.4)	180
농어업	1.5 (4.3)	81.0 (27.8)	2.2 (2.4)	2.2 (7.9)	2.2 (7.3)	11.0 (7.8)	100.0 (16.3)	137
자영업	5.3 (21.3)	42.3 (19.8)	22.5 (34.2)	6.4 (31.6)	2.1 (9.8)	21.4 (20.8)	100.0 (22.2)	187
국가	1.5 (2.1)	52.2 (8.8)	13.4 (7.3)	6.0 (10.5)	0.0 (0.0)	26.9 (9.4)	100.0 (8.0)	67
민간/기타	3.5 (6.4)	31.0 (6.8)	24.1 (17.1)	6.9 (15.8)	17.8 (43.9)	16.8 (8.9)	100.0 (10.3)	87
하층노동자	3.6 (14.8)	43.8 (18.5)	8.9 (12.2)	1.2 (5.3)	3.6 (14.7)	39.1 (34.4)	100.0 (20.1)	169
계	5.6 (100.0)	47.6 (100.0)	14.6 (100.0)	4.5 (100.0)	4.9 (100.0)	22.8 (100.0)	100.0 (100.0)	841
	47	400	123	38	41	192		841

같은 중산층 집단들의 비교집단으로서 하층노동자를 구분하였는데, 하층노동자는 일반 생산노동자와 판매, 서비스업종에 종사하는 노동자, 단순노무자를 포함한다.

자녀 본인의 계급분포는 〈표 4-8〉에서 볼 수 있듯이, 화이트칼라 노동자가 21.4%, 농어민은 16.3%, 비전문자영인은 22.2%, 국가 부문 종사자는 8.0%, 민간 기타 부문 종사자는 12.0%, 그리고 하층노동자는 20.1%로 나타난다. 반면, 부모의 계급분포를 살펴보면, 농어업이 47.6%로서 가장 비율이 높으며, 그 다음으로 하층노동자(22.8%), 비전문자영인(14.6%)의 비율이 높게 나타나고 있다. 신중간계급에 속하는 화이트칼라 노동자, 국가/민간 부문 노동자의 비중은 자녀세대에 비하여 훨씬 적은 분포를 나타내고 있다. 이와 같이 자녀세대와 아버지 세대의 계급분포가 차이가 큰 것은, 세대간 계급 이동에 대하여 구조적 효과가 큼을 암시한다. 다시 말하여 부모세대에 비하여 자녀세대가 중산층 계급범주에 속하는 비율이 큰 것은, 한 세대 동안 임금노동자와 공공/민간 부문 종사자, 그리고 전문직이 크게 증가한 것에 기인한다.

먼저, 세대간의 직업지위가 일치하는 정도가 어떠한지부터 살펴보기로 한다. 자녀를 기준으로 한 직업일치도는 유입률(inflow rate), 부모를 기준으로 한 직업일치도는 유출률(outflow rate)이라 하는데, 유의할 사항은 그 사이에 차이가 크게 나타난다는 점이다.

아버지의 계급별 자녀의 계급분포(outflow)부터 보자면, 세대간 계급동질성이 가장 큰 집단은 화이트칼라 노동자이다. 아버지가 화이트칼라 노동자일 때 자녀 역시 화이트칼라 노동자일 확률은 48.9%로 나타나고 있다. 다음으로 아버지와 자녀 사이에 계급일치가 강한 집단은 민간/기타 부문(43.9%) 종사자, 하층노동자(34.4%), 비전문자영인(34.2%) 순으로 나타나고 있다. 한편 아버지와 자녀 사이에 계급동일성이 가장 약한 업종은 국가 부문 종사자(10.5%)로 나타나고 있다.

그 다음, 자녀의 계급별 아버지의 계급분포(inflow)를 보면 중산층의 세대간 계급동질성은 대체적으로 약하게 나타나고 있다. 다만 농어민의 경우 세대간 계급 동질성이 매우 높아, 농어업에 종사하는 자녀의 아버지 중 81%가 역시 농어민으로 나타나고 있다. 세대간 계급동질성이 다음으로 높은 층은 하층노동자(39.1%)로 나타나고 있다.

유출률과 유입률의 차이는 크게 산업구조나 직업구조의 변동과 같은 구조적 효과와 사회이동의 기회와 같은 순 이동효과에 의해 조성된다. 만일 부모와 자녀 사이의 지위차이가 세대간 직업구조의 변화와 같은 구조적 효과에 의해서 주로 이루어졌다면, 세대간 지위차이가 계층간 개방성이나 지위경계의 유동성을 의미하지는 않는다. 따라서 세대간 계급 이동의 용이성 정도를 살펴보기 위해서는 세대간 직업분포의 구조적 차이를 통제하는 것이 필요하다. 이는 한계분포의 차이를 통제하는 것과 관련된다. 대수선형모형은 관련된 두 변인의 한계분포의 비대칭성을 통제하면서 관계의 특징을 모형화하는 데 유익한 방법이다.

〈표 4-9〉는 세대간 직업이동에 대한 대안적 가설들의 적합도를 대수선형모형을 이용하여 비교한 것이다.

〈표 4-9〉 세대간 지위세습모형

모형	영가설모형	자유도	우도비(x^2)	유의수준(p)
지위개방모형	{부모} {본인}	24	166.5	0.000
지위세습모형	{부모} {본인} {$\delta^{부모본인}$} δ=1 (화이트-화이트) δ=2 (농어업-농어업) δ=3 (자영업-자영업) δ=4 (국가-국가) δ=5 (민간/기타-민간/기타)	18	31.8	0.02

	δ=6 (하층-하층)			
지위세습& 사회적 거리모형	{부모} {본인} {$\delta^{\text{부모본인}}$} δ=1 (화이트-화이트) δ=2 (농어업-농어업) δ=3 (자영업-자영업) δ=4 (국가-국가) δ=5 (민간/기타-민간/기타) δ=11 (하층-하층) δ=6 (화이트-하층) δ=7 (농어업-하층) δ=8 (자영업-하층) δ=9 (국가-하층) δ=10 (민간/기타-하층)	14	19.8	0.14
통합모형	{부모 본인}	0	-	-

'지위 개방모형' 은 세대간 계급 동일성과 차이는 두 세대의 계급구조(한계분포)에 의해 결정된다고 전제한다. '지위세습모형' 은 세대간 계급 동일성 정도가 강하며, 이러한 동일성은 계급위치에 따라 차별적임을 전제한다. '지위세습&사회적 거리모형' 은 우선 세대간 계급동일성이 계급위치에 따라 차이가 있음을 가정한다. 동시에 이 모형은 중산층이 하층노동자로 이동할 개연성은 중산층의 하위집단별로 차이가 크다고 전제한 모형이다. 세 모형의 우도비(likelihood ratio)를 비교해 보면 '지위개방모형' 과 '지위세습모형' 에 의해서 추정된 분포는 실제 관측치와 차이가 크며, 따라서 모형의 통계적 적합성이 떨어진다고 판단된다. 한편 '지위세습&사회적 거리모형' 에 의해 추정된 분포는 실제 관측치에 근접하고 있다고 판단할 수 있다.

'지위세습&사회적 거리모형' 에서 추정된 세대간 계급동일성과 사회적 거리 효과는 〈표 4-10〉에서와 같이 요약된다.

〈표 4-10〉 지위세습과 사회적 거리의 효과(δ)

	δ부모본인	추정치	표준오차	
계급동일성	화이트-화이트	-1.35	0.33	***
	농어업-농어업	-0.38	0.41	
	자영업-자영업	0.74	0.38	^
	국가-국가	-1.10	0.38	**
	민간/기타-민간/기타	-1.48	0.54	**
사회적 거리	하층-하층	0	-	-
	화이트-하층	0.04	0.50	
	농업-하층	0.05	0.30	
	자영업-하층	0.77	0.31	*
	국가-하층	0.04	0.29	
	민간/기타-하층	-0.03	0.35	

기준범주는 하층-하층이동이다.
*** $p < 0.001$, ** $p < 0.01$, * $p < 0.05$

각 효과는 아버지세대와 자녀세대가 모두 하층노동자에 속하는 경우의 수의 로그값을 0으로 환산하였을 때, 해당 조합의 빈도 수(로그값)를 가리킨다. 계급동일성의 효과로서, 중산층 여러 집단에서의 세대간 계급일치도는 하층노동자에 비하여 낮게 추정되고 있다. 특히 화이트칼라 노동자, 공공 부문, 민간/기타 부문 종사자와 같이 신중간계급에 포함되는 집단들은 세대간 계급일치도가 하층노동자에 비하여 유의미하게 낮게 나타난다. 그만큼 '지위세습' 이 적다는 이야기이다. 화이트칼라 노동자에서 세대간 계급일치도(로그값)는 하층노동자에 비하여 1.35 낮으며, 국가 부문 종사자에서는 1.1 낮고, 민간/기타 부문 종사자에서는 1.48 낮다. 그런데 통계적 유의성은 다소 떨어지지만, 자영인에서 세대간 계급일치도의 효과(0.74)는 하층노동자(0)에서보다 높게 나타나고 있다. 대부분의 사회적 거리 효과는 통계적으로 유의미하지 않게 추정되고 있다. 다만 자영인 출신 부모로부터 하층 노동자 자녀로의 세대간 이동 개연성(0.77)이 상대적으로 강하게 나타나고 있다.

(2) IMF 직전 시기의 세대 내 직업이동

〈한국인의 직업의식 조사〉에 따르면 한국인의 평균 직장 이동횟수는 2.1회로 나타난다. 여기서는 이 조사를 이용하여 중산층의 세대 내 직업 이동이 IMF 시기 이전에 어떤 특성을 보였는지에 대해 고찰해 보고자 한다. 〈표 4-11〉은 처음직업과 최종직업 사이의 관계를 요약한 것이다.[4)]

〈표 4-11〉 세대 내 직업이동

(단위: %, N)

처음직업	최종직업(1996년 현재)						
	입법공무원	전문가	기술/준전문가	사무직	자영인	하층노동자	계
입법공무원	78.9	0.0	0.0	0.0	10.5	10.6	100.0(19)
전문가	4.4	85.7	2.6	5.7	0.0	1.9	100.0(160)
기술/준전문가	7.5	9.2	63.7	3.8	7.5	9.6	100.0(347)
사무직	3.0	0.5	9.3	59.3	15.1	11.4	100.0(600)
자영인	8.8	0.0	2.0	0.0	63.2	26.2	100.0(147)
하층노동자	0.0	0.5	3.9	5.4	24.1	66.1	100.0(204)

자료: 한국직업능률개발원, 1997, 『한국인의 직업의식 조사』보고서에서 재구성.

4) 보고서에서 처음직업과 최종직업에 대한 정보를 확보하여 다시 분류할 때, 연구자의 임의성이 다소 개입되었다. 보고서에서 제시하고 있는 최종직업 범주 중 일부에서는 이 연구의 계급분류에 기초할 때, 서로 구분되어야 하는 집단들이 함께 묶여져 있었다. 이 경우 다른 직업군들의 이동 경로를 준거로 삼아, 가장 개연성이 클 직업을 최종직업으로 선택하였다.

처음직업과 최종직업 사이에 가장 일치도가 높은 업종은 입법공무원과 전문가이다. 처음직업이 입법공무원인 경우, 최종직업이 입법공무원인 비율이 78.9%에 이르며, 전문가의 경우 처음직업과 최종직업이 같은 비율은 85.7%에 이르고 있다. 이에 비하여 처음직업이 사무직, 자영인인 경우 최종직업이 이와는 다를 개연성이 상대적으로 높게 나타나고 있다. 사무직은 처음직업과 최종직업이 같을 개연성이 가장 약한 업종이다. 처음직업이 사무직인 노동자의 59.3%만이 조사 당시 여전히 사무직에 머무르고 있다. 사무직 종사자가 가장 흔하게 전직하는 업종은 자영업이다. 한편, 처음 자영업에 종사한 조사대상의 63.2%가 조사당시에도 자영업에 머무르고 있으며, 26.2%는 하층노동자로 이동하였다. 처음 하층노동에 종사한 조사대상의 66.1%가 하층노동에 머물러 있으며, 24.1%는 자영업으로 전업하였다.

세대 내 직업이동을 보다 분석적으로 유형화하기 위하여, 직업이동에 관한 여러 대안 모형들을 가정해 보았고, 각 모형의 적합도를 살펴보았다. 〈표 4-12〉에서처럼, 여러 모형들의 적합성은 통계적으로 약한 것으로 나타났다.

〈표 4-12〉 세대 내 직업이동모형

모형	영가설모형	자유도	우도비(x^2)	유의수준(p)
지위이동모형	{처음직업} {최종직업}	25	1786	0.000
지위안정성 모형	{처음직업} {최종직업} {$\delta^{처음직업최종직업}$} δ=1 (입법공무원-입법공무원) δ=2 (전문가-전문가) δ=3 (준전문-준전문) δ=4 (사무직-사무직) δ=5 (자영업-자영업) δ=6 (하층-하층)	19	405	0.000
통합모형	{처음직업 최종직업}	0	–	–

비록 모형의 적합도가 떨어지지만, 지위지속모형에 기초하여 추정된 직업이동의 효과들은 통계적으로 유의한 것으로 나타났다(〈표 4-13〉). 이에 따르면, 생애과정을 통하여 직업의 안정성이 가장 높은 집단은 국가 부문 종사자로서 입법공무원의 직업안정성 로그값은 하층노동자를 0으로 했을 때 1.37 크다. 다음으로 직업안정성이 큰 집단은 전문가로 추정된다(로그값 1.07). 또한 준전문층의 직업안정성도 하층노동자에 비하여 통계적으로 높게 나타나고 있다. 반면에, 사무직의 직업안정성은 하층노동자에 비하여 낮게 추정된다. 앞에서도 살펴보았듯이, 최초의 직업이 사무직인 경우 최종직업이 준전문기술직, 자영업, 하층노동으로 변화되는 개연성이 높은 것이다. 자영인의 직업안정성도 하층노동자에 비하여 약한 것으로 추정되고 있다.

〈표 4-13〉 지위지속 (δ) 효과

δ처음직업최종직업	추정치	표준오차	
입법공무원-입법공무원	1.37	0.44	**
전문가-전문가	1.07	0.21	***
준전문-준전문	0.55	0.18	**
사무직-사무직	−0.58	0.16	***
자영업-자영업	−0.37	0.19	^
하층-하층	0	–	–

기준범주는 하층-하층이동이다.

*** p <0.001, ** p <0.01, * p <0.050147

앞에서 살펴보았듯이, IMF 이전 시기인 1990년대 중반 중산층을 이루는 여러 부문들은 대다수 그 부모세대와는 다른 직업 및 계급적 지위를 지니고 있었다. 중산층 내에는 또 생애과정을 통하여 지위안정성을 유지하는 집단과 상이한 계급범주 사이에서 지위이동을 경험하는 집단이 어우러지고 있었다. 입법공무원과 전문직 종사자는 처음 노동시장에 들어온 시점부터 현재에 이르기까지 동일 업종에 머무는 정도가 강했으며, 이와 대조적으로 사무직 노동자와 자영업자층은 생애기간을 통하여 다른 계급범주로 전직을 흔히 경험하곤 하였다. 그중에는 중산층 경계를 벗어나 하층노동자로 이동하는 사람들도 있었다. 중산층의 몰락과 계급 양극화의 추세를 뜻한다고 할 수 있는 이 계급적 하강이동의 경향은 특히 사무직 노동자층과 자영업자층에서 상대적으로 높게 나타났다.[5]

이를 다시 한 번 살펴보면, 중산층의 각 부문에서 하층노동자로 계급적 지위가 하강이동한 비율은 자영업자층이 제일 높아 26.2%나 되었으며, 그 다음은 사무직 11.4%, 입법공무원 10.6%, 기술/준전문가 9.6% 순이었고, 전문가 중에서는 단지 1.9%만이 하강이동을 하였다. 이는 IMF 직전 시기에 일어난 중산층 몰락(?)과 양극화의 추세를 보여 주는 것이라고 할 수 있다. 또한, 중산층의 각 부문들이 서로 다른 처지에서 다른 경험을 하고 있다는 사실도 보여 주고 있다. 중산층의 상층을 구성한다고 할 수 있는 입법공무원, 전문가는 생애를 통해 직업을 이동할 가능성이 작게 나타나는 반면, 일반 사무직과 자영인은 직업 이동이 상대적으로 많고, 일부는 하층노동자로 하강하고 있기 때문이다.

그러나, 이 같은 몰락과 양극화의 추세는 그것과 반대되는 추세에 의해 상당 부분이 상쇄되고 있다. 하층노동자, 즉 노동자계급 하층의 24.1%가 중산층 여러 부문들로 상승이동을 하고 있기 때문이다. 중산층 각 부문들을 한데 묶어 본다면, 중산층 가운데 노동자계급 하층으로 몰락(?)한

---

5) 그러나 이것도 어디까지나 상대적인 의미를 가진다. 전직의 경험이 큰 사무직, 자영업에 있어서도, 대다수는 동일 직업에 머물고, 이동의 경우에도 중산층 내의 다른 부문들로 이동하는 경향이 컸기 때문이다.

인구는 대략 10% 내외에 달하는 반면, 그 반대로 '노동자계급의 중산층화' 를 뜻하는 상승이동의 인구는 24.1%의 비중을 차지하고 있는 것이다. 물론 중산층은 1,273명, 하층노동자는 204명으로 그 절대 규모가 달라, 실제적으로 중산층 가운데에서는 130명 정도가 하강하고, 하층노동자 가운데에서는 50명 정도가 상승이동을 한 셈이므로, 몰락과 양극화의 추세가 더 강하다고 할 수 있을 것이다.

(3) IMF를 전후한 계급적 지위의 이동

그러면, IMF 위기를 겪은 이후에는 그와 같은 추세가 어떻게 달라졌는가에 대해 살펴보기로 하자.

IMF 사태는 중산층의 지위안정성을 크게 위협한 것으로 전제되고 있다. 실제로 1997년 말 이후 많은 사람들이 실업과 전직의 위기를 경험하였다. 경제구조의 위기는 계급구조에 일시적으로 충격을 가하여, 기존의 계급적 지위에서 실업자나, 하층노동자로의 계급이동을 크게 조성할 수 있다. 중산층 몰락의 테제는 바로 경제위기 상황에 의해서 상당수의 중산층이 하층노동자나 실업자로 전락하였음을 전제하는 것이다. 그러면 과연 중산층이 1997년 말 이후 어느 정도 하층노동자로 지위하락을 했는가. 또, 중산층 내의 각 부문들은 어떤 차이를 보였는가에 대해 분석해보기로 하겠다.

위기의 심각성은 위기의 효과가 얼마나 장기적으로 유지되는가, 그리고 원래 위치로의 복귀가 어느 정도 용이한가와 관련하여 살펴보는 것이 중요하다. 1999년 중 · 후반 이후 실업률이 개선되고, 경제성장도 완만해졌다. 비록 비정규직이 주를 이루었지만, 고용구조도 확대되었다. 이 같은 상황변환을 전제할 때, 단기간의 위기 증폭 상황에서 일어난 지위 하락은 일시적 현상으로, 어느 정도 그 위기상황이 지난 뒤, 원래의 지위 상태로 복귀할 개연성이 높을 수도 있다. 따라서 위기상황의 장기적 효과를 진단하기 위해서는, 거시 경제구조가 위기상황을 다소 벗어난 시점에서 지위 이동 행태를 살펴보는 것이 필요하다. 이와 같은 배경에서 1997년에는 중산층에 위치하다가 1998년 실업자나 하층노동자로 지위 하락을 경험하였던 집단을 대상으로 1999년에 다시 중산층 지위로 복귀할 개연성을 분석할 것이다.

먼저 1997년과 1998년 사이, 즉 IMF 직전-직후에 발생한 중산층의 계급이동을 살펴보도록 하겠다. 〈표 4-14〉에서 볼 수 있듯이, IMF를 전후하여 동일 계급위치에 속하는 비율은 화이트칼라가 65.1%, 도시/농촌 생산 부문 자영인은 88.6%, 전문자영인은 89.6%, 판매/서비스 자영인은 82.8%, 공공 부문 종사자는 93.4%, 민간 부문 종사자는 77.9%였다. 화이트칼라는 IMF 이후 지위이동을 가장 많이 겪은 집단에 속하며, 이와 대조적으로 공공 부문 종사자는 지위이동을 가장 적게 경험한 집단이라고 판단된다. 그중에서도 특히 하층노동자, 즉 노동자계급 하층으로 전직하거나 비취업자로 전락한 비율은 화이트칼라가 31.1%로 가장 높으며 다음으로 민간 부문 종사자(20.3%), 판매자영 부문(14.2%) 순이었다.

이동의 유형을 중산층 내 다른 계급위치로 이동한 '수평이동형,' 자본가나 하층노동자 혹은 비취업자로 이동한 '수직이동형'으로 나누어 보면, 중산층 내 다른 계급위치로 이동한 수평이동의 비율은 전체적으로 낮은 수준(평균 1.5%)이다. 이는 중산층 각 부문들 사이의 진입과 진출에 상당한 장벽이 존재함을 가리킨다. 지위이동은 대부분 비취업, 실업자로의 하강이동 형태로 이루어졌다. 전체적으로 하강이동률은 20.5%, 자본가로의 상승이동률은 0.9%였으며, 이동하지 않은 비율이 77.1%였다. 중

〈표 4-14〉 IMF를 전후한 중산층의 지위이동

(단위: %, N)

IMF 이전 중산층의 부문들	IMF 이후 지위 변동의 상황											계
	동일지위 유지	수평이동							수직이동			
		화이트칼라	도시 농촌 생산자영인	전문 자영인	판매/서비스 자영인	공공 부문 종사자	민간 부문 종사자	소계	자본가	하층 노동자	비취업자	
화이트칼라	65.1	-	0.2	0.0	1.3	0.1	0.4	2.0	1.6	5.2	26.2	100.0 (1,357)
도시/농촌 생산자영인	88.6	0.3	-	0.0	0.6	0.0	0.1	1.0	0.0	5.3	5.2	100.0 (718)
전문자영인	89.6	2.1	0.0	-	0.0	0.0	0.0	2.1	0.0	0.0	8.3	100.0 (48)
판매/서비스 자영인	82.8	0.6	0.5	0.0	-	0.0	0.3	1.4	0.8	3.5	11.6	100.0 (777)
공공 부문 종사자	93.4	1.3	0.0	0.0	0.0	-	0.7	2.0	0.7	0.0	4.0	100.0 (1.7)
민간 부문 종사자	77.9	0.4	0.0	0.2	0.0	0.5	-	1.1	1.1	1.5	18.5	100.0 (6.2)
계	77.1 (2,776)	0.3 (12)	0.2 (7)	0.0 (1)	0.6 (22)	0.1 (4)	0.3 (10)	1.5 (56)	0.9 (34)	4.0 (143)	16.5 (594)	100.0 (3,603)

산층의 대략 3/4은 IMF 직후 동일한 지위를 유지하였고, 20%가 몰락, 1%는 상승을 한 것이다.

하강이동을 경험한 중산층 부문은 주로 화이트칼라(31.4%)와 자영인(10~15%)이었다. 공공 부문 종사자는 위기상황에서도 93.4%가 지위를 유지하였고, 4%만이 지위하락을 경험하였다. 화이트칼라와 자영인이 중산층의 대다수를 차지하는 점에서, 중산층에게 경제위기의 충격은 전반적으로 컸다고 말할 수 있다.

그러나, 실업의 위기를 포함하여 이직과 전직의 경험 등의 '충격'은 중산층보다 하층노동자에게서 더욱 컸다. 하층노동자가 1998년 비취업 상태로 이동한 비율은 38.0%이며, 이는 중산층 내 가장 실업위기가 컸던 화이트칼라와 비교해서도 높은 수치이다.

한편, 실업률의 추이를 살펴볼 때, 1998년 초부터 1999년까지는 대량의 구조적 실업이 양산되던 해이다. 1999년 중반부터 실업률은 점차적으로 개선되었고 그 대신 비정규직이 크게 확대되었다. 이러한 추세는 하강이동이 크게 두 가지 경로를 통해서 이루어졌음을 의미한다. 그 한 경로는 취업상태에서 비취업상태로의 변화이며, 다른 한 경로는 비정규직으로의 전환이다.

〈표 4-15〉 중산층 부문별 하층노동자, 실업자로의 하강이동

	1998년			1999년		
	비취업	하층노동자	계	비취업	하층노동자	계
화이트칼라	25.7	5.4	31.1	24.8	14.2	39.0
생산자영	4.9	4.9	9.8	8.9	8.6	17.5
전문자영	9.7	0.0	9.7	25.6	2.6	28.1
판매자영	11.1	3.1	14.2	15.4	6.3	21.7
공공 부문	3.1	0.0	3.1	9.8	6.5	16.3
민간 부문	18.9	1.5	20.3	19.6	4.6	24.2

〈표 4-15〉에서처럼, 하강이동의 종착지는 중산층 안에서도 유의한 차이가 존재한다. 비취업자로 이직하는 비율은 화이트칼라 다음으로 민간 부문, 판매자영인에서 높다. 반면, 하층노동자로 이직하는 비율은 화이트칼라, 생산자영인, 판매자영인에서 높으며 일반전문인과 공공 부문, 민간 부문에서는 그 비율이 매우 약하다. 화이트칼라, 도시자영인의 경우 비취업 이외에도 비정규직 등으로 이동하는 성향이 강하지만, 전문직 출신과 교육 부문 종사자는 구조조정에 의하여 일자리를 잃는 경우에도 하층노동자로 이동하는 경향은 낮은 것이다. 화이트칼라, 자영인과 달리,

전문직은 하층노동자와 중첩되는 노동 경력을 경험하지 않는다.

그렇다면 IMF 위기 상황에서 비취업 혹은 하층노동자로 전환된 집단들이 IMF 위기 전의 지위로 복귀할 개연성은 어느 정도나 되는가?

〈표 4-16〉는 1998년 실업이나 하층노동자로 지위이동을 경험한 중산층 집단이 1999년 조사 당시 어떠한 지위에 위치해 있는지를 나타내고 있다.

〈표 4-16〉 1998년 하강이동을 했던 중산층의 1999년도 지위복귀 상황

(단위: %)

IMF 이전의 중산층 지위	1998년 하층노동자로 이동한 표본수	1999년의 지위									
		중산층						자본가	하층 노동자	비 취업자	계
		화이트 칼라	생산 자영	전문 자영	판매 자영	공공 부문	민간 부문				
화이트칼라	329	13.7	2.1	0.0	2.1	0.0	1.2	1.5	22.8	56.5	100.0
생산자영	64	3.1	6.3	0.0	1.6	0.0	0.0	3.1	50.0	35.9	100.0
전문자영	4	-	-	-	-	-	-	-	-	-	-
판매자영	94	5.3	1.1	0.0	18.1	0.0	3.2	3.2	23.4	45.7	100.0
공공 부문	4	-	-	-	-	-	-	-	-	-	-
민간 부문	94	7.5	1.1	1.1	0.0	1.1	14.9	1.1	12.8	60.6	100.0

IMF 이전의 지위상태로 복귀한 비율은 판매자영인이 18.1%로 가장 높게 나타나고 있다. 화이트칼라 출신 집단의 이전 지위로의 복귀율은 이보다 낮은 13.7%에 그치고 있다. 민간 부문 종사자의 이전 지위로의 복귀율은 14.9%로 나타나고 있다. 그러나, 중산층 다른 부문으로 복귀한 비율까지 합치면, 각각 27.7%, 19.1%, 25.7%에 이르고 있다. 이는 IMF 위기를 통해 실업자나 하층노동자로 전락했던 중산층 가운데 1/4~1/5은 1999년에 이르러 다시 중산층 지위로 복귀했다는 것을 말해 준다.

그 다음, 아래의 〈표 4-17〉은 IMF 직전의 계급위치를 1998년 혹은

1999년에 동일하게 유지할 확률(비이동률)을 로짓분석을 통하여 추정한 것이다.

화이트칼라층을 제외하면, 대부분의 중산층 집단은 IMF 상황에서 지위이동을 경험하지 않는 경향이 유의하게 강하다. 중산층 중 전문자영인, 공공 부문 종사자자는 지위이동을 경험하지 않은 비율이 매우 높다. 전문자영인, 공공 부문 종사자의 지위는 외환위기 상황에서도 지위안정성을 확보할 수 있었던 것으로 추정된다. IMF 위기 상황에서 이전 계급상태와 동일한 지위를 유지하는 집단은 또한 성, 연령, 지역별로도 유의한 차이가 존재한다. 지위이동은 여성보다는 남성이 크게 경험한 것으로 나타난다. 연령별로는 29세 미만과 55세 이상의 고연령층이 지위불안정을 크게 경험한 것으로 추정된다. 지역별로는 인천지역과 강원지역에 거주한 경우 서울지역 취업자에 비하여 지위안정성이 유의하게 높게 나타나고 있다.

〈표 4-17〉 1998년 혹은 1999년 동일계급 범주에 머문 비율(비이동률)에 대한 로짓 분석

	비이동 vs 이동			비이동률	
	b	s.e.	유의도	비이동률 (추정)	비이동률 (관측치)
남성(기준: 여성)	0.69	0.08	***		
연령 30～39	0.51	0.12	***		
40～49	0.64	0.13	***		
50～54	0.17	0.17			
55 이상(기준: 29세 미만)	-0.13	0.15			
혼인(기준: 비혼인)	-0.04	0.11			
가구주 혹은 가구주 배우자 (기준: 비가구주)	0.60	0.12	***		
교육: 초등	0.19	0.15			
중학교	0.07	0.13			
고등학교(기준:대학교)	-0.02	0.09			
가구소득	0.30	0.03	***		

계급: 자본가	0.25	0.15		0.79	0.81
화이트칼라	-0.06	0.55		0.73	0.69
생산 부문 자영	1.21	0.09	***	0.91	0.90
전문자영	1.71	0.15	**	0.94	0.90
판매자영	0.90	0.13	***	0.88	0.86
공공 부문	1.51	0.40	***	0.93	0.95
민간 부문 (기준:하층노동자)	0.67	0.15	***	0.85 (0.75)	0.81 (0.72)
지역: 부산	0.05	0.13			
대구	0.15	0.15			
대전	0.40	0.23			
인천	0.39	0.17	*		
광주	-0.35	0.21			
울산	0.23	0.23			
경기	-0.10	0.11			
강원	0.65	0.29	*		
충북	-0.04	0.23			
충남	0.45	0.25			
전북	0.18	0.19			
전남	-0.18	0.21			
경북	0.20	0.18			
경남 (기준:서울)	0.08	0.16			
상수	-1.64	0.18			
R^2		0.12			

주: *** $p < 0.001$, ** $p < 0.01$, * $p < 0.05$
비이동률 추정은 표본의 평균특성에 기초하여 추정하였다.

(4) 소결

IMF 위기 직후, 실업과 직업불안에 대한 사회적 위기의식이 고조되었다. 한 조사에 따르면, 중산층의 직업안정성과 관련하여, IMF 외환위기 이후 감봉의 위험이 크다고 응답한 비율이 가장 높은 층은 준전문가(39.2%), 서비스, 판매근로자(37.4%), 사무직(32.9%), 생산직(30%) 순이었다(한국직능개발원, 1998: 343). 실직 가능성이 크다고 응답한 비율이 가장 높은 층은 사무직(26.0%)과 생산직(26%)이었고 그 다음으로 서비스, 판매근로자(20.3%), 기술공, 준전문가(17.1%) 순이었다. 그리고 6개월 이내 직장을 그만둘 가능성에 대해서는 서비스/판매근로자(24.4%), 사무직(16.4%), 생산직(16.1%), 기술공, 준전문가(11.8%) 순으로 실직 가능성이 높다고 응답한 바 있다.

실제로 외환위기 이후 노동시장은 크게 동요되었다. 많은 사람들이 일자리를 잃었으며, 비정규직으로의 전직을 경험했다. 외환위기 이후 평균 근속기간의 하락세가 더욱 뚜렷하며, 전체 근로자와 임금근로자 사이의 평균근속기간 격차도 확대되었다. 그리고 임금근로자의 노동시장이동과 고용불안정성은 비임금근로자보다 더욱 심각하였다.

노동시장의 불안정성 증가는 전체 근로자계층에서 보편적으로 나타난 현상이다. 그러나 근로자들 중에서도 기득권 계층으로 볼 수 있는 대기업의 고학력, 정규직 근로자의 고용불안이 사회적인 여론을 주도하였지만 이들이 주장한 노동시장의 불안정성은 실상보다 과장, 증폭되었다.

IMF 노동시장의 위기상황에서 중산층도 실업이나 하층노동자로의 전직을 경험하였다. 그러나 분명한 것은 노동시장의 위기효과가 중산층 내에도 차이가 컸다는 점이다. 화이트칼라는 IMF 이후 지위이동을 가장 크게 경험한 집단에 속했다. 그러나 공공 부문 종사자는 지위이동을 가장 적게 경험하였다.

제3절에서의 분석 결과들을 정리해 보면 다음과 같다.

첫째, IMF 이전 시기 우리나라 중산층의 세대간 지위이동을 보면, 하층노동자계급의 지위세습률에 비해 신중간계급 부문의 세습률이 떨어지고 이동률이 높은 것으로 나타나며, 구중간계급에 해당하는 자영업자층은 하층노동자보다 세습률이 더 높았다(〈표 4-9〉).

둘째, IMF 이전 1996년까지의 세대 내 이동, 즉 본인의 직업이동을 보면, 입법공무원과 전문직 종사자는 처음 노동시장에 들어온 시점부터 현재에 이르기까지 동일 업종에 머무는 정도가 강했으며, 사무직 노동자 화이트칼라와 자영업자층은 다른 계급 부문으로의 이동을 흔히 경험하곤 하였다. 그중에는 중산층 경계를 벗어나 하층노동자로 이동하는 사람들도 있었다. 중산층의 몰락과 계급양극화의 추세를 뜻한다고 할 수 있는 이 계급적 하강이동의 경향은 특히 사무직 노동자 화이트칼라층과 자영업자층에서 상대적으로 높게 나타났다.

중산층의 각 부문에서 하층노동자로 계급적 지위가 하강이동한 비율은 자영업자층이 제일 높아 26.2%나 되었으며, 그 다음은 사무직 11.4%, 입법공무원 10.6%, 기술/준전문가 9.6% 순이었고, 전문가 중에서는 단지 1.9%만이 하강이동을 하였다. 이는 중산층의 각 부문들이 서로 다른 처지에서 다른 경험을 하고 있다는 사실도 보여 주었다.

셋째, IMF 위기를 전후한 1997~1998년 기간에 화이트칼라층을 제외하면, 대부분의 중산층 집단은 IMF 상황에서 지위 이동을 경험하지 않았다. 중산층 가운데 지위이동을 가장 많이 한 집단은 화이트칼라였고, 공공 부문 종사자는 지위이동을 가장 적게 하였다. 그중에서도 특히 하층노동자, 즉 노동자계급 하층으로 전직하거나 비취업자로 전락한 비율은 화이트칼라가 31.1%로 가장 높았으며 다음으로 민간 부문 종사자(20.3%), 판매자영 부문(14.2%) 순이었다(〈표 4-13〉). 전체적으로 하강이동률은 20.5%, 자본가로의 상승이동률은 0.9%였으며, 이동하지 않은 비율이 77.1%였다. 중산층의 대략 3/4은 IMF 직후 동일한 중산층 지위를 유지하였고, 20%가 몰락, 1%는 상승을 한 것이다.

그리고, 1998년 실업이나 하층노동자로 지위이동을 경험한 중산층 집단이 99년에 다시 97년의 중산층 지위로 복귀한 비율은 판매자영인 출신이 30%, 화이트칼라 출신이 20%, 민간 부문 종사자가 25.5%였다. 이는 IMF 위기를 통해 실업자나 하층노동자로 전락했던 중산층 가운데 1/4～1/5은 99년에 이르러 다시 중산층 지위로 복귀하였다.

전체적으로 보면, 중산층 가운데 사무직 노동자 화이트칼라가 세대간 이동, 세대 내 이동에서도 가장 유동적이었으며, IMF 상황에서 하강이동을 가장 심하게 겪은 집단도 이들이었다는 것이다. 가장 대조적인 집단은 공무원을 비롯한 공공 부문 종사자 집단으로서 IMF 이전 시기에도 지위안정성이 대단히 높았을 뿐 아니라 IMF 상황에서도 충격을 받지 않았던 것이다.

이런 의미에서 IMF 이후에 제기된 중산층 몰락 테제는 과장되었다고 할 수 있으며, 이 테제는 중산층 내의 화이트칼라 노동자 집단, 그 다음으로는 자영업자층에게 적용될 수 있는 명제였다고 할 수 있다.[6] 그러나 그렇다고 하더라도 이들이 그야말로 "없어졌다"고 말할 수 있는 정도는 아니었고 일부는 다시 제자리로 복귀하기도 했기 때문에, 이것은 어디까지나 일시적 충격의 효과가 큰 것이었고, 몰락이라기보다는 그러한 추세를 보여 주는 것이라고 해야 할 것이다. 이는 앞 절에서 언급한 바와 같이, 장기적인 계급구성상태의 변화과정을 고려할 때 더욱 그러하다. 중산층 인구의 절대규모가 줄어드는 것은 점진적이고 완만하며, 그 반대의 상쇄효과도 부분적으로 병행되고 있기 때문이다.

---

6) 우리가 만일 '중산층 몰락의 핵'을 이루는 이 화이트칼라 노동자층을 칼 맑스식으로 중산층에서 제외시켜 노동자계급으로만 간주한다면, 중산층 몰락의 상황은 크게 달라질 것이고, 지금까지와는 크게 다른 각도에서 판단하고 논해야 할 것이다

5. 1990년대 중산층의 생활상태와 그 변화

앞에서 우리는 중산층의 몰락과 양극화 추세를 계급적 인구구성과 이동의 측면에서 검토해 보았다. 이번에는 그러한 몰락과 양극화의 다른 한 측면, 흔히 '부익부 빈익빈' 테제와 결부되어 있는 생활상태가 1990년대를 통해, 특히 IMF 사태를 겪으면서 어떻게 변화했는지를 검토해 보고자 한다.

생활상태는 크게 두 가지 차원으로 구성되어 있다. 하나는 사실상 생활의 기초 혹은 기반을 이루는 경제활동과 소득활동, 이를 통한 소득과 부의 획득 및 소유의 차원이다. 다른 하나는 이러한 소득과 부를 기초로 하여 이를 소비하며 생활하는 차원이다. 전자와 후자는 밀접한 상호관계를 맺고 있어, 예컨대 소득수준이 높으면 생활수준이 높아지는 식으로 양자 사이에는 일정한 상관관계가 존재한다.

생활상태에서 우리가 주목하고자 하는 것은 소득수준과 생활수준이다. 그 이유는 흔히 계층이론적 중산층론에서 중산층을 파악할 때, "소득수준과 생활수준이 중간쯤 되는 사람들"이라 보기 때문이며, 이를 중심으로 몰락과 양극화의 또 다른 측면을 검증 혹은 논증해 보기 위해서이다.

그러나 이 같은 계층론적 구분기준은 앞서 언급한 바가 있지만 매우 상대적-임의적인 성격을 지니는 것이며, 양극화나 몰락과 관련해서는 동어반복적이고 혼란스러운 면을 내포하고 있다. 소득을 가지고 중산층을 나누고, 그 중산층의 소득이 줄어들면, 중산층에서 탈락한 것으로 파악한다든지 하는 것이 그 예이다. 따라서 이 같은 계층적 구분법은 중산층을 파악하고 설명하는 데에는 부적합하다는 것이며, 소득이나 생활상태는 중산층을 규정하는 요소가 아니라 중산층이 어떤 상태에 있는지를 서술해 주는 요소로 구별해서 보아야 한다는 것이다.

계층적 분류 및 구분법은 또 계급적 분류 및 구분법을 교차하여 희석시키는 효과를 지니기도 한다. 소득수준과 생활수준은 중산층 내에서도 내부적 차이가 심한 것이고, 다른 계급들 내부에서도, 그러니까 자본가계급이나 노동자계급 내부에서도 심한 편차가 존재한다. 그래서 소득수준을 상중하로 나누어 계층을 분류하고 중산층을 중간적인 소득계층으로 파악하는 경우, 이 중산층에는 중간계급의 일부와 자본가, 노동자계급의 일부가 각각 포함될 수 있다. 아래의 [그림 4-3]에서 예시한 바와 같이, 계층은 계급의 경계를 상당한 정도로 초월하며 교차하며, 소득계층 상층은 자본가계급 상, 중층 및 중간계급 상층으로 구성되고, 소득계층 중간층은 자본가계급 하층, 중간계급 중간층, 노동자계급 상층 등 세 계급의 일부를 모두 포함하고 있다.

소득계층과 계급 내의 소득수준 편차

소득계층 ← 상층(고소득층) → ← 중간층 → ← 하층(저소득층) →

자본가계급 상__________중__________하

중간계급 상__________중__________하

노동자계급 상__________중__________하

[그림 4-3] 소득수준에 따른 계급과 계층의 교차관계

(1) IMF 이전의 소득수준과 생활수준

유팔무(1993)가 1991년 전국조사자료를 통해 분석한 계급별 소득수준

을 보면, 〈표 4-18〉에서처럼, 소득점수의 평균은 2.05점으로 약 80만 원 수준이었는데, 계급별로는 자본가계급이 가장 높아 4.38점(약 160만 원 수준)이었다. 그 다음은 중산층 2.06점, 노동자계급 1,82점(약 70만 원 수준) 순서였다.

〈표 4-18〉 1990년대 초 계급별, 부문별 소득수준의 차이

계급과 부문	인구구성비(%)	소득평균 점수
자본가계급	3.3	4.38
중산층	61.1	2.06
부문(1)	2.2	3.98
부문(2)	27.7	1.27
부문(3)	1.8	3.86
부문(4)	29.4	2.56
1.상업서비스	(19.4)	(2.58)
2.공공서비스	(6.8)	(2.55)
3.민간서비스	(3.2)	(2.50)
노동자계급 하층	25.9	1.82
기타	9.6	
전체	100.0	2.05

· 부문(1)은 생산 부문 사무직 노동자, 부문(2)는 생산 부문 자영업자, 부문(3)은 서비스 부문 사무직 노동자, 부문(4)는 비자본-비생산 부문 종사자들이다.

· 소득은 월평균 개인소득으로서, 59만 원까지는 1점, 60～79만 원은 2점, 80～109만 원은 3점, 110～139만 원은 4점, 140～169만 원은 5점, 170～199만 원은 6점, 200～229만 원은 7점, 230만 원～1천만 원은 8점을 주었음.

그러나 중산층 가운데에서도 자본주의 부문의 중간관리자 집단들인 부문(1)과 부문(3)의 소득수준은 각각 3.98점, 3.83점으로서 자본가계급보다는 못하지만, 상당히 높은 편에 속하였으며, 이들과 함께 신중간계급이라 불리는 부문(4)의 2와 3, 공공서비스 부문과 민간서비스 부문의

소득수준도 2.55와 2.50으로 높은 편에 속했다. 그 반면, 주로 농민으로 구성되어 있는 중산층 생산자영업자 부문(2)는 1.27점(약 60만 원 수준)에 불과하여 노동자계급 하층(1.82점)보다 열악하였다.

계급 및 부문별 소득수준의 차이는 〈표 4-19〉 소득분포에서도 명확하게 드러난다. 평균 소득수준이 가장 열악한 집단인 부문(2)-1(자영농)의 경우, 무려 95.2%가 59만 원 이하의 저소득층에 집중해 있으며, 노동자계급 하층의 절반 가량(52.0%)이 저소득층에 속해 있었다. 이와는 대조적으로 중간관리자 집단들인 부문(1)과 부문(3)의 경우에서는 저소득층에 속하는 인구가 극히 미미했다. 반면에, 200만 원 이상의 고소득층에 속하는 인구비가 가장 높은 집단은 역시 자본가계급으로 40% 가량이고, 중간관리자 집단들은 그 다음 순으로 10%를 약간 상회하였다.

〈표 4-19〉 1990년대 초 계급별, 부문별 소득분포

(단위: 만 원, %)

	0~59	60~79	80~109	110~139	140~169	170~199	200~229	230~1,000
자본가계급	15.2	4.5	30.3	6.1	12.1	1.5	13.6	16.7
중간계급	59.8	10.9	16.3	3.1	4.0	0.5	2.8	2.6
부문(1)	0.0	11.4	43.2	15.9	15.9	0.0	6.8	6.8
부문(2)	91.3	2.5	3.1	0.0	1.1	0.0	4.4	1.6
1.	95.2	2.0	1.2	0.0	0.2	0.0	0.0	1.4
2.	48.9	8.3	23.4	0.0	10.6	0.0	4.3	4.3
부문(3)	8.6	17.1	17.1	25.7	17.1	2.9	8.6	2.9
부문(4)	37.8	18.3	26.7	3.8	5.0	0.9	4.4	3.2
1.	42.2	15.3	24.6	2.6	4.7	0.8	5.7	4.1
2.	28.1	25.9	30.4	5.2	5.2	1.5	1.5	2.2
3.	31.3	20.3	31.3	7.8	6.3	0.0	3.1	0.0
노동자계급	52.0	23.3	19.8	2.9	0.8	0.2	0.2	0.8
기타	70.7	12.6	9.4	0.0	0.5	0.5	0.5	5.8
전체	57.4	14.0	17.0	2.9	3.1	0.5	2.3	2.9

한편, 〈표 4-20〉은 1990년대초의 계급별, 부문별 자택, 자가용, 세탁기, 별장, 회원권 소유율 및 근무시간 등 생활상태의 차이를 보여 주고 있다.

〈표 4-20〉 1990년대 초 계급별, 부문별 생활상태

	인구구성	자택	자가용	세탁기	별장	회원권	근무시간
자본가계급	3.3	66.7	72.7	89.4	9.1	12.1	12.27
중산층	61.1	76.1	22.7	71.8	0.7	1.5	12.15
부문(1)	2.2	68.2	59.1	97.7	0.0	6.8	9.61
부문(2)	27.7	93.6	8.7	50.3	0.2	0.4	12.56
1.	25.4	97.4	6.9	47.0	0.2	0.4	12.74
2.	2.4	53.2	27.7	85.1	0.0	0.0	10.55
부문(3)	1.8	82.9	34.3	100.0	0.0	5.7	11.37
부문(4)	29.4	59.8	32.5	88.4	1.4	1.9	12.01
1.	19.4	54.7	33.7	86.8	0.8	2.1	13.71
2.	6.8	74.8	27.4	91.1	2.2	0.7	8.84
3.	3.2	59.4	35.9	92.2	3.1	3.1	8.40
노동자계급	25.9	51.1	15.1	78.3	0.6	0.6	9.71
기타	9.6	52.9	14.1	77.5	0.0	0.5	11.62
전체	100.0	67.1	21.6	74.6	0.9	1.5	11.47

자택 등에 대한 소유율은 백분율(%)이고, 근무시간은 하루 근무시간임.

자택소유율은 자본가계급이 66.7%, 노동자계급(하층)이 51.1%인 데 비해 중산층이 76.1%로 가장 높았다. 중간계급의 자택소유율이 높게 나타나는 이유는 주로 농민을 중심으로 한 중간계급 부문(2)-1 집단의 소유율이 97.4%나 되고 신중간계급에 속하는 부문들에서 소유율이 특히 높기 때문이다. 농민 집단을 제외하고 가장 높은 것은 부문(3)의 비생산 사무직 노동자 집단으로서 82.9%에 이르며, 그 다음은 공무원 등 공공서비스 부문(4)-2로서 74.8%, 부문(1)의 생산 분야 사무직 노동자 집단

68.2%이다. 그 반면에 구중간계급에 속하는 부문들은 노동자계급보다 높고 자본가계급보다 낮지만, 평균수준을 밑돌고 있다.

자가용 소유율에서는 자본가계급이 72.7%로서 압도적이다. 소유율은 평균 21.6%로서 노동자계급이 15.1%로 가장 낮고, 중산층 전체의 평균은 22.7%로 평균수준을 약간 상회하고 있다. 그러나 농민을 중심으로 한 부문(2)-1 집단의 소유율은 6.9%에 불과하고, 생산 분야 사무직 노동자 집단인 부문(1)은 59.1%로서 자본가계급 다음으로 높아 중산층 내의 커다란 편차를 보여 주었다. 그러나 세탁기 소유의 면에서는 부문(3), 부문(1), 부문(4)-2, 부문(4)-3 등 신중간계급에 속하는 부문들이 모두 90% 이상의 소유율을 보여, 두각을 나타냈다. 가장 뒤처지는 집단은 농민을 중심으로 한 부문(2)-1 집단과 노동자계급 하층이었다.

이들의 생활상태를 가늠해 보기 위해 이 밖에도 별장/빌라/콘도와 같은 것을 소유하고 있는지, 골프회원권/헬스클럽회원권과 같은 것을 가지고 있는지를 보면, 역시 이 분야에서는 자본가계급이 단연 선두를 달리고 있었다. 별장 등을 소유한 비율은 평균적으로 0.9%에 불과한데, 자본가계급에서는 9.1%나 되었다. 그 다음으로 많이 소유한 집단은 민간서비스와 공공서비스에 종사하는 사람들로서 각각 3.1%와 2.2%였다.

회원권 소유율은 평균적으로 1.5%에 지나지 않으나, 계급별로 뚜렷한 차이를 나타내고 있었다. 회원권을 가진 사람은 자본가계급 가운데 12.1%인데, 노동자계급 가운데에서는 0.6%에 불과했다. 중산층은 평균수준이었지만, 중간관리자층의 부문(1)과 부문(3) 사이에서는 소유율이 각각 6.8%, 5.7%로 자본가계급 다음으로 높았다.

끝으로 이들의 근무시간을 보면, 전체 평균이 11.5시간인 데 비해 자본가계급과 중산층은 각각 12시간을 약간 상회하고 노동자계급은 9.7시간에 불과하여, 노동자계급이 혹사당하고 있다는 통념을 깨고 있다. 부문별로 볼 때, 가장 긴 시간 근무하는 것은 부문(4)-1(소상인집단)로서 13.71시간이며, 두 번째는 부문(2)-1, 즉 농민으로서 12.74시간이었다. 가장 근무시간이 짧은 층은 부문(4)-3(민간서비스)과 부문(4)-2(공공서비스)로서 각각 8.40시간과 8.84시간이었다.

한편, IMF 사태 이전 1990년대 초중반에 걸쳐서는 도시 근로자의 월평균소득이 꾸준히 증가하였다. 1997년 도시근로자가구의 월평균소득은 229만 원으로 1990년에 비해 2.4배 증가하였다(통계청, 1998). 물론 전반적인 소득수준의 향상에도 불구하고 계급과 부문 간의 소득격차는 계속 유지되었다. 〈표 4-21〉에서 보듯이 사무직 노동자의 임금을 100으로 하여 직종별 임금격차와 그 변화를 보면, 자본가계급의 한 부분(즉, 기능자본가)이라 할 수 있는 고위임직원 및 관리자와 노동자계급 하층을 구성하는 단순노무직 사이의 임금차이는 개선되지 않고 있음을 알 수 있다.

〈표 4-21〉 직종별 근로자 평균임금 추이(1993~1997)

(단위: 천 원)

연도	평균임금	고위임직원 및 관리자	전문가, 기술공 및 준전문가	사무직원	서비스 판매	농림 어업	기능원,장치 기계조작원	단순 노무직
1993	957	197.5	134.8	100.0	75.6	86.3	88.7	66.8
1994	1,048	191.0	129.0	100.0	76.0	89.0	90.8	68.3
1995	1,196	192.6	129.8	100.0	78.3	86.8	90.1	66.8
1996	1,352	197.8	129.6	100.0	77.4	96.7	89.2	63.2
1997	1,474	200.3	133.5	100.0	78.3	116.4	91.9	64.0

자료: 노동부,「임금구조기본통계조사보고서」.

우선, 중산층 화이트칼라 노동자를 대표한다고 할 수 있는 사무직원의 임금을 100으로 할 때, 중산층의 최상층 혹은 경영자본가층을 구성한다고 할 수 있는 고위임직원 및 관리자의 임금은 1993년 197.5로서 2배 가량의 격차를 보였으며, 1994, 1995년에 격차가 약간 줄어드는 듯하다가 97년에 이르러서는 200.3으로 원상 복구되었다. 반면, 기능원, 장치기계 조작원이나 단순노무직 등 노동자계급 하층에 해당하는 집단은 사무직의 임금수준에 비해 각각 90% 수준과 65% 수준에 달하였는데, 1993~1997년 사이 그 격차에 어떤 뚜렷한 변화가 있었다고 하기 어렵다. 이는 중산층 내의 여러 부문들 사이에서도 마찬가지였다. 서비스판매직이 주로 도시자영업자층, 농립어업이 주로 농촌자영업자층을 의미한다고 보면, 이 두 집단은 '구중간계급' 을 대표하는 집단들이다. 이 두 집단 역시 사무직에 비해 소득수준이 떨어졌으나, 농촌 부문의 경우는 96년부터 소득수준이 두드러지게 개선되고 있는 것으로 나타나고 있다([그림 4-4]).

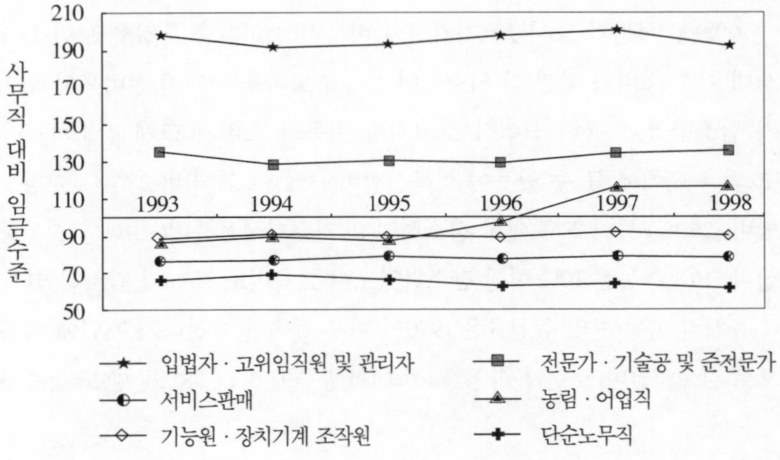

[그림 4-4] 사무직 대비 임금근로자의 소득수준 변화(1993~1998)

(2) IMF 이후의 소득수준과 생활수준

1997년 말 IMF 이후에 발생한 대량실업과 고용의 불안정성은 근로자의 생활을 크게 약화시켰다.

[그림 4-5]는 1996년도 1/4분기부터 1998년 3/4분기까지의 도시근로자 가구의 평균소득과 소비의 증감 추세를 보여 주는데, 97년 3/4분기까지는 두 가지 모두가 일정한 성장 추세를 유지하다가 IMF가 발생한 97년 3/4분기를 기점으로 급속한 감소 추세로 돌아선 것을 알 수 있다. 소득과 소비 모두가 마이너스로 돌아섰고, 감소율도 계속 커지고 있다.

그리하여, 1998년도 3/4분기 도시근로자가구의 가구당 월평균소득은 207만 2천 원으로 97년도 3/4분기의 242만 2천 원에 비해 14.4% 감소하였다(통계청, 1998).[7] 소비지출도 전년 동분기의 148만 5천 원에 비해 16.8%나 감소하였다.

1998년 3/4분기 도시근로자가구의 비목별 소비지출 특징을 보면, IMF 사태 이후 소비가 점점 더 위축되어 광열수도비를 제외한 전비목의 소비가 감소하였고, 특히 선택적 소비지출 비목의 소비가 크게 감소하였다. [그림 4-6]에서 볼 수 있듯이 피복신발비(-35.1%), 외식비(-28.7%), 교양오락비(-26.3%) 등이 20% 이상 감소하였고, 가구가사용품비(-19.0%), 교통통신비(-10.8%) 등은 10% 이상 감소하였으며 교육비도 7.7%나 감소하였다.

유치원 아동수 및 취원율은 1970년 이후 계속 증가하다가 98년에 처음으로 감소하였다. 또한 휴학 및 제적 대학생수(97. 3. 1~98. 2월 말)도 급증하

7) 특히 배우자(-17.7%) 및 기타가구원(-32.3%)의 근로소득이 상대적으로 크게 감소하여 가구소득에서 차지하는 가구주의 근로소득 비중은 증가하였다. 근로자가구 가구당 평균 취업인원수는 1.57명에서 1.47명으로 감소하였고 여성의 경제활동참가율도 50.0%에서 47.4%로 감소하였다.

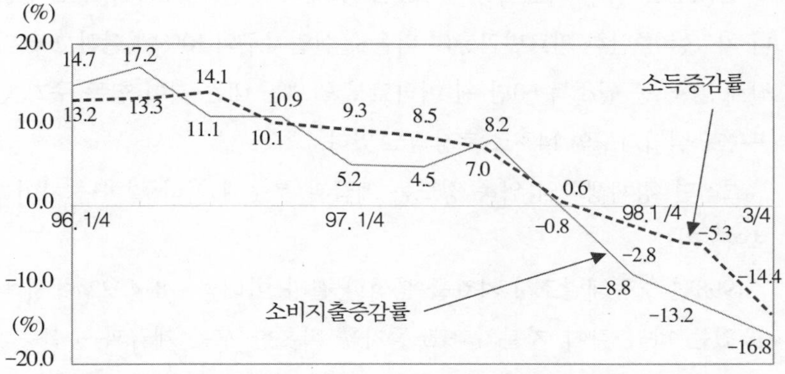

[그림 4-5] 1997년을 전후한 도시근로자가구 소득과 소비의 증감

였다. 전문대 이상 대학교의 휴학생수는 전년대비 37.8%, 제적생은 35.7%가 증가하였다. 전년대비 휴학생 증가폭이 가장 큰 학교는 교육대학으로 47.3%나 증가했고, 전문대학 46.4%, 대학교 33.6%씩 각각 증가하였다.

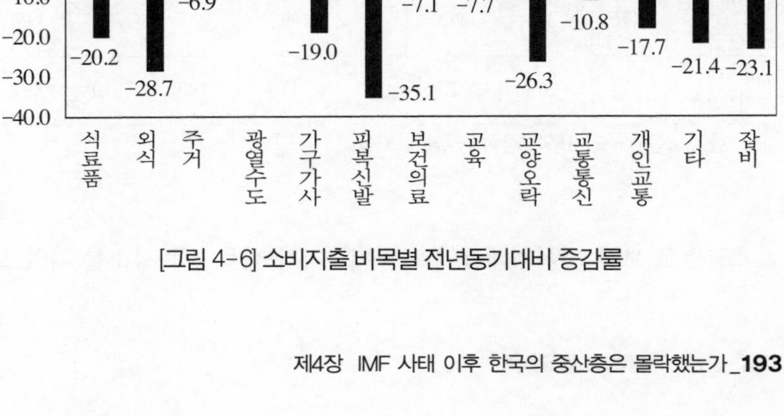

[그림 4-6] 소비지출 비목별 전년동기대비 증감률

또한, IMF 이후 의료비용 부담으로 인해 질병을 치료하지 않고 있거나 치료를 중단한 의료빈곤층의 비율도 실업가구의 10%에 달하고 있다. 월세 가구 중 월소득 60만 원 이하로서 월세를 내는 것이 힘든 주거 빈곤층도 실업가구의 14%로 추정되고 있다.

그러면, 경제생활의 위축 정도는 계급과 부문에 따라 얼마나 차이를 보이는가.

1998년 노동패널조사 자료를 분석한 결과, 아래의 〈표 4-22〉에서 볼 수 있는 바와 같이, 자본가와 노동자를 비롯한 모든 계급과 중산층의 모든 부문들이 소득감소를 경험하였지만, 그 정도 면에서 차이가 많았다.

〈표 4-22〉 IMF 직후 계급범주별 소득수준과 소득 및 소비수준의 변화

	자본가	화이트칼라 노동자	농/공생산 부문자영인	전문 자영인	판매/서비스 자영인	공공 부문 종사자	민간 부문 종사자	하층 노동자
근로소득 (월평균,만 원)	235.4	127.9	69.4	77.3	73.2	153.2	146.6	89.9
가구소득 (월평균,만 원)	253.4	200.3	134.4	181.1	158.8	217.3	250.4	146.9
지출 (월평균, 만 원)	152.0	121.9	92.9	122.7	114.0	138.2	158.5	98.1
주택소유율	60.3	57.1	74.0	50.0	55.0	68.0	60.4	55.4
IMF 이후 소득감소율	49.6	34.1	46.3	45.4	49.9	21.7	29.8	39.8
IMF 이후 소비감소율	32.7	26.3	32.7	31.1	33.6	19.3	23.0	30.9

자료: 한국노동연구원, 1998. 한국노동패널조사.

계급별로 보면, 자본가계급이 49.6%로 가장 심한 소득감소를 겪었으

며, 중산층 내에서는 구중간계급에 해당하는 자영인층들이 그에 못지않은 심한 소득감소(45.4～49.9%)를 겪은 반면, 화이트칼라 노동자(34.1% 감소)를 비롯한 신중간계급 부문들은 소득감소가 그보다 적었다. 특히, 공공서비스 부문과 민간서비스 부문 종사자 집단들은 감소율이 각각 21.7%, 29.8%로 낮았다. 하층노동자들은 소득감소율이 39.8%로서 화이트칼라 신중간계급 부문들보다 높았으나, 자본가계급이나 구중간계급 부문들보다는 낮았다.[8)]

이처럼 소득수준이 모든 계급들과 부문들에서 다 함께 저하되었다는 사실, 중산층이나 노동자계급 하층보다 자본가계급에게서 더 심하게 나타나고 있다는 사실에 비추어 본다면, 소득 면에서 중산층의 몰락이라든지, 계급들 사이의 소득 양극화라든지, '빈익빈 부익부' 라는 말은 하기 곤란하다.[9)] 특히, 신중간계급을 구성하는 부문들, 즉 화이트칼라 사무직

---

8) 박재규는 1998년 11월 전북지역 내 전주시, 익산시, 주변 농촌지역에 거주하고 있는 392명의 표본을 대상으로 IMF 이후 삶의 질(직업생활, 경제적 가계생활, 여가생활, 지역사회생활)을 분석하였다. 그의 연구에 의하면 경제적 가계생활 변화는 사회계층간에 유의미한 차이를 보였다. 수입변화율에서 수입감소의 폭이 가장 컸던 계층은 농업과 생산직 종사자들이었고, 그 다음으로 판매-서비스직, 전문-관리직 종사자, 사무직 종사자의 순으로 나타났다. 소비생활에 있어 세금 및 공과금 납부에 따른 부담은 생산직 종사자와 농업 종사자에서 가장 크게 나타난 반면 판매-서비스직과 전문-관리직 종사자 들은 세금 및 공과금 납부에 상대적으로 부담을 덜 느끼고 있었다. 교육비 지출과 결혼 축의금 지출 변화율도 사회계층간에 유의미한 차이를 보이고 있다. 생산직 종사자는 수입감소에 비례하여 양 부문의 지출을 가장 많이 줄였다. 다음으로 판매-서비스직 종사자들은 수입감소보다 높은 비율로 자녀 사교육비와 결혼축의금을 줄인 반면, 사무직 종사자는 양 부문의 지출을 가장 적게 줄였다.

9) 『한국경제』(1998년 11월 21일자)는 통계청의 "분기별 도시가계 수지동향" 자료를 인용하면서 다음처럼 "IMF 이후 소득감소가 저소득층일수록 더욱 두드러졌다"는 것을 보도하였는데, 최상위 소득계층의 경우도 소폭이지만 마찬가지로 소득감소

노동자나 공공, 민간 서비스 부문 종사자들의 경우는 소득저하를 가장 적게 경험했을 뿐 아니라 노동자계급 하층보다도 소득감소가 적었던 것이다.[10] 물론 IMF를 겪으면서 다른 계급이나 중산층 부문들로 이동해 간 경우들은 논외로 하고 말이다.

다른 한편, 근로소득의 면에서 소득수준을 계급, 계급 부문별로 비교해 보면, 자본가계급이 235만 4천 원으로 제일 많고, 구중간계급에 해당하는 자영업자 부문들이 가장 적었으며, 하층노동자들이 이들보다 약간

를 겪었음에도 불구하고, 이를 묘하게도 '빈익빈 부익부' 현상이라 말하고 있다. 소득수준에 따라 5개 계층으로 나눠 보면, 최하위 20%의 소득은 24.2%나 감소해 평균치(14.4%)를 크게 밑돌았다. 반면, 최상위 20%의 소득감소폭은 8.0%에 그쳐 상대적으로 적었다. 한마디로 '빈익빈 부익부' 현상의 골이 더욱 깊어지고 있는 것이다."

10) 『중앙일보』는 1998년 12월 2일자에서 "IMF 1년"을 다루면서 다음처럼 대부분의 계층들이 소득저하를 겪었으나, 저하의 폭이 계층별로 달랐고, 소득과 교육 면에서 하층에 해당하는 사람들이 가장 심한 타격을 입었다고 해석하고 있다.

"IMF 사태가 1년간 가정경제에 미친 영향은 크고도 광범했다. 가정의 월평균 소득이 23.4%나 감소했다. 직업별로 감소폭에 차이가 있었는데 자영업자가 '쓴맛'을 가장 많이 봤다. 2백 36만 1천 5백 원이던 소득이 1백 56만 7천 7백 원으로 33.6%(79만 3천 8백 원)나 하락했다. 판매 및 서비스직은 2백 3만 1천 7백 원에서 1백 50만 4천 1백 원으로 26.0%, 기술, 기능직은 1백 75만 3천 2백 원에서 1백 37만 6천 5백 원으로 21.5%가 줄었다. 그러나 공무원은 2백 15만 7천 원에서 1백 83만 4천 8백 원으로 14.9%(32만 2천 2백 원) 만 줄었다. 한국소비자보호원의 조사결과 직업에 따라 소득하락폭이 달랐음이 명확하게 드러났다.

또 소득수준과 학력이 낮을수록 소득하락폭이 커 IMF가 중산층 이하 계층에 더 큰 고통을 줬음이 통계를 통해 증명된 셈이다."

여기서는 중산층을 '소득수준과 학력'을 중심으로 이해하면서 중산층보다 하층이 중산층보다 더 큰 고통을 겪었음이 '증명'되었다고 말하고 있다. 그러나, 중산층을 그렇게 파악하면, 중산층의 한 부분을 차지하는 '자영업자층', 대개는 이렇게 소득수준이나 학력수준이 낮은 계층, 그리고 IMF의 '쓴맛'을 가장 많이 보았다는 이 중산층 부문은 중산층에서 제외되어 버리고 만다.

많아 89만 9천 원, 화이트칼라층은 이들보다 더 많았다. 그래서 소득수준이 높은 순서는 [자본가계급 〉신중간계급 〉노동자계급 하층 〉구중간계급] 순이었다.

그렇다면, 이러한 순위는 IMF 이전 상황과 비교해 볼 때 달라진 것일까.

1990년대 초의 경우, 〈표 4-18〉에서처럼 자본가계급의 소득평균은 4.38점으로 최상위를 점했으며, 그 다음은 신중간계급을 구성하는 부문(1), 부문(3), 부문(4)-2, 3(각각 3.98점, 3.86점, 2.55점, 2.50점)이었다. 유통 부문의 자영자층, 즉 부문(4)-1의 경우는 2.58점이지만, 나머지 구중간계급을 구성하는 생산 부문 자영자층, 즉 부문(2)는 1.27점으로 노동자계급 하층의 1.82점보다도 못한 상태에 있었다. 결국, 그 순위는 IMF를 겪은 이후인 1998년도의 순위와 같았다고 할 수 있다. 또한, 1993년도부터 97년도 사이의 계급 부문간 소득격차 변화를 보여 주는 〈표 4-21〉에서도 90년대 초중반 IMF 직전까지 마찬가지의 소득순위가 유지되었음을 읽어 낼 수 있다.

다른 한편, 이러한 사정과, 앞서 본 바와 같이 IMF 직후에 이 모든 계급과 부문들이 소득감소를 경험했고, 자본가계급이 노동자계급 하층보다 더 큰 폭으로 소득감소를 겪었다는 점 등을 연결지어 생각해 보면, 소득 면에서 이러한 계급들 사이의 격차 심화나 양극화, 그리고 중산층 몰락을 이야기하기는 곤란하다. 물론, 화이트칼라 사무직 노동자와 자영업자 가운데 실직을 하거나 하층노동자로 전락한 이후 중산층 지위로 복귀하지 못한 부분들이 있고, 이들의 소득은 IMF 이후 중산층의 소득에 포함되지 않는 문제 등이 있기는 하지만, 그럼에도 불구하고 소득 면에서 중산층의 몰락이나 양극화의 추세를 단정할 수 있는 근거는 희박하다.

우리는 앞서 계급적 인구구성상태와 지위이동의 측면에서는 중산층 몰락이나 양극화의 추세를 어느 정도 확인할 수 있었다. 그렇지만, 여기서 살펴본 바와 같이 소득 면에서는 중산층의 몰락이나 계급들 사이의 불평등 심화나 양극화를 확인하기 어려웠다. 이는 우리가 계층론적 관점을 피해 계급론적 관점에서 소득수준이나 격차를 분석했기 때문이었을 것이다. 흔히 그렇듯이, 계층론적 관점에서 중산층을 정의하고, 계층들간의 소득불평등과 격차를 평가하는 경우, 그 결과는 달리 나타날 수 있다. 왜냐하면 분모가 다르기 때문이다. 즉, 중산층 개념이나 계층구분의 기준이 다르고, 소득수준 자체가 그 기준이기 때문이다.

(3) 중산층 몰락과 양극화의 불충분한 증거들

IMF 이후 중산층 몰락이나 붕괴, 이를 통한 계급/계층의 양극화가 급속히 이루어지고 있다는 식의 중산층 몰락의 테제나 양극화 테제가 등장하게 된 이유는 IMF 직후, 기업의 구조조정, 폐업, 인원감축, 조기퇴직, 대량실업, 비정규직화, 감봉 등이 일어났기 때문이었다. 그리고, 그러한 몰락과 양극화를 입증하는 증거들로는 그와 관련된 경험사례들, 단편적인 통계자료들이 인용되었으며, 특히 소득계층들간의 격차가 벌어지고 심화되는 현상을 입증하는 통계자료와 주관적인 계층귀속 의식 관련 조사자료들이 자주 인용되었다. 이러한 증거들은 별다른 반론 없이 계속 증거로 채택되고 인용되었지만, 사실 여러 가지 '증거불충분'의 문제들을 안고 있는 것들이었다. 과장된 점은 제쳐놓고 보더라도, 그 증거들은 대부분 상대적이고 임의적인 것들이었고, 어떤 경우는 주관적-심정적인 성격의 것이었다.

그러한 예들을 우리는 정부기관이나 연구기관, 여론조사기관들의 자료를 인용, 보도하는 언론보도 등을 통해 어렵지 않게 접할 수 있다. 우선 두 가지 예를 들어 보도록 하겠다.

『한국경제』(1999년 6월 23일자, '중산층 붕괴 대책' 시리즈)는 다음처럼 중산층 몰락과 양극화를 논하고 있다.

> "한국의 경우 IMF 체제 이후 계층 양극화가 심각한 실정에 달했다. 임금 하락과 실업자 급증에 따라 봉급생활자가 중심인 중산층이 상대적으로 큰 타격을 입은 데 따른 결과다.
>
> 현대경제연구원의 최근 조사에 따르면 월소득 1백 75만 원~3백 94만 원(4인가족 기준)을 중산층 가구로 간주할 경우, IMF 체제를 분수령으로 중산층 가구 비중은 97년 52.3%에서 98년엔 45.8%로 급감했다."

여기서는 '계층양극화' 라는 말을 쓰면서, 심각한 양극화의 원인은 임금하락, 실업이라고 말하고 있다. 그리고, 중산층을 '봉급생활자 중심' 으로 파악하는 한편, 중간적인 소득계층, 그것도 임의적으로 175만 원~394만 원으로 간주하고 있다. 즉, 중산층을 소득계층으로 파악하면서, 소득저하를 계층양극화의 원인으로 삼는 한편, 임의적으로 정한 중산층 가구의 수적 감소를 증거로 삼는 것이다.

『국민일보』(2001년 3월 30일자)는 아래처럼 중간소득계층의 소득점유율이 낮아지는 추세가 IMF 이후부터 2000년도에 이르기까지 지속되고 있는 점을 들어 "중산층 몰락이 가속화되고 있다"는 보도를 하였는데, 중산층 범위가 또 다르다.

> "중산층 몰락이 가속화되고 있다. 이에 따라 우리 사회가 극소수의 부유층과 다수의 저소득층으로 양분되는 남미형으로 바뀌는 게 아니냐는 우려가 높아지고 있다.

30일 통계청에 따르면 지난해 도시근로자 가구 중 소득수준 상위 20%와 하위 20%를 제외한 중간계층 60% 가구의 소득은 전 계층 소득의 24.7%에 지나지 않는 것으로 나타났다. 이들 중간계층 소득은 지난 1996년 전체의 38.6%에 달했고 외환위기 직후인 지난 98년만 해도 28.0%를 차지했으나 갈수록 소득이 줄고 있다.

반면 소득수준 상위 20% 계층의 소득이 차지하는 비중은 지난 96년 전체의 55.2%에서 98년에는 67.1%로 훌쩍 증가하더니 2000년에는 70.6%로 더욱 크게 늘어났다. 이 같은 현상은 소비에서도 그대로 나타나고 있다."

여기서는 상하 5등급의 소득계층 가운데 최상위와 최하위를 뺀 나머지 가운데 3개 계층을 묶어 중산층으로 간주하고 있는데, 중간소득계층 60%의 소득점유율은 〈표 4-23〉와 같이 계속 줄어들고 있다. 상위계층은 그 반대로 늘어나고 있으며, 하위계층은 중간계층들과 마찬가지로 가난해지고 있다.

〈표 4-23〉 IMF 이후 소득계층들의 소득점유율 변화

소득분위계	연도별 소득점유율 (%)		
	1996	1998	2000
상위 20% 계층	55.2	67.1	70.6
중위 60% 계층 (=중산층)	38.6	28.0	24.7
하위 20% 계층	6.2	4.9	4.7

설득력이 있기는 하지만, 우선은 중산층 범위가 임의적으로 설정된다는 점에서 중산층이 불명확하다. 즉, 계급적인 구분이나 상태 및 변화를 보여 주지 못하고 있다. 앞서 [그림 4-3]에서 예시한 것처럼 상위소득 제5분위에는 자본가계급뿐 아니라 중산층의 일부가 포함되어 있을 것

이고, 흔히 중산층과 동일시되는 2~4분위 소득계층에는 자본가계급(하층)과 심지어 노동자계급의 일부(상층)가 포함되어 있을 것이며, 중산층 가운데 일부(하층)는 포함되지 않을 것이다. 특히 자영업자층의 일부는 앞서 소득수준을 보았지만, 최하위 소득계층인 1분위에 속할 가능성이 많다.

그리고, 2~4분위 소득계층에 속한 사람을 만일 중산층이라 간주한다 하더라도, 우리는 위에서 나타난 경향들, 첫째는 중산층의 그러한 소득수준 변화가 '몰락' 이라고까지 이야기할 수 있을 정도로 심하다 할 수 있는 것인지, 둘째는 최상위와 최하위 사이의 격차가 벌어지는 것이 '격차심화' 라 할 수 있는 것인지, 또 그것을 넘어서는 '양극화' 라고 할 수 있는지를 따져 보아야 한다. 왜냐하면, 중산층과 하층 사이의 격차는 여전히 존재하고, 중산층 인구는 적어도 전체의 50% 수준을 유지하고 있기 때문이다.

반면, 흔히 양극화를 논할 때, 소득계층 최상위 20%가 최하위 20%의 총소득보다 많은 정도가 더 심해지는 현상을 증거로 들곤 했는데, 여기서도 문제는 앞에서 지적한 것들과 마찬가지이다. 더욱이 아래의 〈표 4-24〉에서 볼 수 있듯이, 소득계층간의 격차와 불평등지수는 1998년 IMF 직후에 늘어난 다음, 1999년부터는 더 이상의 큰 변화를 보이고 있지 않다.[11] 이런 점에 비추어서 말한다면, 중산층의 몰락과 양극화 추세는 99년 이후부터는 더 이상 진전을 보이지 않는다고도 할 수 있을 것이다.

11) 1분위에 대한 5분위의 소득배율은 1988년에 4.86이었고, 1990년 4.62이다가 그 후 수년간은 약간 낮아져서 4.4를 오르내리다가 1996년에 다시 4.62가 되었다. 김석준(1999: 43) 참조.

〈표 4-24〉 도시근로자 10분위 및 5분위 소득배율과 소득불평등 지수

구분	1997	1998	1999	2000	2001	97년 대비 2001년 증감
10분위 소득배율[1)]	6.98	9.41	9.34	8.86	8.78	1.80p
5분위 소득배율[1)]	4.49	5.41	5.49	5.32	5.36	0.87p
소득불평등도 (GINI계수)[2)]	0.283	0.316	0.320	0.317	0.319	0.036p

주: 1)10분위(5분위)소득배율 = $\frac{\text{상위10\%(20\%)의 소득}}{\text{하위10\%(20\%)의 소득}}$

2) $0 \leq$ 지니계수 ≤ 1, 높을수록 불평등

자료: 통계청,「도시가계조사」.

다른 한편, 사무직과 생산직 근로자의 소득수준을 비교하여 계층들간의 소득격차가 벌어지는 현상을 논하는 경우들도 종종 있다. 예를 들어 『한국경제』(2000년 3월 7일자)는 아래와 같이 통계청 자료를 인용하며, "사무직-생산직 간의 소득격차 심화"를 논하고 있다.

"사무직과 생산직, 대졸과 고졸 근로자 간 소득격차가 점차 확대되고 있는 것으로 나타났다. 이에 따라 계층간 위화감이 심화될 것으로 우려된다.

7일 통계청에 따르면 작년 도시근로자 가구의 가구주 근로소득은 월평균 2백만 6천 원으로 생산직 1백 17만 6천 7백 원의 1.70배에 달했다. 이는 98년 사무직이 1백 89만 9백 원으로 생산직 1백 16만 3천 2백 원의 1.63배였던 것보다 격차가 벌어진 것이다. 사무직과 생산직 소득격차는 95년 1.52배, 96년 1.57배, 97년 1.56배 등이었다."

여기서 보면, IMF 사태 이전부터 이후에 이르기까지 사무직-생산직 근로자 사이의 소득격차는 분명히 일정하게 벌어지고 있다는 것을 알 수 있다. 생산직에 비해 사무직의 소득은 95년도 1.52배 → 96년도 1.57

배 → 97년도 1.56배 → 98년도 1.63배 → 99년도 1.70배로 계속 격차가 벌어지고 있다. 그러나, 여기서는 첫째, 사무직 종사자가 누구냐를 생각해 보아야 그것이 '계급/계층적인 격차' 인지를 논할 수 있게 될 것이다. 여기에는 중산층의 여러 부문들이 포함되겠지만, 고위경영자층이나 노동자계급 하층(예를 들어 판매영업직)도 포함될 것이기 때문이다. 둘째, 이 사무직 종사자층을 만일 '중산층'이라 간주한다 하더라도, 문제는 이러한 격차가 상층과 하층 사이의 격차가 아니라 중간층과 하층 사이의 격차를 의미하는 것이기 때문에, 양극화나 중간층의 몰락을 말해 주는 증거가 되기 어렵다는 것이다.

그러면 이번에는 중산층귀속의식의 급속한 감소를 중산층 몰락이나 양극화의 증거로 삼는 경우들의 문제점을 보기로 하자.

『한국경제』(1998년 10월 13일자)가 98년 9월 창사기념으로 실시한 여론조사[12)]에 의하면, 국민들의 주관적인 계층귀속의식은 상류층이라는 사람이 0.3%, 중상류층이 6.1%, 중류층이라고 답한 사람이 29.1%, 중하류층이 39.9%, 하류층이 20.9%, 최하류층이 3.7%였다. 그리고 IMF 사태가 발생하기 전인 1년 전에는 어디에 속했다고 생각하느냐는 질문을 통해 다음처럼 중산층 몰락을 이야기하고 있다.

> "대다수의 국민들이 1년 전과 비교해 자신의 경제적 지위가 하락했다고 평가했다. 특히 중류층과 중하류층의 지위 하락이 두드러졌다. 1년 전

---

12) 이 조사는 『한국경제신문』이 창간 34주년 기념으로 KRC리서치인터내셔널과 공동으로 IMF 체제 이후 국민들의 생활상과 의식에 어떤 변화가 있었는지를 알아보기 위한 '국민경제의식 여론조사' 였다. 서울, 부산 등 전국 6대 도시의 가구주 1천 명을 상대로 한 전화조사였으며, 표본오차=95% 신뢰수준에서 플러스 마이너스 3.1%였다.

48.8%가 자신을 중류층으로 생각했으나 현재는 29.1%만이 중류층이라고 답했다. 반면 25.4%에 그쳤던 중하류층은 39.9%로 14.5%포인트나 늘었다.

하류층도 크게 늘었다. 1년 전 하류층과 최하류층은 각각 9.7%와 0.7%에 불과했다. 그러나 지금은 각각 20.9%와 3.7%로 증가했다. 결국 24.6%가 현재 자신의 경제지위를 하류층 이하로 보고 있다.

경제지위 하향화는 상류층도 예외가 아니어서 1년 전 1.1%에서 0.3%로 감소했다. 특히 1년 전 중상류층이었던 사람들중 지금도 중상류층이라고 생각하는 사람은 38.5%에 그쳤다. 나머지는 중류층(26.6%) 중하류층(23.1%) 하류층(10.5%) 최하류층(10.4%)으로 하향 이동했다.

중류층이었던 사람들도 절반수준인 51.2%만이 그대로 중류층에 남았고 나머지는 중하류층(40%) 하류층(8.4%) 최하류층(0.4%)으로 바뀌었다. 또 1년 중 중하류층 중 30.3%와 2%가 각각 하류층과 최하류층으로 내려왔다. 중산층의 '몰락' 을 단적으로 보여 주는 결과다."

이와 같은 판단은 증거가 있고 설득력도 있어 보이지만, 사실은 조사대상자들의 주관적인 느낌과 심정을 수치화했을 따름이기 때문에 사실은 심리적인 면만 보여 주고 있을 뿐이다. 객관적이지 않다는 것이다. 그리고, 계층범주를 5개로 나누어 묻고 해석했기 때문에, 상중하 척도상의 중산층이 거기서 누구인지가 애매모호하다. 중산층은 거기서 중류층만인지, 아니면 중상류, 중류, 중하류를 모두 포괄하는 것인지 애매하고, 몰락을 해석할 때도 마찬가지로 애매하게 해석하고 있다.

그 다음, 『중앙일보』(1999년 4월 13일자)는 현대경제연구원의 조사 결과를 다음처럼 보도하고 있다.

'나는 하류층' 이라고 여기는 사람이 전체 국민의 절반을 넘어선 것으로 나타났다.

또 기존의 중산층 세 명 중 한 명꼴로 국제통화기금(IMF) 구제금융 이후 하류층으로 떨어졌다고 여기고 있으며, 이들은 대부분 3년 내에 중산층으로 다시 올라서기가 어렵다고 생각하고 있다.

현대경제연구원에 따르면 최근 전국 기혼남녀 9백 93명을 대상으로 전화설문 조사를 실시한 결과 스스로 '하류층이라고 생각한다'는 응답(54.3%)이 절반을 넘어섰다.

IMF 이전 조사에서는 34.6%에 그쳤었다.

반면 그 동안 거대한 집단을 형성하며 경제와 사회를 떠받쳐 온 중산층은 IMF 이전 61.1%에서 절반에 못 미치는 45.1%로 줄었다.

중산층이 가장 많은 마름모형의 사회계층구조에서 하류층으로 갈수록 늘어나는 피라미드형의 후진적 구조로 바뀐 것이다.

특히 IMF 이전 중산층이라고 답한 사람 중 3분의 1에 해당하는 19.7%가 'IMF 이후 하류층으로 떨어졌다'고 응답했다.

여기서는 계층을 상중하 셋으로 나눈 것으로 보이는데, IMF 이전에는 중산층 소속의식을 지닌 사람들이 61.1%, 하류층이 34.6%, 따라서 상류층은 4.3%를 점하고 있었는데, 1999년에 와서 중산층이 45.1%, 하류층이 54.3%, 따라서 상류층이 불과 0.6%인 후진국형 피라미드 구조로 바뀌었다고 과장해서 말하고 있다.

그러나, 이런 과장보다 더 큰 문제는 여기서도 중산층은 실재하는 객관적 의미의 중산층이 아니라 사람들의 주관적인 느낌 속에 들어 있는 의식일 뿐인데, 마치 실제의 중산층이 무너진 것처럼 과장하고, 실제의 계층구조가 피라미드형으로 변한 것처럼 과장 혹은 왜곡을 하고 있다는 점이다. 그리고 중산층 귀속의식이 줄어드는 정도가 과연 "없어진다"는 의미의 몰락이라고까지 할 수 있는지, 나아가서는 그런 감소가 과연 계속 진행되는 '추세'라고 할 수 있는지도 의문이다.

반면, 1999년 5월에 설문조사한 자료를 분석한 함인희/이동원/박선웅

(2001: 197)은 중산층 귀속의식이 IMF 이전과 이후에 크게 달라지지 않았다고 하였다. 이 조사에서는 "IMF 사태 이전과 이후에 각각 어느 층에 속한다고 생각하느냐" 는 질문에 대해, '이전이나 지금이나 중산층' 이라는 응답자가 가장 많아서 64.8%를 차지했고, "중산층에서 하층으로 이동했다." 고 답한 사람은 11.7%에 불과하였다. 이 조사는 앞의 조사와 비슷한 시기에 이루어졌지만, 우선 결과가 다르게 나타났을 뿐 아니라, 결과에 대한 해석에도 차이를 보이고 있다.

어느쪽이 맞는지, 그리고 과연 중산층 귀속의 증감을 통해 몰락과 양극화에 대해 판단하는 데에는, 좀더 긴 시간선상에서 1990년대 초부터 IMF 이후 최근까지의 계층귀속의식을 조사, 집계한 아래의 통계청 자료가 어느 정도 답을 준다고 할 수 있다.

〈표 4-25〉 1990년대 이후 한국인의 주관적 계층귀속의식 변화

(단위: %)

	계층	상			중			하		
			상	하		상	하		상	하
1991	100.0	1.6			61.3			37.1		
1994	100.0	1.4	0.2	1.2	60.4	20.8	39.6	38.2	25.4	12.8
1999	100.0	1.1	0.2	0.9	54.9	16.8	38.2	44.0	27.4	16.6
2003	100.0	1.4	0.3	1.1	56.2	18.6	37.5	42.4	25.5	17.0

자료: 통계청, 사회통계조사보고서 각 연도.

주: 전국의 가구주 대상.

〈표 4-25〉에서 보면, 계층귀속의식은 1990년대 전반과 후반 사이에 중산층귀속의식이 약 5% 줄어든 반면, 하층 귀속의식이 그만큼 커진 것으로 나타나지만, 하층 귀속의식이 중산층을 역전하여 이른바 피라미드형 구조로 가지 않았다는 것을 보여 준다. 물론 1998년 무렵에는 일시적

으로 역전되었을 가능성이 있지만, 중요한 것은 이것이 결코 객관적인 의미에서 중산층 몰락이나 그 추세를 보여 주는 증거가 될 수 없다는 점이며, 주관적인 의식의 면에서도 몰락을 확인해 주지 않는다는 점이다. 그럼에도 불구하고, 이런 형태의 중산층 몰락 테제들은 IMF 이후 2000년대에 접어든 오늘날까지도 그치지 않고 있다.

제5장 중산층의 정치적-이데올로기적 성향과 IMF를 전후한 변화

IMF 사태 이후에 지속적으로 제기되어 온 중산층 몰락과 양극화의 테제는 제1장에서 지적한 바와 같이 대개는 계층론적 관점에 서 있으면서도 계급 이론과 계급혁명론적 관점을 일부 차용하여 정부나 국민여론에 위기상황임을 호소하면서 중산층 보호육성의 필요성을 역설하는 쪽으로 결론을 맺는다. 그들이 중산층 몰락과 양극화의 유력한 증거로 내세운 것은 단편적인 사례와 소득격차의 심화, 그리고 중산층 귀속의식을 갖는 인구비율의 감소 및 하층귀속의식을 갖는 인구비율의 증가 등이었다. 그러나, 이 세 가지 것들은 모두 앞 장에서 살펴본 바와 같이 '증거불충분', 즉 불충분한 증거일 뿐이었다. 이러한 불충분한 증거들을 근거로 삼아 그들이 주장한 바는 무엇이었던가. "만국의 프롤레타리아여, 단결하라!"는 식으로 "몰락하는 중산층이여, 단결하라!"였던가. 오히려 그 반대였다. “중산층 몰락을 그대로 방치하는 경우, 몰락하는 중산층이 프롤레타리아처럼 정부와 체제를 비판하고 혁명을 기도하게 될 것이기 때문에 사회가 불안해지므로, 이들을 보호, 육성하는 정책을 펴 혼란을 방지하고 사회안정을 이루어야 한다”는 것이었다. 그들이 바라는 사회, 그리고 그와 같은 안정을 이루고 있는 사회란 바로 중산층 중심 사회, 즉 인구구성의 면에서 가운데가 불룩한 이른바 ‘다이어몬드형 계층구조’를 말한다. 그리고 이 중산층은 양극의 위치에 있지 않기 때문에 정치사회의식의 측면에서도 중간적인 성향을 지니며, 상층처럼 보수적이거나 하층처럼 혁명적 혹은 진보적이지 않고, 안정과 개혁을 동시에 추구하는 중도세력이라고 본다.

이 장에서는 중산층 몰락과 양극화 이론의 이면에 숨어 있는 이 같은 ‘중산층 중심론’, 특히 중산층에 속하는 사람들의 이념적 성향이 중도적이라는 테제를 검증해 보고자 하며, 이와 함께 그러한 중도성향이 그들 말대로 IMF 위기를 겪은 이후 과연 급진화되었거나 급진화의 조짐을 보였는지에 대해서도 검증해 보고자 한다.

1. 중산층의 정치적-이데올로기적 성향을 어떻게 볼 것인가

중산층 중심론의 입장에서는 중산층이 상대적으로 혜택받는 계급적 위치에 놓여 있기 때문에 자본주의 체제를 옹호하고 과격한 사회변화를 거부하는 속성을 가지는 것으로 판단한다. 예를 들어 립셋(Lipset, 1981)과 무어(Moore, 1966)는 중산층 혹은 중간계급 제 부문을 자본가와 노동자세력의 갈등을 완화, 조정함으로써 사회적 안정을 도모하는 역할을 수행한다고 주장하였다. 경제적인 측면에서도 중산층은 부의 편재를 비판하고 분배의 정의와 기회의 균등을 요구하기 때문에 온건개혁적인 성격을 지녔다고 하였다. 이러한 성격과 역할로 인해 중간계급은 현대사회에서 중심을 이루는 계급이라는 것이다.

중산층 중심론은 이처럼 중산층이 첫째, 어떤 공통된 하나의 입장을 가지며, 둘째, 그 입장은 보수-진보 어느 한쪽으로 치우치지 않고 양쪽을 다 아우르는 중도적 보수-개혁의 입장으로서 셋째, 양극단의 갈등을 조정, 통합하는 능동적인 역할까지 하는 집단이라고 보는 것이다. 따라서 넷째, 중산층의 인구비중이 크고 많으면 사회가 통합되고 안정을 이루기 때문에 다섯째, 중산층이 중심을 이루는 것은 바람직한 상태라고 보며, 여섯째, 현대의 선진사회는 바로 이런 '중산층 중심 사회'로 변화해 왔다고 본다.

이와 달리, 맑스주의에서는 중산층의 계급적 위치가 모호하고 모순적이며 그 구성원은 이질적이기 때문에 스스로 독자적인 계급적 사회의식을 발전시킬 수 없고 양대계급인 자본가계급과 노동자계급의 정치적-이데올로기적 각축의 결과에 따라 유동적이라고 보는 견해들(Mills, 1951; Abercrombie & Urry, 1983)이 많다. 이와 같은 맥락에서 풀란차스(Poulantzas, 1975)는 쁘띠 부르주아지의 정치사회 의식의 세계를 자본가계급과 노동자계급의 상충하는 이데올로기들의 각축장이라 하기도 하였다.[1)]

---

1) '이데올로기'라는 말은 시대에 따라, 학자나 사람들에 따라, 여러 가지 뜻으로 사용되어 왔다(유팔무, 1991 참조.). 맑스는 이데올로기가 유물론적 입장에서 "관념론적으로 본말과 주객을 뒤집어서 보거나 설명하는 '전도된 사회의식'으로서 철학사상에서부터 규범이나 일상적인 사회의식에 이르기까지 다양한 형태의 관념들로 이루어져 있으며, 진실, 그러니까 현실의 지배-착취 관계를 호도하고 은폐하는 기

바꾸어 말하자면, 중산층은 내적으로 이질적이기 때문에 어떤 독자적인 공통된 입장을 갖지 못한 채, 기본계급들의 양극적인 이데올로기들 사이에서 오가는 유동성을 지니면서, 그때그때 세가 큰 쪽의 이데올로기로 기우는 특성, 이른바 '기회주의적인 속성' 을 지닌다는 것이다. 이런 점에서 중산층은 사회의 중심 세력이 될 수 없으며, 중산층이 중심을 이루는 경우는 바람직하지도 못하다고 보는 것이다.

(1) 중산층은 '중도 세력' 인가, '무정견의 기회주의 세력' 인가

중산층 몰락과 계급양극화, 그리고 프롤레타리아 계급혁명 이론의 '원조' 라고 할 수 있는 칼 맑스는 『공산당 선언』에서 '지식인 배반설' 이라 부를 수 있는 주장을 하였다. 내용인즉, "중간계급 혹은 중산층의 한 부분을 크게 차지하는 지식인 소시민층은 자본주의가 안정된 국면에서는 보수적인 부르주아의 휘하에서 보수적인 역할을 하는데, 프롤레타리아의 힘이 커지고 혁명적인 기운이 무르익어 가면, 부르주아 보수세력을 배반하고 힘센 쪽, 즉 프롤레타리아 진영으로 넘어가 혁명을 성사시키는 데 힘을 보탠다" 는 것이었다. 이 같은 주장과 관점, 즉 '중산층관' 은 중산층이 정치적-이데올로기적으로 독자적인 입장을 갖는다기 보다

능을 한다" 라고 보았다.

그러나, 이러한 비판적 개념은 오늘날 중성화되어 다른 의미로 사용되고 있다. 그래서 이데올로기란 첫째, "정치-경제 체제를 구성하는 사상적 원리로서 사람들을 정치적으로 동원하는 능력을 발휘하는 각종 사상과 신념의 체계" 라고 하는 경향이 지배적으로 되었다. 그래서, 이런 경향 속에서는 '보수주의' 와 '자유주의' 뿐 아니라 '민족주의', '사회주의', '사회민주주의', 나아가서는 그보다 나은 수준의 사상체계까지도 포함하는 의미로 사용되고 있다(유팔무, 2004: 62).

는 그때그때 힘 있는 쪽의 입장을 지지하고 추종한다고 보는 것이며, 한마디로 '기회주의' 라는 것이다.

다른 한편, 맑스는 그의 저작 여러 곳에서 중간계급을 구성하는 부분들이 다양하다는 점, 그래서 중간계급이라고 통칭하기보다는 대개는 '중간계급들' 혹은 '작은 중간계급들' 이라고 불렀으며, 중간계급의 큰 부분을 구성하는 특히 자영농민층과 같은 경우는 지리적으로 분산, 거주하기 때문에 의사소통과 조직화에 어려움이 많고 따라서 단일한 계급으로 형성되어 정치적-이데올로기적으로 한 목소리를 내거나 세력이 될 수 없다는 식으로 단언하기도 하였다. 바꾸어 말하자면, "중산층은 하나가 아니고, 하나가 될 수도 없다" 라는 관점이라 할 수 있으며, 맑스의 또 다른 '중산층관' 이라고 할 수 있다.

이 같은 맑스의 '중간계급관' 은 그 후 수많은 맑스주의 이론가들의 '중간계급관' 혹은 '중산층관' 으로도 계승되었다. 예를 들어, 1970년대 초 서독의 맑스-레닌주의 계급연구팀(IMSF, 1973)이나 Leisewitz(1977)와 같은 학자들이 중간계급이나 중산층을 '중간계층들' (Mittelschichten)이라고 불렀던 이유도 사실은 거기에 있었다. 그 이유는 크게 두 가지로서 하나는 이들이 독자적인 계급을 형성하지 못할 운명에 처해 있다는 것이었고, 다른 하나는 이들이 독자계급으로 형성되기는커녕, 다른 커다란 두 계급들, 특히 노동자계급으로 분해되고 몰락해 갈 운명에 처해 있다고 보았기 때문이었다.[2)]

Leisewitz(1977: 149)는 1970년대 중반 서독 사회의 계급구성이 자본가계급 3.2%, 노동자계급 72.8%, 그리고 중간계층들은 24%를 점한다고

---

2) 국내의 학자들 중에는 서관모(1987; 1989)와 같은 이가 이 같은 입장을 수용하여 '중간제계층' 개념을 사용한 대표적인 인물이었다.

계산해 내었는데, 이 중간계층들에는 대다수의 농민, 수공업자, 소규모 자영업자, 그리고 자본의 재생산과정 내에서 지휘하는, 즉 임노동을 명령하는 기능을 담당하는 여러 종류의 상층부의 사무직 종사자와 관료, 전문자격증을 갖고 있거나 기업과 공공서비스 영역에서 그에 상응하는 직업을 가진 지식인층 등이 속한다고 보았다. 이들은 자신의 위치 때문에 이중적인 이해관심을 갖게 되고, 또 역사적으로 보아 분화, 양극화되는 과도계층들(Zwischenschichten)로서 1950년에 31%이던 것이 74년에는 20% 가량으로 그 비중이 줄어드는 계급해체의 과정 속에 있다고 하였다. 그리고 "이들이 비록 간단하게 해체, 소멸되어 버리는 것은 아니지만, 본래의 자립적인 계급들의 성격을 잃어버린 지 오래이며, 두 개의 기본계급들 사이의 투쟁에서 이중적인 태도를 취하고 어느 한 편과 동맹을 맺는다"고 말하였다. 중간계층들 중 자영농민층은 자본에 의한 객관적 예속성과 위협을 인지하지 못하고 보수정당에 표를 던지는 정치행태를 보이고 있으며, 비농업 분야의 자영 중간계층들(자영 형태의 생산자, 상인, 서비스업 종사자들) 또한 농민처럼 존립기반이 약화되는 상황에 있으면서도 이율배반적 정치성향을 보인다고 하였다(Leisewitz, 1977: 160).

어쨌든, 칼 맑스의 두 가지 중산층관은 서로 반대되기도 하고, 일맥상통하기도 한다. 중산층이 어떤 단일한 입장을 갖는 집단이냐 하는 점에서는 반대이고, 중산층은 독자적인 입장이 없거나 갖기 어렵다는 점에서는 상통하기 때문이다. 그러나, 이 두 가지 관점들은 다음처럼 서로 결합될 수 있을 것이다.

> "정치적-이데올로기적인 면에서 중산층은 단일한 입장을 갖지 않거나 갖기 어렵다. 그렇지만, 이들을 자본가계급이나 노동자계급과 구별하여 대체적인 성향이나 평균으로 파악한다면, 나름대로 중산층의 성향은 있을 것이다."

세 번째로 우리가 주목해야 할 것은, '기회주의' 라는 말에 그 뜻이 담겨 있다고 할 수도 있겠지만, 중산층의 정치적-이데올로기적 입장이나 이념성향은 국면에 따라, 처지에 따라, 처지 변화에 따라, 다르거나 달라질 수 있다는 점이다.

예를 들어, 자본주의의 성장국면, 안정국면, 위기국면에 따라 중산층의 의식은 달라질 수 있다. 또, 통일된 자본주의 선진국들의 중산층과 분단상황에 처해 있는 남한의 중산층은 정치적-이데올로기적인 측면에서 기본적인 차이가 있을 수 있다. 한국의 중산층은 또 공장에 있느냐, 농촌에 있느냐, 서울에 있느냐, 지방도시에 있느냐 등의 위치와 처지에 따라, 의식을 규정하고 영향 주는 요소들이 다르기 때문에, 차이가 있을 수 있고 생겨나기도 한다. 나아가 IMF 같은 위기상황을 전후하여 중산층의 처지가 달라지고, 중산층 각 부문들의 처지들도 달라지고 달라졌기 때문에, 중산층과 그 부문들의 정치적-이데올로기적 사회의식 또한 달라질 수 있고, 달라졌을 수 있음은 물론이다.

여기서 특히 우리가 강조하고자 하는 것은 중산층이 평상시에는 대체로 '중도보수-온건개혁' 의 입장을 갖거나 보인다고 하더라도, 시기에 따라, 즉 국면이나 처지변화에 따라, 그 입장이 변화할 수 있고, 변화한다는 점이다. 이 점이 바로 우리의 '중산층관' 의 핵심이라고 할 수 있을 것이다.

그러면, 국내 학계에서는 중산층의 정치적-이데올로기 성향에 관하여 어떤 입장들을 가져왔는가. 함인희/이동원/박선웅(2001: 31)의 정리에 의하면, 다음처럼 크게 셋으로 갈라졌다.

> "김진균/조희연(1985), 최장집(1985), 진덕규(1987), 최재현(1987), 임현진(1987) 등은 한국의 중산층이 산업화의 수혜계층으로 성장해 왔기 때문에 본질적으로 체제유지적이며 보수적인 세력이라고 판단하였다.
>
> 반면에, 박광주(1985), 한상진(1986; 1987), 한완상 외(1987), 고영복

(1987), 김성국(1988) 등은 비록 경제적으로 혜택을 받아 왔지만 정치적으로는 다른 계층과 마찬가지로 소외되고 배제되어 왔기 때문에, 개혁적이며 진보적인 성향을 갖고 있다고 주장하였다.

그 다음, 권오훈(1987), 구종서(1987), 구해근(1991), 한완상(1991), 박준식(1992), 홍두승/구해근(1993) 등의 경우는 중산층이 고정된 성향이 아니라 이데올로기적 이중성과 가변성을 지니고 있다고 하였으며, 중산층이 다양한 이질적 집단들로 구성되어 동질적이 아니라는 점, 정치-사회적인 상황과 쟁점에 따라 가변적이라는 점을 강조하였다." [3]

그 가운데, '중산층 중심 사회론'의 입장을 가장 선명하게 보여 주는 이는 다음처럼 말한 박광주(1992: 81～83)였던 것으로 보인다.

"부르주아지도 노동계급도, 그리고 민중도 시민사회의 헤게모니적 주체가 될 수 없다고 할 때 마지막 대안은 중산층이다. 중산층은 사회계층의 정형화가 이루어질수록 뚜렷하게 증대되어 왔다. 급속한 산업화 과정을 통하여 나타난 사회 내의 분화와 전문화 현상, 농촌의 해체와 도시화의 증가, 생활수준의 전반적 향상 등의 사회적 조건은 중산층, 특히 도시 '신중산층'의 확대를 가져왔다. '평균적 한국인'의 바람직한 전형으로 자리잡게 된 신중산층은 교육수준, 직업, 소득수준(현재 또는 장래의), 정치의식, 생활양식 등의 제 측면에서 비교적 균등한 기대치를 만족시키고 있다. 신중산층을 중심으로 한 '중간적 합의 지향 의식의 일반화'가 점차 그 경향성을 증대시키고 있는 한 시민사회에서의 중산층 헤게모니의 성립 가능성 역시 커질 수밖에 없다.

중산층이 사회적 중심 세력으로 자리잡게 된다는 것은 산업화 사회의 필연적 추세이다. 맑스는 원래 자본주의 사회의 계급 구조를 논하면서 자본가계급과 노동자계급의 양분화를 기본 경향으로 보면서, 산업화 초기

---

3) 이들 외에도 유팔무(1993), 조돈문(1996) 등이 세 번째 입장에 속한다.

단계에서 그 어느쪽으로도 편입될 수 없는 '어중간한' 존재라는 의미로서 '중간계급'을 설정하였다. 생산 수단의 소유 유무로 구분되는 양대 기본계급에 속할 수 없는 소규모의 '잔여분'에 불과한 것으로 인식된 중간계급은 산업화가 진행될수록 '궁핍화'의 작용으로 대부분 노동 계급화하리라고 예견되었다. 중간계급이 자본가 계급화하기보다는 대체로 노동계급화하리라고 본 점은 옳았으나, 그와 같은 경향이 궁핍화 탓일 것이라고 본 점에서는 잘못되었다. 계급적으로는 생산수단을 소유하지 않았다는 점에서 노동계급화하였지만, 이들은 오히려 지위 상승된 기존의 노동계급 일부까지 끌어들여 중산층이라는 새로운 계층구조를 형성하게 된 것이다. 산업화가 성숙될수록 중간 계급이 맑스의 예견과는 정반대로 증대하리라는 것을 인정한 최초의 맑스주의자인 베른스타인이 제대로 본 바와 같이 중간계급은 산업화 초기의 한계 계급으로부터 산업사회의 새로운 중심 집단으로 성장하였다.

산업화의 진전에 따라 '중간계급'이 '중산층'으로 탈바꿈하게 되었다는 서구사적 경험은 무엇을 말하는가. 그것은 산업화 사회의 불평등 분배구조를 분석하는 데 계급계층의 틀보다 지위계층의 틀이 적실성을 더 갖게 되었다는 것을 의미한다. 어느 사회에도 있게 마련인 불평등 분배구조를 계급적 관점에서 접근할 것이냐 지위적 관점에서 접근할 것이냐 하는 것은 베버의 지적대로 그 사회의 분배 규칙이 얼마나 안정성을 지니고 있느냐에 달려 있다. 따라서 서구 자본주의 사회에서 중간 '계급'이 아닌 중산 '층'이 중심 계층이 되었다는 사실은 그만큼 분배 규칙이 안정성을 띠고 있음을 의미하는 것이다.

무정형적 사회계층 구조 하에서 국가 건설을 시작하고, 시민사회의 물적 토대가 극히 빈약한 상태에서 산업화를 시작한 한국의 경우에도 중산층의 성장은 분명한 사실이 되었다. 계급적 상황보다는 지위적 상황이 지배적인 사회가 된 것이다. 그러나 이는 서구의 경우처럼 산업화 과정에서의 분배 규칙이 그 자체로 일반적인 정당성을 인정받은 결과 생긴 안정성 탓이라고 볼 수는 없다. 분배 규칙의 공정성에 대한 시비는 그 동안 끊임없이 있어 왔다. 특히 근로 대중, 도시 빈민, 농민 등 저소득층들로부터의 불평 불만은 끊임없이 있어 왔다. 그럼에도 불구하고 분배 규칙이 그에 대한 근본적 도전을 받음이 없이 비교적 안정성을 유지할 수 있었던 것은 몇 가지의 한국적 특성에 기인한다. 첫째로, 절대 빈곤의 상태에서 이루어진 경제 성장은 거의 모든 계층에게 상대적 만족감을 주었다. 둘째, 사회주의 체제인 북한의 존재는 계급적 문제 인식을 억제하였다. 그리고 셋째, 한국인 특유의 평등 의식과 지위 상승의 욕구가 기존의 분배 규칙을 대체로 받아들였다.

중산층을 중심으로 한 사회계층의 정형화와 이에 대한 시민사회 내의 우호적인 수용 태도—다분히 한국적 특성에 기인한—는 계급론적 체제 변혁의 요구를 억제하는 효과를 지니고 있다. 계급론적으로 본다면 중산층, 특히 도시 신중산층은 모두가 임금 노동자들이다. 그럼에도 불구하고 이들은 사용자—개인 기업가들이나 국가—를 이해관계의 적대자로 보면서 그와 같은 이해관계가 제도화된 자본주의 체제를 해체의 대상으로 인식하고 있지 않다. 기존 분배 규칙의 근본적 틀을 받아들이면서 문제점의 과감한 개선을 요구할 뿐이다.

사회학적으로 모호한 범주라고 볼 수밖에 없는 민중은 사회계층적 정체성을 지닐 수가 없다. 노동계급이란 것도 그중 상당한 부분—라이트가 말하는 조직 자산이나 기술-자격 자산을 지닌—은 중산층에 해당된다. 결국 노동계급도 계급적 동질성보다는 동일 계급 내부의 계층적 이질성이라는 산업사회적 특성으로 인하여 사회 계층적 정체성을 지니기 어렵다. 이렇게 본다면 중산층만이 사회 계층적 정체성을 확보할 수 있다. 뿐만 아니라 도시 신중산층을 중심으로 한 중산층은 산업화의 심화와 더불어 더욱 증대되게 되어 있으므로, 중산층 의식과 생활양식의 보편화는 더욱 확대될 것이다. 중산층이 되는 것이 보편적 한국인의 여망이 되는 한, 시민사회 내에서 중산층의 물적-이데올로기적 지위는 지배적인 것이 될 것이다.[4)]

---

4) 김호기(1999: 258)와 같은 경우도 "중산층은 사회통합을 창출하는 중심세력을 형성해 왔다"는 식으로 '중산층 중심론'을 폈다. 양춘(2000: 43)도 "중산층 또는 중간

(2) 정치적-이데올로기적 성향과 그 변화에 대한 분석의 지점들

이 장에서 우리는 중산층의 정치적-이데올로기적 성향, 혹은 줄여서 '이념성향'이 어떠한가, 그리고 그것이 IMF 사태를 전후하여 어떤 변화를 겪었는가, 과연 급진화의 조짐을 보였는가 하는 것을 밝혀 보려고 한다.

분석의 초점은 앞서 중산층 중심론과 맑스주의의 기회주의론의 차이를 대조한 바와 같이, 첫째, 중산층은 통일적인 이념성향을 지니고 있는지 여부, 둘째, 중산층의 이념성향은 전체적으로 볼 때, 다른 계급들의 그것과 어떻게 다른가, 과연 보수적이고 통합적인가, 아니면 진보적이고 개혁적인가, 그리고 셋째, 이러한 성향들이 1990년대 초, 중반에는 어떠했고, 1990년대 후반 IMF를 겪은 이후에는 달라졌는가, 또 어떤 방향으로 달라졌는가 하는 점을 밝히는 데에 두고자 한다.

물론, 우리의 기본 입장은 "중산층도 중산층 나름이다"이며 따라서 중산층 내부의 각 부문들이 의식의 면에서도 상당한 차이들을 보일 것이라고 생각한다.

유팔무(1990a)는 이런 맥락에서 중산층의 기본 특성과 각 부문들의 차이를 다음과 같이 말한 바 있다.

> "중산층은 ①사회의 기본적인 모순들을 직접적으로 겪기보다는 부분적, 간접적으로 겪는 위치에 있기 때문에 문제의식이 상대적으로 약하거나 다소 추상적인 해결방식을 추구하는 경향을 지니며, ②자본가, 노동자계급

계층의 문화가 아직 제대로 뿌리내리지 못한 우리 사회의 계층구조에서 현재 진행되고 있는 빈부격차의 심화 현상이 가시화될 때 건전한 사회통합과 안정을 찾기는 어렵게 된다"는 식으로 완곡한 '중산층 중심론'을 펴고 있다.

에 비해 다양한 인자들로 구성되어 있기 때문에 내적인 이질성이 강하고, ③고립 분산적이기 때문에 결집력이 약하고, ④대세를 좌우할 만한 결집된 힘이 없기 때문에 여기에 상응하는 성향들, 즉 무력감을 갖거나 눈치보기에 익숙하며, 자신들의 이익을 독자적으로 추구하기보다는 대세를 좌우하는 세력에 의존하고, 전반적인 세의 향방을 좇는 성향을 지닌다.

우선, 지식인 부류에 해당하는 중산층은 정치적으로 다양한 입장들을 취하고, 그 입장들 또한 어느 정도 유동적이며 추상적인 성격을 갖는다. 예컨대 노동운동을 선도하는 진보적 지식인은 경험에서 우러나오는 신념보다는 이론적 가치판단에 입각한 신념에 의존하고 있으며, 따라서 노동자대중보다 급진성을 띠기 쉬우면서도 '변절' 할 가능성이 상대적으로 더 높다. 특히 자유전문직 종사자들처럼 대체로 고립 분산된 지식인 부류는 '자유부동하는 인텔리겐치아' (만하임)와 흡사한 유동성을 가지고 있다. 그 반면, 일반행정, 치안, 국방업무에 종사하는 전형적인 국가공무원들의 경우처럼 '관료제적으로 조직화된 부문' 의 지식인 부류는 자신의 소신보다는 조직지도부의 소신에 따라 움직여야 하는 조건 속에 놓여 있기 때문에, 본의 아니게 지도부의 적을 자신의 적으로 삼게 되는 경향을 지닌다.

도시의 소규모 상공업자들은 좋든 싫든 자본가와 직접 거래를 하고 판매를 둘러싼 경쟁관계에 놓여 있다. 이들은 경쟁상대인 자본가에게 억눌리거나 피해를 보기 때문에 불만은 있지만, 힘이 약하고 고립 분산되어 있으며, 거래관계상 이들에게 의존하지 않을 수 없기 때문에 굴욕과 선망의 눈초리로 자본가를 바라본다. 노동자들에 대해서는 자신이 보다 안정되고 자율적이기 때문에 일정한 자부심이나 우월감을 갖고 대하며, 그들을 직접 고용하여 휘하에 거느릴 야망도 품고 있다. 그렇기 때문에 이들은 노동자적 성향보다는 자본가적 성향을 더 많이 가지고 있다고 할 수 있으며, 자본가계급에게 피해도 보고 불만도 품지만 근본적인 변혁을 바라지 않는 보수성을 지닌다.

농민들은 전반적인 농민해체과정, 지리적인 분산성 등으로 인해 정치적 무력감을 강하게 느끼고 대세에 순응하는 경향을 지닌다. 이들은 도시 중산층보다는 자본가와 덜 직접적으로 관계를 맺고 있기 때문에 자본가에 대한 직접적인 불만은 크지 않다. 물론, 지주/소작 관계가 지배적인 경우, 농업 분야에 자본의 직접적인 침투가 본격화되는 경우에는 그 사정이 다르지만, 오늘날 우리 사회의 경우, 자본과의 관계는 대체로 중개상인이나 국가정책을 통해 간접적이고 원격적인 방식으로 이루어지고 있다. 따라서 이들의 불만은 공평한 거래, 공평한 국가정책을 요구하는 방향으로 나타나고, 진보세력과의 연대를 통해 이를 관철시키려고 한다. 그러나, 이들의 요구사항은 특히 노동자들의 그것과 불일치하거나 모순되는 부분이 있기 때문에(예컨대, 쌀값인상은 농민에게 소득증대의 효과를 내지만, 도시의 노동자들에게는 실질임금이 인하되는 결과를 낳는다), 진보세력의 주변부에 머무르면서 진보세력을 이반할 가능성도 지니게 된다."

그러나, 맑스주의 경향에 선 유팔무의 위와 같은 진술은 타당한 것으로 보이기는 하지만, 사실상 직관적, 추상적이고 따라서 분석과 검증을 요하는 것이며, 국면과 시기에 따른 변화에 대해서도 언급이 없다.

다른 한편, 중산층의 정치적-이념적 성향이라고 할 때, 도대체 어떤 면을 주로 분석, 평가할 것이냐 하는 점을 더 분명히 할 필요가 있다.

우리가 무엇보다 중시하고자 하는 것은 "체제를 어떻게 인식하고 평가하느냐" 하는 점이다. 여기서 '체제'란 사회경제체제로서 자본주의, 사회주의 같은 것들을 의미하며, 거기에 대해 어떻게 평가하고 희망하는지 하는 점들이 주목의 대상이다. 이런 측면을 보여 주는 지표들이 될 수 있는 것은 자본주의 시장경제체제에 대한 긍정, 부정 인식, 바람직한 사회경제체제를 어떤 것으로 보는가, 북한이나 미국에 대해 어느 정도 호감을 가지고 있는가 등이다.[5)]

5) 체제의 면에서 북한은 '반봉건사회주의'라고 할 수 있으며, 미국은 전형적인 자본주의라 할 수 있다. 북한은 근대적, 민주적 시스템을 결하고 있기 때문이며, 미국은

이와 직접 상관되어 있는 것이 또한 계급적 사고라고 하는 것이다. '계급적 사고'에는 우리 사회가 자본-노동으로 분할되어 지배-갈등하는 '계급사회'라고 보는지 여부 또 스스로는 어느 '계급'에 속한다고 생각하는지, 그리고 그중 어느편이 옳다고 보는지 등 이른바 '계급의식'이라고 할 수 있는 측면이다. 그리하여, 그 지표가 될 수 있는 것들로는 자본가나 노동자를 어떻게 보느냐, 노사 어느편을 드느냐, 노사분규의 원인이 누구 탓이냐, 노사분규를 해소하는 방법은 무엇이겠느냐 등이다.

그 다음 두 번째로는 이념적 지향을 간접적으로 보여 주는 것으로서 특정한 정부와 정당들에 대한 인식과 평가, 그리고 지지 여부이다. 그래서 특정한 이념성향의 정부나 정당, 또 정치인에 대한 지지나 투표행위 같은 것들은 본인의 성향을 직접 보여 주는 것이 아니라 간접적으로 보여 주는 것이며, 지역감정 등 여러 가지 다른 요인들도 함께 작용하여 이루어지는 태도나 행위이기 때문에 이념적인 지향을 부분적으로 보여 주는 것이라 할 수 있다.

앞의 체제와 관련된 태도나 입장도 마찬가지이지만, 어떤 정당이나 정치인의 이념성향을 통해 간접적으로 이념성향을 판별하기 위해, 우리는 고전적인 진보-보수의 척도를 적용하고자 한다. 이 척도에서 가장 중요한 기준은 자본주의 체제 및 자본-노동 관계에 대한 태도이다.[6] 진보-보

다인종국가로서 특수한 나라이면서도 서유럽과 달리 순수 자본주의의 유형을 유지하고 있는 것으로 평가될 수 있다. 반면, 서유럽 나라들은 대개 자본주의가 사회주의적으로 수정된, 수정자본주의 혹은 사회민주주의라 불리고 있다. 물론, 남한 사람들이 북한이나 미국에 대해 갖는 호감이나 혐오감에는 그 외에도 국가간의 관계나 민족감정 같은 것들도 작용하기 때문에, 그것을 체제에 대한 선호 인식이라고만 할 수는 없으나, 체제인식이 어느 정도까지 포함되어 있다고 보는 데에는 무리가 없을 것이다.

6) 김인철(1994)은 계층적인 중산층 개념에 입각하여 한국 경제체제에 대한 긍정-부정 인식과 상층이나 하층에 대한 동정 등을 묶어 경제보수-경제진보의 스펙트럼

수의 이념성향은 아래의 [그림 5-1]에서처럼 중도를 넣어 3분법으로 평가할 수 있는가 하면, 각각을 둘로 더 세분하여 6분법으로 평할 수 있고, 아예 중도를 없애고 2분법적으로 나눌 수도 있을 것이다.

	구분법에 따른 진보, 개혁, 보수의 위치
3분법	진보 중도 보수
6분법	혁명 - 개혁 - 개혁 - 자유 - 보수자유 - 보수반동
2분법	← (범) 진보 → → (범) 보수 ←

[그림 5-1] 정치적-이데올로기적 진보-보수 성향의 스펙트럼

이 가운데 우리는 통상적으로 많이 사용되는 진보-중도-보수의 3분법을 취하고자 한다. 여기서 중도와 보수의 구분은 개혁적인지 여부에 있으며, 진보를 중도와 가르는 지점은 자본주의 체제와 자본가계급, 그리고 노-자 관계에 대해 반자본가적이거나 친노동자적 개혁을 지향하는지 여부라고 할 수 있다. 따라서 통상 개혁정부라 불려 온 김영삼-김대중-노무현 정부나 개혁성향을 지니는 정당들은 3분법적인 큰 틀에서 보면, 중도성향의 정부나 정당들이라 하겠다.[7)]

을 만들고, 정부에 대한 순종-이의적 태도를 기준으로 정치순종-정치이의의 스펙트럼을 만들어 중산층(중류계층)의 의식성향을 네 가지로 구분한 바 있다. 우리는 이런 방법도 생각해 볼 수 있겠으나, 계층론적 관점의 문제는 제쳐놓더라도, 무엇보다도 자료의 한계상, 다른 조사자료들을 통해 시계열적 성향변화를 평가를 하는 데 어려움이 있다.

7) 김대중 씨나 노무현 씨와 같은 경우, 6분법적으로 보면, '중도개혁' 이라 할 수 있는데, 평가하는 이의 위치나 성향에 따라, 또 어떤 구분법으로 보느냐에 따라, 보수다, 진보다 하는 식으로 평가가 엇갈리기도 한다. 그러나 3분법적으로 보면, 이들은 보수도 진보도 아닌 '중도' 에 속한다고 할 수 있다.

그러나 보수나 진보, 개혁이 무엇이고 어떻게 다르냐 하는 데 대해서는 여러 가지 의견들이 있으며, 또 주관적으로 다양하게 해석되고 있다. 우리는 그것이 자본주의체제에 대한 태도와 평가를 중심으로 갈라진다고 보지만, 1990년대 후반쯤부터 우리나라 국민들은 일반적으로 진보를 개혁과 동일시하는 경향이 있고, "현상태의 정치, 경제뿐 아니라 사회, 문화의 질서를 바꾸는 데에 찬성하는 입장"으로 넓게 인식하고 있다.[8] 그리고 적지 않은 경우에는 이를 막연히 '진취적'이라는 의미와 동일시하는 것으로도 보인다. 그래서인지, 국민의식조사에서 "귀하는 스스로 진보적이라고 생각하느냐 보수적이라고 생각하느냐"는 질문에 대해 적지 않은 사람들이 스스로를 '진보적'이라 답하고 있다. 계급이나 계층 평가에서도 주관적인 소속감이 객관적인 계급, 계층적 현실과 같지 않듯이, 이념성향도 객관, 주관의 세계가 따로 있으며, 서로 일치하지 않는다.

중산층의 이념성향을 측정, 평가함에 있어서 우리가 세 번째로 주목하고자 하는 측면은 이 주관적인 이념성향 평가이다. 이 같은 주관성은 객

---

8) 2002년 봄 한국정당학회와 중앙일보가 공동으로 조사, 발표(『중앙일보』, 2002년 2월 2일자; 강원택, 2002)한 바에 의하면, 국민들의 평균성향은 보수(1)-진보(4) 스펙트럼에서 1.0~2.0 (보수)가 4.5% 내외, 2.1~3.0 (중도)가 82% 내외, 3.1~4.0 (진보) 14% 내외로 평가되었다. 각 정당의 의원들에 대해서는 10점 척도로 계산하여 가장 진보를 0점, 가장 보수를 10점으로 종합한 결과, 민주당(의원들)이 3.7점, 한나라당이 5.3점, 자민련은 5.9점으로 평가되었다.

여기서 진보-보수를 평가하는 지표로 삼은 것은 대북지원, 국가보안법 개정, 미국과의 외교협력, 재벌개혁, 소액주주, 복지예산 증액, 자립형사립고, 호주제폐지, 사형제폐지 등에 대한 의견이었고, 4지선다형으로 응답하게 하여 1번 답은 가장 보수, 2번은 보수, 3번은 진보, 4번은 가장 진보로 간주하였다. 그러나, 진보-보수를 평가하는 데 가장 중요한 지표라 할 수 있는 자본주의나 사회주의에 대한 평가, 노동자 문제에 대한 평가가 없고, 대신 호주제, 사형제가 지표로 포함되어 있어 그대로 수긍하기는 어렵다.

관과 일치하지 않고, 또 정당지지를 통해 이념성향을 간접적, 부분적으로 드러내는 것과도 다르지만, 오늘날 많은 언론기관들이나 여론조사기관들이 이러한 주관적 평가에 대한 조사들을 자주 하고, 그 결과를 마치 객관적 이념성향을 상당히 대신해 주는 것으로 간주하기 때문에, 이에 주목하고자 한다. 그래서, 이러한 주관적 평가들이 특히 중산층들 사이에서 시기에 따라 어떻게 달라져 왔는지, 그 내부의 부문들에 따라서는 어떤 차이가 있는지, 또 객관적, 간접적인 이념성향과는 얼마나 거리가 있는지 등에 대해 따져 볼 것이다.

지금까지 이야기한 세 가지 측면들은 모두 '정치적-이데올로기적 성향' 이라고 할 수 있다. 우리가 중산층의 이념성향 가운데 주로 살피고자 하는 점은 바로 이러한 성향들이다. 정치적-이데올로기적 보수-중도-진보의 스펙트럼 속에서 1990년대 이후 우리나라 중산층과 중산층 부문들이 어떤 이념성향을 보였는지, 또 그것이 어떻게 달라졌는지 하는 점들이 주된 관심사가 될 것이며, 이를 통해 한편으로는 중산층 중심론과 맑스주의의 중산층 기회주의론의 타당성 여부를, 다른 한편으로는 "IMF 이후 한국 중산층의 몰락과 급진화" 라는 테제의 타당성 여부를 평가해 볼 수 있을 것이다.

2. 1990년대 초, 중반 중산층의 정치적-이데올로기적 성향

(1) 사회경제체제에 대한 인식과 희망

우리나라 중산층의 정치적-이데올로기적 의식성향을 알 수 있는 지표의 하나는 '남북통일 후 체제에 대한 선호도' 이다.

1990년대 초 이 점에 관한 유팔무(1993)의 연구에 의하면, 다음의 〈표 5-1〉과 같이 통일 후 체제로서 남한체제를 가장 선호하는 집단이 중산층(46.4%)이었다. 그 다음이 자본가계급(43.9%), 노동자계급 하층(37.9%) 순이었다. 그 다음 선호한 체제는 북한, 동구, 서구, 연방제도 아닌 '제3의 어떤 체제' 였는데, 자본가계급이 25.8%, 노동자계급이 25.6%, 중산층은 19.0%, 또 그 다음은 '모르겠다' 로서 각각 7.6%, 16.9%, 17.4%였다. 사실 이 두 가지 '제3의 체제' 나 '모르겠다' 는 입장은 '모르겠다' 는 것으로 간주할 수 있을 것이고, 이 둘을 합치면, 모르겠다는 입장은 자본가계급 중에서는 33.4%, 노동자계급(하층)에서는 42.5%, 중산층 가운데에서는 36.4%였다. 전체적으로 보아 남한체제를 선호하는 사람들이 43.4%로서 가장 많았고, "모르겠다" 는 입장이 38.6%로서 그 다음이었고, 나머지 18.0%가 다른 체제를 선호한 것이다.

우리가 여기서 남한체제를 선호한 사람들이 가장 보수적이라고 한다면, 중산층이 자본가계급보다 더 보수적이고, 노동자계급 하층보다 훨씬 더 보수적이라고 할 수 있다. 오히려, 자본가계급은 생각보다 진취적으로 대답하고 있다. 자본가계급은 '연방제' '개혁동구식' '북한식' 등 선호도가 낮은 체제에 대해 모두 평균수준 이상의 지지도를 보이고 있다.

'연방제' 를 선호한 사람은 전체에서 6.2%에 불과했으나 자본가계급 가운데에는 9.1%였으며, '개혁동구식' 을 선호한 사람은 전체에서 3.3%였으나 자본가계급 가운데에는 4.5%, '북한식' 을 선호한 사람도 전체에서 1.2%에 불과했으나 자본가계급 사이에서는 무려 3.0%나 되어, 중간계급은 물론, 노동자계급보다 상대적으로 높은 진취성, 즉 사회주의체제에 대한 선호도를 보이고 있는 것이다.

〈표 5-1〉 1990년대 초 계급 부문별 통일 후 체제에 대한 선호도

(단위: %)

		남한체제	북한체제	동구식	서구식	제3체제	연방제	모름
(전체)		43.3	1.2	3.3	7.5	21.6	6.2	17.0
자본가계급		43.9	3.0	4.5	6.1	25.8	9.1	7.6
중산층		46.4	1.5	2.4	7.7	19.0	5.5	17.4
	부문(1)	36.4	0.0	6.8	6.8	29.5	6.8	13.6
	부문(2)	51.4	2.2	1.3	4.5	15.2	3.8	21.6
	1.	52.6	2.4	1.0	4.0	14.1	3.8	22.2
	2.	38.3	0.0	4.3	10.6	27.7	4.3	14.9
	부문(3)	34.3	0.0	0.0	11.4	14.3	22.9	17.1
	부문(4)	43.2	1.0	3.2	10.6	22.1	6.0	13.8
	1.	43.5	1.6	3.1	9.1	20.7	6.0	16.1
	2.	45.9	0.0	3.7	11.9	23.0	5.9	9.6
	3.	35.9	0.0	3.1	17.2	28.1	6.3	9.4
노동자 계급(하층)		37.9	0.4	4.5	7.6	25.6	7.2	16.9
기타		37.7	0.5	5.2	6.3	25.7	6.8	17.8

이를 중산층 부문별로 살펴보면, 부문(2), 즉 생산 부문 자영업자층이 51.4%로 가장 보수적인 것으로 나타나며, 특히 부문(2)-1, 즉 도시의 생산 부문 자영업자층(52.6%)이 보수적이다. 반면에, 부문(3), 즉 비생산 부문 화이트칼라 사무직 종사자와 부문(1), 즉 생산 부문 화이트칼라 사무

직 노동자(36.4%), 부문(4)-3, 즉 비영리 민간서비스 부문 종사자(35.9%) 등 소위 신중간계급의 핵심을 이루는 층들은 자본가계급은 물론, 노동자계급 하층보다도 진취적, 혹은 덜 보수적인 것으로 나타나고 있다. 이런 면에서 이들은 자본가계급과 유사하게 보수성향을 띤 도시 자영업자층(부문 2-1, 4-1)과 공무원을 비롯한 공공 부문 종사자 집단(부문 4-2: 45.9%)과 달리 진취적 혹은 개혁적이라고 할 수 있다.

여기서 우리는 한편으로 '신중간계급'(화이트칼라 사무직 노동자 중심)이 개혁적이고, '구중간계급'(도시, 농촌의 자영업자층)은 보수적이라는 통념[9]을 확인할 수 있지만, 다른 한편으로는 흔히 '신중간계급'의 일부를 이루는 것으로 평가되는 공무원 등 공공 부문 종사자 집단이 신중간계급 핵심보다 더 보수적인 것으로 나타나기 때문에, 중산층 내부는 물론, '신중간계급' 내부에도 성향차이가 크다는 것을 알 수 있다.[10]

한편, 노사분규에 대한 태도도 체제에 대한 인식의 한 단면을 보여 준다. 그러나, 여기에 대한 1990년대 중산층의 태도나 성향을 자세히 알아볼 수 있는 조사연구나 자료는 찾아보기 힘들다. 대개의 경우, 화이트칼라 노동자나 블루칼라 노동자들의 인식과 태도를 부분적으로 조사, 비교

9) 이 차이는 두 가지 요인에 의해 발생하는 것으로 '검증'(?)되어 왔다. 하나는 화이트칼라 사무직 노동자가 생산직 노동자에 비해 교육수준이 높고, 따라서 지식수준과 비판적인 의식이 높게 된다는 것이고, 다른 하나는 사무직 노동자들이 아무리 교육수준이 높고 근무조건이나 의식수준이 높다고 하더라도, 여전히 노동자계급의 일부, 즉 상층으로서 자본의 휘하에서 임금예속적 노동과 생활을 하고 있기 때문에, 중산층적 의식과 함께 노동자적 의식을 가지고 있다는 것이다.

10) 이 무렵, 현대사회연구소(1991)의 "대학생 의식조사연구"(연구보고서 91-5)에 의하면, 대학생들은 남북통일 후 바람직한 체제로 절반 이상(52.3%)이 "사회주의의 장점을 가미한 자유민주주의 체제"를 꼽았고, 그 다음이 "자유민주주의 체제"로 26.6%였다. 그리고 "자유민주주의의 장점을 도입한 사회주의 체제"가 11.3%였고, "사회주의 체제"를 꼽은 경우는 6.7%였다. 유팔무(1992: 19).

연구하였다.

그 한 예로 이종현(1990)은 "노사분규의 원인이 사용자의 부당한 대우 때문인가, 노동자의 무리한 요구 때문인가, 노사 양쪽 다 문제인가"를 조사한 바 있다. 그는 하층 사무직 노동자, 공무원, 교사 등 화이트칼라 일부만을 대상으로 조사하였지만, 이 같은 질문들을 통해서 1990년을 전후한 화이트칼라 부문의 이념성향의 한 단면을 보여 주었다. 여기서는 "노사 양쪽이 다 문제"라는 대답이 공무원, 교사, 은행원 모두에게서 50%를 약간 상회하였고, "사용자 때문"이라는 대답이 32~37%에 달하였다.

다른 한편, 우리나라를 계급들로 분할되어 지배, 갈등하는 '계급사회'로 인식하는지, 특정계급에 대한 귀속의식이 어떠한지 등 '계급의식'이라 할 수 있는 측면에 대한 조사연구도 거의 없다. 대부분의 관련 분야 조사연구들은 '계층귀속'을 다룰 뿐이다. 그것도 적지 않은 경우, 객관적인 계층구조나 계급구조를 대신한다거나 상당히 많은 부분 간접적으로 암시해 준다고 간주하는 관점에서 그렇게 하고 있다. 이런 의미에서 우리는 우선 계급의식에 관한 드문 조사결과와 함께 계층귀속의식이 1990년대 초에 어떠했고, 중산층과 그 부문들은 어떤 차이를 보였는지에 대한 조사결과를 소개한 다음, 이것이 그 후 90년대 중, 후반을 거쳐 2000년대에는 어떤 변화를 보였는지에 대해 뒤에 다시 논하기로 하겠다.

1991년도 설문자료를 분석한 유팔무(1993)에 의하면, "한국 사회는 여러 계급이 있다"와 "한국 사회는 계급으로 나누어져 있지 않다"는 설명 가운데, 전자라고 답한 사람은 전체의 53.5%였고, 후자라고 답한 사람은 9%에 지나지 않았다. 한국 사회를 계급사회로 보는 시각을 가진 사람들은 공교롭게도 자본가계급과 노동자계급 각각에서 공히 60.6%를 차지했으며, 이는 중산층에 속한 사람들의 평균 48.9%보다 높은 비율이었다.

중산층은 자본가와 노동자들에 비해 계급적 사회관을 약하게 가지고 있는 것이었다.[11)]

이 연구에는 중산층의 '계층귀속의식'에 대한 분석도 포함되어 있다. 어떤 계층에 속하는지를 묻는 질문에 대한 응답 결과, 〈표 5-2〉에서처럼 '상층'에 속한다고 답한 사람 0.3%와 '하층'에 속한다고 답한 사람 25.0%를 제외한 나머지 75% 가량이 '중간층', '중하층', '중상층'에 속한다고 답하였다. 이 같은 주관적 계층귀속의식에 따른 '계층구조'는 다이아몬드형이 아니라 '종형' 구조(상→하: 0.3→4.3→42.1→26.2→25.0)를 보인다고 할 수 있다.

〈표 5-2〉 계급별, 부문별 주관적 계층귀속 의식

(단위: %)

		하층	중하층	중간층	중상층	상층
(전체)		25.0	26.2	42.1	4.3	0.3
자본가 계급		3.0	18.1	53.0	24.2	0.0
중산층		26.4	23.5	43.6	4.1	0.3
	부문(1)	4.5	20.5	50.0	22.7	0.0
	부문(2)	42.5	25.4	28.1	1.1	0.5
	1.	44.0	25.6	26.2	1.0	0.6
	2.	25.5	23.4	48.9	2.1	0.0

11) 그러나 이것은 단지 '평균적'인 의미에서 그럴 뿐이며, 중산층을 다시 부문별로 나누어 보면 결과는 매우 다르게 나타났다. 중산층에서 계급적 사회관이 가장 강하게 나타나는 부문은 제3부문(자본주의적으로 조직화된 상업서비스 분야의 중간관리자집단)으로서 무려 71.4%에 이르며, 그 다음은 역시 자본주의 부문에 속하는 제1부문(자본주의적 제조업 분야의 중간관리자집단)으로서 61.4%나 되었다. 그 반면에, 계급관계의 외곽에 위치하고 있는 농민과 소상품생산자 중심의 제2부문은

	부문(3)	11.4	5.7	74.3	8.6	0.0
	부문(4)	13.8	22.9	55.9	5.3	0.2
	1.	17.9	22.8	52.8	4.7	0.3
	2.	6.7	22.2	62.2	5.9	0.0
	3.	4.7	25.0	60.9	7.8	0.0
노동자계급 (하층)		23.5	32.8	39.2	2.3	0.2

그런데, 이런 주관적 계층귀속의식은 매우 주관적일 뿐 아니라 상대적이라는 사실이 드러나고 있다. 자본가계급 중에서는 절반 정도(53.0%)가 스스로를 '중간층'에 속한다고 답하였으며, 흔히 중산층으로 간주되어 온바, 중상～중하까지를 합치면, 무려 95.3%가 이른바 '중산층'에 답하고 있으며, 심지어 하층이라고 답하는 경우들(3.0%)도 있었다. 이런 현상은 노동자계급(하층)에게서도 유사하게 나타나고 있다. 이들 중 하층이라고 답한 사람은 불과 23.5%였고, 나머지는 거의가 다(76% 가량) 중산층이라고 답하는 것이다. 이는 객관적인 의미의 '계급귀속'과 주관적인 계층귀속 사이에 커다란 괴리가 있다는 사실을 말해 주는 것이라 하겠다.

그러면, 과연 중산층은 어떠한가. 역시 다양한 귀속의식을 가지고 있었으며, 하층에 속한다는 사람이 26.4%, 나머지 75% 가량은 중하～중상층에 속한다고 답하였다.

여기서도 부문에 따른 내적 차이가 심하게 나타났다. 특히 부문(2), 즉

41.2%로 가장 낮았으며, 제4부문은 평균수준에 불과하였다. 이처럼 중간계급의 계급적 사회관은 평균적으로 낮지만, 부문별로 현격한 내적 차이를 드러내고 있으며, 계급적 사회관을 강하게 지닌 부문은 자본-임금노동 사이의 계급관계 한 가운데에 끼어 있어 계급관계에 대한 경험이 직접적인 중간관리자 집단들이었다.

도시, 농촌의 생산 부문 자영업자층과 부문(1)+(3), 즉 기업체 내의 화이트칼라 중간관리자층(이른바 사무직) 사이의 차이가 두드러지게 나타나고 있다. 자영업자층 가운데에는 하층에 속한다는 사람이 무려 42.5%에 달하는 반면, '신중간계급' 이라 불리는 부문(1)과 (3), 그리고 부문(4)에서는 하층 귀속의식은 약하고, 중산층 귀속의식이 매우 높았다. 그만큼 자영업자층의 박탈감이 강하다는 이야기이다.

중산층 내부의 이 같은 차이, 특히 신중간계급 부문들과 구중간계급 부문들 사이의 차이는 그 후 1996년도 서울대사회발전연구소가 실시한 국민의식조사 자료를 분석해 보아도 마찬가지로 나타났다.

아래의 〈표 5-3〉은 생활수준에 대한 주관적인 평가와 중산층 귀속의식이 계급별, 부문별로 어떤 차이를 보이는지를 요약하고 있는데, 우선, 월 소득수준에 대한 주관적 평가를 보면 농어민을 제외하면 중산층 제 부문의 평균점수가 10점 만점에 5점 수준에 분포되어 있으며, 재산 정도에서도 농어민층이 가장 낮게 평가되고 있음을 알 수 있다.

〈표 5-3〉 계급별, 부문별 생활수준과 중산층 귀속의식

	화이트 칼라	농어민	자영인	공공 부문 종사자	민간 부문 종사자	하층 노동자
월 소득수준 (10점)	5.2	4.1	5.0	5.1	5.4	4.3
재산 정도 (10점)	4.6	3.9	4.4	4.3	4.6	3.8
문화수준 (10점)	5.5	4.4	5.4	5.5	6.6	4.7
중산층 귀속의식(%)	71.1	51.1	64.2	70.2	80.2	49.1

중산층 귀속의식은 중산층이 하층노동자에 비하여 대체적으로 높은 편이지만, 부문별로 보면, 민간서비스 부문(80.2%)과 화이트칼라(71.1%), 공공서비스 부문(70.2%) 등 소위 '신중간계급' 에 속하는 부문들이 높은 반면, 농어민(51.1%)과 도시 자영인층(64.2%) 같은 '구중간계급' 사이에서는 상대적으로 낮게 나타나고 있다.

(2) 선거와 정당지지를 통해 본 1990년대 중, 후반의 중산층 이념성향

그러면 이제 정당에 대한 투표행위 혹은 지지를 통해 중산층과 그 계급 부문들이 어떤 성향과 내적 차이를 보이는지에 대해 살펴보기로 하자.

정영태(1993)는 대통령 후보 중 민중후보로 추앙된 백기완에 대한 지지를 '진보' 성향으로 간주하여 계급별 정치성향을 평가한 바 있다. 그 결과, 구중간 계급 가운데에는 진보성향이 0%, 신중간계급 중 경영감독인 집단인 회사관리자층에서도 0%, 전문직에서는 9.1%, 화이트칼라 노동자 계급에서는 2.8%를 보여, 전문직이 가장 진보적이었고, 그 다음이 노동자 계급이었다. 여기서는 비록 라이트모델로 계급구분을 했으나, 계급들간의 차이뿐 아니라 중간계급 부문들 사이의 차이도 비교할 수 있다.

우리도 이와 유사한 접근법으로 이념성향을 보고자 하는데, 1995년도 6월 27일에 실시된 4대 지방선거에 대한 한국선거연구회(1995)의 조사결과부터 보기로 하자.

〈표 5-4〉에서와 같이, 광역단체장 선거에서는 진보-중도-보수의 스펙트럼에서 보수성향에 위치한다고 할 수 있는 민자당, 자민련에 대한 지지가 전체적으로는 44.0%이고, 중도성향이라 할 수 있는 민주당에 대

한 지지는 그보다 못해 37.9%이다.[12)]

〈표 5-4〉 1995년 지방선거 시기의 계급 부문별 투표정당과 지지정당

(단위: %)

	정당명	(전체)	전문/관리직	사무직	판매서비스직	농림어업	생산직	주부	학생	기타
광역단체장	민자당	30.0	24.6	25.6	28.3	28.6	31.6	36.9	13.6	39.5
	민주당	37.9	50.8	38.3	37.8	30.8	42.1	33.2	56.1	30.2
	자민련	14.0	8.2	21.8	12.2	26.4	11.8	10.7	6.1	20.9
	무소속	18.1	16.4	14.3	21.7	14.3	14.5	19.1	24.2	9.3
	(N=1,022)	100.0	100.0	100.0	100.0	100.0	100.0	100.0	100.0	100.0
기초단체장	민자당	24.7	24.6	18.7	25.3	12.1	20.8	32.1	14.3	35.6
	민주당	38.4	42.6	44.8	43.1	30.8	48.1	30.5	44.4	31.1
	자민련	9.3	6.6	8.2	6.7	18.7	9.1	10.5	6.3	6.9
	무소속	27.6	26.2	28.4	24.9	38.5	22.1	26.9	34.9	24.4
	(N=1,029)	100.0	100.0	100.0	100.0	100.0	100.0	100.0	100.0	100.0
광역의원	민자당	26.2	28.1	14.5	26.0	25.3	20.5	33.6	20.3	31.7
	민주당	41.6	43.9	45.8	43.8	29.9	47.9	38.5	49.2	36.6
	자민련	9.4	8.8	10.7	8.3	16.1	9.6	9.5	3.4	4.9
	무소속	22.8	19.3	29.0	21.9	28.7	21.9	18.4	27.1	26.8
	(N=973)	100.0	100.0	100.0	100.0	100.0	100.0	100.0	100.0	100.0
지지정당	민자당	19.6	18.2	12.0	23.1	12.4	11.9	26.6	10.7	23.2
	민주당	31.7	37.9	35.9	31.2	26.8	38.6	28.1	36.9	23.2
	자민련	8.0	6.1	6.6	10.2	21.6	4.0	5.7	2.4	8.9
	없음	40.8	37.9	45.5	35.6	39.2	45.5	39.5	50.0	44.6
	(N=1,200)	100.0	100.0	100.0	100.0	100.0	100.0	100.0	100.0	100.0

12) 이 시기에는 '진보정당'이 없었기 때문에 정당지지를 통해서는 보수-중도만 알 수 있고, 진보성향은 무소속 혹은 무당파에 묻혀 있었을 것이기 때문에 겉으로 드러나지 않았다.

보수성향은 농림어업에서 55.0%로 가장 높은 반면, 전문관리직에서는 32.8%로 가장 낮아 대조적이다. 중도성향 역시 전문관리직에서 가장 높아 50.8%인 반면, 농림어업이 가장 낮아 30.8%에 불과하다. 대체로 구중간계급 부문들이 보수적이고, 신중간계급 부문들이 보수보다는 중도성향이 더 강한 것으로 나타나고 있다.[13)]

기초단체장 선거에서는 중도성향(민주당) 지지(38.4%)와 보수성향(민자당, 자민련) 지지(34.0%)가 큰 차이를 보이고 있지 않으며, 농림어업 부문이 돌출하고 있다. 여기서는 무소속에 대한 지지가 가장 많았으며, 보수-중도에 대한 지지가 모두 30.8%로 같았다. 그러나, 나머지 다른 계급 부문들의 경우는 보수보다는 중도성향 지지가 높게 나왔다. 보수 지지는 주부층에서 가장 높게(42.6%) 나왔다.

광역의원 선거에서도 전체적으로 중도성향 지지가 41.6%, 보수성향 지지가 35.6%로서 중도성향 지지가 많게 나왔는데, 역시 농림어업에서 두드러진 차이를 보였다. 생산직과 함께 중산층 다른 계급 부문들은 모두 보수보다는 중도정당에 대한 지지가 높았는데, 농림어업 부문에서는 중도정당 지지(29.9%)보다 보수정당 지지가 훨씬 높게(41.4%) 나왔다.

지지정당을 묻는 질문에서도 중도성향 정당 지지가 보수보다 약간 높게 나타나고 있으며, 역시 다른 부문들에서와 달리, 농림어업 부문에서만 유독 중도정당에 대한 지지(26.8%)보다 보수정당들에 대한 지지(34.0%)가 높게 나오고 있다. 그러나, 다른 부문들 사이에서도 차이가 나타나고 있다. 도시 자영업자층(판매/서비스직)은 보수-중도 지지가 엇비슷하게 나오는 반면, 신중간계급에 해당하는 화이트칼라 부문들(전문관

13) 여기서 중산층 전체의 성향은 생산직 노동자가 포함되어 있기는 하지만, 이들의 유사한 성향을 감안한다면, 〈표〉의 '전체'(평균)와 같은 것으로 간주해도 무리가 없을 것이다.

리직, 사무직)에서는 보수보다 중도 지지가 훨씬 더 높게 나오고 있다(각각 24.3 : 37.9, 18.6 : 35.9). 결국, 구중간계급에 해당하는 이 도시자영업자층과 농림어업, 또는 농촌자영업자층을 합쳐서 보면, 이들을 제외한 '신중간계급' 에서는 중도성향이 강하고, 구중간계급은 보수성향이 더 강한 것이라고 할 수 있다.[14)]

그 다음, 1997년 12월 IMF 위기가 시작될 무렵, 제15대 대통령선거 시기의 조사자료(한국사회과학 데이터센터, 1997)를 통해 이념성향을 알아보기로 하겠다.

우선, 1996년 4월 11일에 실시된 제15대 총선에서 지지한 후보의 정당부터 보면, 〈표 5-5〉에서처럼, 보수정당인 신한국당과 자민련에 대한 지지가 42.5%, 중도정당인 국민회의와 민주당에 대한 지지가 34.8%로서 전체적으로 보수 지지가 높았다. 부문별로는 무엇보다도 노동자계급 하층에 해당하는 생산직과 농어업 부문의 중산층에게서 보수성향이 두드러지게 나타나고 있다. 보수계열 정당들에 대한 투표, 지지가 각각 49.2%와 49.0%로서 다른 중간계급 부문들에 비해 높게 나타나고 있다. 화이트칼라 상층에 해당하는 전문관리직의 경우는 오히려 중도성향의 정당들에 대한 지지(42.7%)가 보수정당들에 대한 지지(31.6%)보다 높은 것으로 나타나고 있다.

---

14) 그러나, 광역단체장, 기초단체장, 광역의원 선거에서의 투표후보의 소속정당 분포는 '간접적이고 부분적인 이념성향' 을 보여 주는 것이고, '지지정당' 분포 또한 마찬가지이겠으나, 지지정당에 대한 의사표명이 실제의 투표행위보다는 더 적극적인 정당지지를 뜻한다고 할 수 있다. 왜냐하면, 현재의 정당들 중에는 '지지정당 없다' 는 소위 '무당파' 층의 경우, 또 출마한 후보들 중에는 마땅한 지지후보가 없다고 보는 경우, "찍을 데가 없으니 차선책으로", 아니면 "다른 정당이나 후보가 더 싫어서" 그 정당이나 소속 후보를 찍는 수가 많기 때문이다. 그래서 이런 투표는 '소극적 지지' 이고, 정당투표에는 이런 부분들이 상당한 정도로 포함되어 있기 때문에, '평소 지지하는 정당' 을 뜻하는 '지지정당' 이 적극적 지지, 따라서 이념성향을 더 잘 드러내 보여 주는 지표가 된다는 것이다.

정당에 대한 호감도는 전체적으로 보면, 중도정당에 해당하는 국민회의에 대해 호감을 갖는 사람들이 32.7%로서 보수정당이었던 한나라당과 국민신당에 대해 호감을 갖는 경우(28.8%)보다 많았다. 중도정당을 선호하는 경향은 도시자영업자층(판매/서비스직)에서 가장 높게 나타났으며, 노동자계급 하층(즉, 생산직)에서는 오히려 중도정당(30.0%)보다 보수정당들에 대한 선호도(40.0%)가 더 높은 것으로 나타났다. 그래서 중산층 전체와 비교를 하면, 노동자계급이 더 보수성향이 높은 것으로 평가된다.

〈표 5-5〉 1997년 12월 제15대 대통령 선거 시기의 계급 부문별 이념성향

(단위: %)

		(전체)	전문/관리직	사무직	판매/서비스직	생산직	농어업	기타
96년 15대 총선	신한국당	34.5	26.5	34.1	30.3	45.9	30.3	39.4
	국민회의	27.0	34.6	24.2	37.0	24.6	22.7	18.9
	민주당	6.8	8.1	6.1	5.8	11.5	9.1	6.5
	자민련	8.0	5.1	9.1	8.3	3.3	18.2	7.4
	기타	23.6	25.9	26.5	18.6	14.7	19.7	27.9
	(N=1,156)	100.0	100.0	100.0	100.0	100.0	100.0	100.0
호감정당	한나라당	18.5	10.9	19.7	15.9	21.7	13.2	22.9
	국민회의	32.7	33.6	27.3	44.6	30.0	32.4	25.6
	국민신당	10.3	8.8	13.6	10.4	18.3	13.2	8.2
	기타	1.7	2.9	0.8	0.6	1.7	1.5	2.5
	없음	36.7	43.8	38.6	28.1	28.3	39.7	40.8
	(N=1,165)	99.9	100.0	100.0	99.6	100.0	100.0	100.0
제15대 대선	이회창	36.9	36.5	43.6	26.7	32.1	27.1	45.0
	김대중	41.1	45.2	34.2	51.5	32.1	50.8	33.8
	이인제	17.3	12.7	17.1	19.1	30.4	18.6	15.5
	권영길	4.1	4.0	5.1	2.0	5.4	3.4	5.3
	기타	0.6	1.6	0.0	0.6	0.0	0.0	0.6
	(N=1,061)	100.0	100.0	100.0	99.9	100.0	99.9	100.2

그 다음, 진보정당 후보가 참여한 15대 대통령 선거에서의 투표성향을 보면, 보수성향의 후보들을 투표한 사람들이 54.2%로 중도성향의 김대중 후보를 찍은 사람들(41.1%)보다 많아 보수지지가 높은 것으로 나타난다. 진보성향은 4~5% 수준에 머물고 있다. 보수 후보에 대한 지지도가 높은 곳은 노동자계급 하층에 해당하는 생산직과 중산층 화이트칼라 하층에 해당하는 사무직으로서 각각 62.5%와 60.7%에 이르고 있다. 이 두 집단의 중도성향 후보 지지도는 각각 32.1%와 34.2%이다. 반면, 중도성향에 대한 지지가 비교적 높은 곳은 구중간계급의 두 부문으로서 도시자영업자층(판매서비스직: 51.5%)과 농촌자영업자층(농어업: 50.8%)이었다.

한편, 이 조사는 응답자들의 주관적인 보수-중도-진보 성향에 대해서도 묻고 있어 귀중한 정보를 담고 있다. 〈표 5-6〉을 통해 그 평가 결과를 보면, 전체적으로 보수가 37.7%로 진보성향 32.8%보다 약간 높게 나오고 있다. 대부분의 계급 부문들에서 보수가 진보보다 높게 나오는데, 농어민층 사이에서만 진보성향이 더 높게 나오고 있음도 알 수 있다.

〈표 5-6〉 1997년 12월 중산층의 부문별 주관적 이념성향

(단위: %)

		(전체)	전문/관리직	사무직	판매/서비스직	생산직	농어업	기타
이념성향	보수	37.7	39.4	43.2	37.4	41.0	30.4	36.5
	중도	20.0	23.4	18.2	21.3	24.6	17.4	18.4
	진보	32.8	32.1	35.6	30.4	21.3	34.8	35.4
	모름	9.4	5.1	3.0	10.9	13.1	17.4	9.8
	(N=1,169)	99.9	100.0	100.0	100.0	100.0	100.0	100.1

3. IMF 이후 중산층의 정치적-이데올로기적 성향과 변화

그러면, 그와 같은 이념성향들은 IMF 사태 이후에는 과연 어떻게 달라졌는가. 우리는 IMF 직후의 상황과 그 후 2000년대를 넘어선 오늘날의 상황을 알아보고 비교, 검토해 보기로 하겠다.

(1) IMF 직후 1998년의 중산층 이념성향

우선, IMF 직후의 상황을 1998년 6월 지방선거 시기의 조사자료(한국사회과학연구센터, 1998)를 통해서 보면, 〈표 5-7〉에서처럼 주관적인 진보-보수의 스펙트럼이 나타났다.

전체적으로 보면, 스스로를 보수적이라고 생각하는 사람(34.3%)이 진보적이라는 사람(31.5%)보다 약간 더 많다. 이러한 경향은 과거와 다를 바 없다. 1997년의 경우, 보수가 37.7%, 진보성향 32.8%였으며, 1년 사이에 그 격차는 더 벌어졌다고 할 수도 있다. 즉, IMF를 겪은 직후, 중산층이 더 보수화되었다는 해석도 가능하다. 부문별로 보면, 생산직이 좀 두드러지는데, 스스로를 보수로 평가하는 경향이 44.4%로 가장 강한 반면, 진보라고 생각하는 사람은 23.6%에 불과했다. 이는 1997년과 별반 다르지 않다. 그러나, 이 생산직이 노동자계급(하층)이라는 점을 염두에 둔다면, IMF 직후 우리나라 노동자들은 최소한 '진보화' 나 '급진화' 하지 않았다는 것으로 해석해도 무리가 아닐 것이다. 나머지 중산층들도 이 점에서는 마찬가지이다.

〈표 5-7〉 1998년 6월 지방선거 시기의 중산층 부문별 정당지지와 이념성향

(단위: %)

		(전체)	전문직	공무원	기업체 직원	판매/서비스직	생산직	농어민	기타
이념성향	보수	34.3	37.4	39.0	30.4	34.6	44.4	34.3	33.0
	중도	20.4	21.3	22.0	26.1	19.5	19.4	11.9	20.4
	진보	31.5	37.3	36.6	34.2	32.4	23.6	35.8	29.5
	모름	13.8	4.0	2.4	9.3	13.5	12.5	17.9	17.1
	(N=1,471)	100.0	100.0	100.0	100.0	100.0	99.9	99.9	100.0
광역단체장	한나라당	37.2	43.2	45.2	37.1	33.3	31.9	40.3	
	국민회의	37.8	36.4	41.9	34.8	46.1	27.7	32.3	
	자민련	10.2	11.4	3.2	13.5	6.9	19.1	17.7	
	기타	14.9	9.1	9.7	14.6	13.7	21.3	9.7	
	(N=965)	100.1	100.1	100.0	100.0	100.0	100.0	100.0	
기초단체장	한나라당	34.0	38.6	37.5	32.2	27.4	31.3	38.7	
	국민회의	37.5	36.4	37.5	34.5	44.3	33.3	37.1	
	자민련	8.4	6.8	6.3	12.6	6.3	16.7	12.9	
	기타	20.0	18.2	18.8	20.6	22.0	18.7	11.3	
	(N=959)	99.9	100.0	100.1	99.9	100.0	100.0	100.0	
광역의원	한나라당	26.5	16.7	37.5	25.0	23.4	30.6	33.9	
	국민회의	31.8	38.1	28.1	31.0	37.7	24.5	32.3	
	자민련	10.6	4.8	9.4	19.0	7.9	14.3	14.5	
	기타	31.2	40.5	24.9	25.0	30.9	30.6	19.4	
	(N=938)	100.1	100.1	99.9	100.0	99.9	100.0	100.1	
정당선호	한나라당	11.7	17.3	12.2	12.4	9.8	19.4	13.8	
	국민회의	29.2	29.3	34.1	26.7	34.1	31.9	23.1	
	자민련	4.2	1.3	4.9	5.6	3.7	4.2	6.2	
	국민신당	2.9	1.3	2.4	1.9	4.4	5.6	1.5	
	없음	51.9	50.7	46.3	53.4	48.0	38.9	55.4	
	(N=1,464)	99.9	99.9	99.9	100.0	100.0	100.0	100.0	

그 다음, 광역단체장 선거에서는 보수정당 후보를 선택한 사람(47.4%)이 중도정당 후보를 택한 사람(37.8%)보다 많아 보수성향이 높다는 것을 보여 주었다. 부문별로 보면, 보수성향이 높게 나온 부문들은 농어민층(58.0%)과 전문직(54.6%)이었고, 중도성향은 판매서비스직에서 다소 높은 것으로 나타났다. 기초단체장 선거에서도 보수정당들에 대한 지지가 전체적으로 높게(42.4%) 나왔는데, 부문별로는 역시 농어민층에서 가장 높았고(51.6%), 중도성향은 마찬가지로 판매서비스직에서 높았다(44.3%). 광역의원 선거에서도 보수 지지가 다소 높게(37.1%) 나왔으며, 부문별로는 앞서와 유사하게 농어민층(48.4%)과 생산직(44.9%)에서는 보수 지지가 높게, 판매서비스직에서는 중도 지지가 높게(37.7%) 나왔다.

선호하는 정당에 대한 물음에 대해서는 "없다"고 답한 소위 '무당파'가 50%를 약간 웃도는 것으로 나타났고, 보수정당들보다는 중도정당(국민회의)에 대한 선호도가 더 높게(18.8%:29.2%) 나타났다.[15] 선호하는 정당을 '적극 지지'로 간주한다면, 보수정당들에 대한 적극 지지가 상대적으로 높은 계급 부문들은 생산직(29.2%), 농어민(21.5%) 순이며, 중도정당에 대한 적극적 지지가 상대적으로 제일 많은 부문은 역시 판매서비스직(34.1%)이었다.

---

15) 선호정당에서 보수정당들이 이렇게 중도정당보다 지지를 훨씬 적게 받고 있음에도 불구하고, 앞서 본 실제의 투표에서는 보수정당에 대한 지지가 다 높게 나왔다. 이런 기이한 현상은 보수정당에 대한 투표의 절반 이상이 '보수적인 무당파'로서 "찍을 데가 없어서" 혹은 "국민회의가 싫어서" 소극적으로 투표했기 때문이었던 것으로 해석된다. 이런 의미에서 우리는 정당에 투표한 사람들 중에는 적극적 지지와 소극적 지지가 어우러져 있는 것으로 보아야 하고, 어떤 당을 '선호하는 정당'으로 꼽는 경우를 '적극적 지지'로 간주할 수 있을 것이다.

(2) 2000년대 중산층의 이념성향

그러면, 오늘날 IMF 사태를 뒤로하면서 2000년대를 넘어선 우리나라 사람들의 주관적인 이념성향은 어떻게 변했을까.

2003년 4월 말 한국갤럽의 국민의식조사[16]에 의하면, 스스로 보수라고 답한 사람이 무려 46.6%로서 진보(27.2%)나 중도(26.3%)보다 훨씬 더 많은 것으로 나타났다.

〈표 5-8〉 2003년 4월 중산층의 부문별 이념성향

(단위: %)

	(전체)	농림어업	자영업	블루칼라	화이트칼라	주부	학생	무직
진보	27.2	29.0	24.0	27.9	33.3	23.6	32.5	23.1
중도	26.3	33.8	24.3	27.5	25.6	22.9	33.2	26.9
보수	46.6	37.1	51.7	44.6	41.1	53.5	34.2	49.9
(N=1,041)	100.1	99.9	100.0	100.0	100.0	100.0	99.9	99.9

이를 계급 부문별로 비교해 보면, 〈표 5-8〉에서와 같이, 주부를 제외하면, 자영업자층이 가장 보수적이라고 답(51.7%)하고 있으며, 블루칼라, 즉 노동자계급의 하층에 속하는 생산직 노동자가 뒤(44.6%)를 잇고 있다. 다소 진보적인 성향을 많이 드러낸 집단은 학생을 제외하면, 화이트칼라이다. 그러나 이 경우에도 진보(33.3%)가 보수(41.1%)보다는 적다.

또, 이와 비슷한 시기인 2003년 8월 한길리서치연구소(2003)의 정치여

16) 『조선일보』의 의뢰에 따라 4월 29일 이루어진 이 조사는 전국의 성인남녀 1,041명을 상대로 전화조사를 한 것이다. 통계자료는 인터넷 Korea Gallup DB에서 인용함.

론 조사를 통해서도, 계급 부문들에 따른 이념성향과 그 차이를 볼 수 있다. 전국의 성인남녀 1천 명을 상대로 한 전화면접조사 결과, 계급 부문별로는 농림어업이 5.6%, 자영업 16.1%, 블루칼라 12.9%, 화이트칼라 18.3%, 주부, 학생, 무직 등 기타가 47.1%였고, 〈표 5-9〉에서처럼 어떤 계급 부문이든 중도성향이 가장 높은 것으로 나타났다.

〈표 5-9〉 2003년 한국 중산층의 부문별 이념성향과 의식

(단위: %)

		계급, 계급 부문들					이념성향		
		전체	농림 어업	자영업	화이트 칼라	블루 칼라	진보	중도	보수
이념성향	진보	3.4	0.9	2.8	6.4	2.1			
	중도	29.1	37.5	37.4	26.2	27.5			
	보수	20.9	17.2	14.5	21.5	22.9			
노동운동에 대한 태도	지지	8.2	6.1	6.8	10.6	14.1	29.9	8.0	7.3
	비판	90.8	90.0	93.2	88.8	83.8	70.1	90.4	92.2
노 대통령 국정수행 평가	잘함	25.8	38.7	26.7	25.4	16.5	24.8	37.4	9.6
	보통	41.4	36.0	36.6	39.2	51.3	34.5	44.2	45.0
	못함	31.6	22.7	36.2	34.9	32.3	40.8	17.7	44.2
IMF 이후 경제사정	나음	10.8	7.9	8.7	12.6	12.8	15.1	11.3	8.8
	비슷	50.3	41.6	39.3	57.2	47.9	48.9	51.0	48.2
	못함	38.5	50.6	52.0	29.6	39.2	36.0	37.3	43.0

· 이념성향:민주노동당 지지 = 진보, 민주당 지지 = 중도, 한나라당 지지 = 보수
· 노동운동에 대한 태도를 물은 질문: "주5일제 및 노조의 경영참여를 얻어낸 현대자동차의 파업과 협상 타결, 주5일제 정부안 반대, 화물운송노조의 물류파업으로 이어지는 최근 노동운동에 대해 어떻게 생각하십니까?"

전체적으로 보면, 민주당을 지지하는 중도성향이 29.1%로 가장 많고, 그 다음은 한나라당을 지지하는 보수성향으로서 20.9%, 민주노동당을

지지하는 진보성향이 3.4%였는데, 계급 부문별 차이도 비교적 크게 나타났다. 화이트칼라나 블루칼라에 비해, 구중간계급의 커다란 두 부문을 이루고 있는 농어민층과 도시의 자영업자층의 중도성향이 각각 37% 수준으로 높게 나타나고 있다.

이 같은 차이는 이른바 '전투적인 노동운동'에 대한 지지나 비판의 정도 면에서도 나타나, 구중간계급의 지지는 더 낮고 비판은 더 세게 나타난다. 그러나, 주목해야 할 사항은 화이트칼라건 블루칼라건 상관없이 '노동자' 들마저도 80% 이상의 압도적인 숫자가 노동운동을 비판하고 있다는 점이다. 왜 그럴까. 이것은 우리나라 노동자들의 압도적인 다수는 이념성향이 진보(10% 미만)가 아니라 중도적이거나 보수적이기 때문이다.

노 대통령에 대한 평가를 보면, 이념적으로 중도성향에 있는 사람들이 "잘했다"는 점수를 많이 주는 반면(37.4%), 보수-진보 양쪽에서는 잘못했다는 평가가 공히 많다. 이와 같은 좌우 양쪽으로부터의 비판과 중도로부터의 지지는 결국 노무현 대통령이 우리가 평가하듯 진보-중도-보수의 스펙트럼에서 볼 때, '중도성향'에 있다는 것을 반증해 주는 것이라고 할 수 있다. 계급 부문별로 보면, 농어민층 사이에 가장 지지가 높고(38.7%), 블루칼라, 즉 노동자계급 하층 사이에서 지지가 가장 낮다(16.5%).

한편, IMF 때와 비교해 현재의 집안 경제사정이 나아졌느냐는 질문에 대해서도 계급 부문별 의견차이가 나타난다. 구중간계급에 해당하는 농림어업과 자영업자층 사이에서는 나빠졌다는 의견이 각각 절반 이상을 차지한 반면, 화이트칼라, 블루칼라 사이에서는 비슷하다는 의견이 가장 많았다. 여기에 대해 진보-보수 간의 차이는 없는 것("비슷하다"가 각 50% 수준)으로 보이나, 보수 쪽에 "나빠졌다"는 의견이 더 많은 것(43.0%)으

로 나타나고 있다.[17]

지금까지 우리는 1990년대 초에서부터 시작하여 1990년대 말 IMF 시기를 거쳐 2000년대 초에 이르기까지 우리나라 중산층과 그 부문들이 어떤 이념성향을 지녀 왔는지, 그리고 그러한 성향은 특히 IMF를 거치면서 어떤 변화를 겪었는지, 급진화를 한 것은 아닌지에 대해 검토해 보았다. 그 결과는 그다지 복잡하지 않았으며, 다음과 같다.

첫째, 우리나라 중산층은 예나 지금이나 진보보다는 보수성향이 더 강하다.

둘째, 이러한 보수성향은 IMF 사태에 대한 경험을 통해 진보 쪽으로 전환되거나 선회하지 않았으며, 오히려 그 반대라는 증거들도 있다.

셋째, 중산층도 중산층 나름이라는 점이 확인되었다. 즉, 중산층을 구성하는 구중간계급, 신중간계급 부문들이 이념적인 성향의 면에서 차이를 지니고 있다는 것이다. 대개의 경우, 농어민층을 비롯한 구중간계급 부문들의 보수성향이 더 강하고, 전문직이나 화이트칼라 사무직 노동자층을 비롯한 신중간계급 부문들이 상대적으로 덜 보수적이고 중도성향이 강한 것으로 나타났다.

넷째, 중산층을 생산직 종사자, 즉 노동자계급(하층)과 비교해 보면, 중산층이 더 보수적인 편이다. 그렇지만, 중산층의 부문들과 비교하면, 중도성향의 분파들에 비해서는 노동자들이 더 보수적이고, 보수성향의 분

---

17) 『한겨레신문』이 2004년 5월 리서치플러스에 의뢰하여 성인남녀 1천 명을 상대로 전화여론조사를 한 결과에 의하면, "앞으로 우리 사회가 어떤 방향으로 나아가는 것이 더 바람직하냐"는 물음에 '북유럽식 사회민주주의'라는 대답이 44.8%로 '미국식 자유민주주의'(39.2%)보다 다소 높게 나왔다. 20~30대와 직장인, 대학생, 민주노동당 지지자, 스스로 진보적이라고 생각하는 이들을 중심으로 '북유럽식 사회민주주의' 선호 현상이 두드러졌다. 반면, 한나라당 지지자는 '미국식'(46.8%)을 '북유럽식'(35.4%)보다 선호하는 것으로 나타났다(『한겨레신문』, 2004년 11월 29일자).

파들에 비해서는 덜 보수적인 것으로 나타난다.[18)]

여기서, 노동자들이 '덜 보수적'이라고 말한 이유는 일반의 인식과는 전혀 다르게, 노동자들도 사실은 중산층 못지않게 보수-중도 성향이 강하며, 진보성향은 약하기 때문이다. 이 같은 점은 앞서의 비교분석을 통해서도 여러 차례 확인된 바 있지만, IMF 사태를 거치고 2000년대에 들어선 오늘날에 이르기까지도 크게 달라지지 않았다.

노동자들의 보수성은 2002년 8월 한국노총 조합원의 정치의식에 관한 서복경(2002)의 조사연구에서 잘 드러나고 있다. 이 조사는 '전형적인 우리나라 노동자들'이라 할 수 있는 노동자들이 보수정당을 가장 많이 지지하고 있다는 사실을 보여 주고 있다.

〈표 5-10〉 2002년 한국노총 노동자들의 객관적, 주관적 이념성향

(단위: %)

(N=2,333)	진보			중도			보수		
2000년 총선 (정당투표)	10.9			25.8			34.4		
2002년 지방선거 (정당투표)	18.8			15.9			30.8		
선호하는 정당	14.6			15.7			25.3		
주관적 이념성향	51.7			30.9			17.5		
주관적 성향별 선호 정당	진보(N=1,183)			중도(N=708)			보수(N=399)		
	진보	중도	보수	진보	중도	보수	진보	중도	보수
	22.7	19.6	18.9	7.9	11.3	24.1	7.6	4.4	44.3

이념성향: 민노당, 사회당 = 진보, 민주당 = 중도, 자민련, 한나라당 = 보수.

18) 따라서, 중산층을 흔히 그렇게 하듯이 고학력 지식인층 중심으로 규정하거나 파악해서 노동자계급(하층)과 비교하는 경우, "중산층이 더 개혁적이다"라는 결론, 혹은 왜곡으로 나아갈 수 있게 된다.

〈표 5-10〉에서처럼, 2002년도 지방선거에서 진보정당에 대한 지지(18.8%)나 선호(14.6%)는, 2000년(34.4%)에 비해 올라간 것임에도 불구하고, 보수정당에 대한 지지(30.8%)와 선호(25.3%)에 크게 못 미치고 있다.

다른 한 가지 주목할 만한 점은 노동자들이 스스로의 이념성향을 주관적으로 평가한 것을 보면, 진보적이라고 자평하는 사람들이 무려 절반을 넘어 51.7%에 달하는 반면, 보수적이라고 답하는 사람은 17.5%에 불과하다는 점이다. 이 같은 주관적 인식은 실제의 이념성향, 즉 실제의 정당 지지나 선호와 크게 불일치하는데, 그 이유 중 하나는 진보나 보수에 대한 주관적인 이해방식이 다소 막연하기 때문일 것이다. 이 같은 불일치 현상은 주관적 이념성향별 지지정당을 볼 때에도 잘 드러나고 있다. 스스로 진보라 평한 사람들 중 진보정당에 친밀감을 갖는 사람은 22.7%에 불과하며, 중도적이라 한 사람들 중에서는 보수정당을 선호하는 사람들이 오히려 더 많은 것으로 나타났다.

제6장 요약과 결론—중산층은 몰락하지 않았다

1997년 말 IMF 사태가 발생했을 때 우리나라는 정말 떠들썩하게 되었다. 우선은 이 사태를 어떻게 수습할 것인가 하는 점이 이슈가 되었고, 마침 대선과 맞물리면서 "누구 탓이냐" 하는 공방전이 벌어졌으며, 학계에서는 심도 깊은 '발전모델과 체제' 를 둘러싼 논란이 벌어졌다. 그리고 일반사회에서는 구조조정, 정리해고, 명예퇴직, 실업, 홈리스 노숙자 문제 등이 터져 나오면서 주된 화제와 관심사가 되었고, 정신생활과 함께 경제-소비 생활은 긴장감과 위축상태가 지배하게 되었다. 다른 한편, 언론계에서는 "IMF 때문에 중산층이 무너지고 있다. 그래서 중산층은 위기의식과 박탈감에 빠져 들고 있으며, 만일 그렇게 되면, 사회의 안정이 깨어지고 혼란과 불안상태가 초래될 것이므로, 정부는 시급히 중산층 보호 대책을 강구해야 한다" 는 목소리가 강하게 대두되었다. 그리고 이 같은 언론의 한결같은 목소리와 보도태도가 바로 이 연구의 문제의식과 문제제기를 촉발시켰다.

1. 연구의 문제의식과 주요내용

우리의 문제의식에서 가장 큰 것은 그와 같은 언론의 상황판단과 '주장'이 스스로 중산층인 언론인들이 펴는 '엄살'이 아니냐는 것이었고, 그 엄살에 동원되는 논리와 자료 또한 모순적, 역설적, 편파적, 피상적인 것 아니냐는 것이었다.

그들은 무엇보다도 계층 이론과 중산층 중심 사회 이론에 입각해 있으면서 그 반대측인 맑스주의의 계급양극화 및 중간계급 프롤레타리아화 및 혁명 이론 등을 차용하여 논지를 폈으며, 노동자-서민의 고통을 이야기하기보다는 중산층이 이들과 같아지는 것을 우려하였다. 문제를 노동자-서민의 관점에서 보지 않고 중산층의 입장에서 보고, 또 이들에 대한 보호대책을 역설하는 데에만 열중하는 편파성을 보인 것이다. 그들이 또 중산층 몰락과 양극화의 증거로 제시하는 사항들은 대개 단편적인 사례들 외에 소득격차 확대와 주관적 계층 귀속의식 분포의 변화였다. 그러나 소득은 계층구분의 기준이고 중산층 귀속의식(실제로는 중류층 귀속의식)은 객관적인 상황이나 변화가 아니라 '심정적'인 상황변화를 말해 주는 것이기 때문에 두 가지가 다 피상적인 증거들이다. 더욱이 이러한 증거들도 이 연구를 통해 확인해 본 결과, 좀더 긴 시간 스펙트럼 속에서의 추이를 보면, 증거불충분임이 드러났다.

어쨌든, 우리는 그러한 문제의식에서 출발하여, 과연 우리나라의 중산층이 IMF 사태를 겪으면서 과연 몰락했거나 그러한 추세에 있는가, 또 그래서 계급/계층의 구조가 양극화되었거나 되는 추세에 있는가 하는 점을 이론과 실제를 통해 논증 및 검증하기로 하였다. 그렇지만, 그와 같은 현상이 아주 짧은 기간에 일시적, 아니 충격적으로 일어날 수 있는 일이라는 점을 염두에 두어 시간 스펙트럼을 좀 길게 잡아 1990년대 초부터 시작하여 IMF 쇼크가 지난 시점까지를 연장해서 살펴보기로 하였다. 그리고 또 무엇보다 큰 고심거리는 도대체 중산층을 누구로 볼 것이냐, 그리고 양극화나 몰락은 무엇으로 볼 것이냐 하는 이론적, 개념적인 문제였다.

그래서 이 연구에서는 우리의 문제의식을 밝히고 문제를 제기하는 제1장(중산층 몰락론, 무엇이 문제인가)에 이어 제2장과 3장에서는 이론적, 개념적인 논의부터 시작하였다. 두 개의 장은 각각 '계급양극화' 와 '중간계급' 및 '중산층' 에 관한 이론과 개념을 둘러싸고 벌어진 해외에서의 논의와 국내에서의 논의를 구별해서 다루었다. 그리고 제3장의 끝 부분에 가서는 우리의 입장을 정리하고 경험적 분석을 위한 중산층 개념을 규정하였다.

여기서 정리된 우리의 입장은 첫째 양극화와 몰락 현상은 두 가지 차원으로 나누어 구조의 측면과 상태의 측면으로 보아야 할 것이며, 구조의 측면에서의 양극화나 몰락이 실질적인 의미에서의 양극화나 몰락이라는 것이다. 구조의 측면은 계급/계층적 인구구조와 그 변화를 말하며, 상태의 측면은 특정 계급이나 계층의 소득, 경제생활, 의식상태 및 그 변화를 말한다.

둘째, 중산층은 중간계급으로 파악하는 것이 좋다는 것이다. 중산층은 계층적인 집단으로 파악할 수 있고 그렇게 파악하는 사람들도 많이 있지만, 특히 몰락이나 양극화를 분석하고 설명하는 데에는 구조 변수와 상태 변수를 명확히 구별하는 관점, 즉 계급 이론적 관점이 논리적으로 선명하고 또 설명력, 설득력을 더 가진다는 이유 때문이다. 더욱이 몰락이나 양극화의 개념과 이론은 칼 맑스의 계급 이론에서 연원한 것이기 때문에, 이것과 질이 너무 다른 계층 이론적 관점에서 몰락이나 양극화를 끌어다 적용하는 데에는 여러 가지 모순과 혼란이 발생하고 무리가 따르기 때문이다.

그러나, 중산층을 중간계급과 동일시한다 하더라도, 그 중간계급은 흔히 구중간계급이라 불리는 맑스의 중간계급과 동일한 것이 아니라 이 중간계급과 사무직 화이트칼라 노동자 등 소위 '신중간계급'을 합친 계급을 뜻한다.

그 다음, 제2장과 3장에 걸친 이론적 논의와 개념정의 이후 제4장에서는 경험적 통계자료들을 통해 IMF 이후 우리의 중산층이 몰락했는가, 그래서 계급구조는 양극화되거나 되는 추세에 들어갔는가 하는 점을 검증하고자 하였다. 그러나, 앞서 말한 바와 같이, 시기를 크게 넷으로 나누어 1990년대 초, IMF 사태 직전에 해당하는 1990년대 중반, IMF 직후인 1998년, 99년, 그리고 2000년대 진입 이후 등으로 나누어 고찰하였다. 이 시점들은 IMF 사태발생 5~6년 전, 1~2년 전, 1~2년 후, 5~6년 후라고 할 수 있다.

다른 한편으로는 계급구조의 측면과 생활상태의 측면을 나누어 고찰하였다. 여기서 우리는 상태의 측면보다는 구조의 측면에 관심을 더 집중하였으며, 의식상태, 특히 '정치적-이데올로기적인 성향'과 그 변화에 대해서는 따로 제5장으로 분리해 고찰하였다.

다른 한 가지 우리가 관심을 많이 갖고 분석한 것은 '중산층 내부의 차이'였다. 중산층은 한 덩어리가 아니라 그 내부에 이질성이 큰 집단들을 포괄하고 있는 거대 범주이며, 따라서 그 하위 부문들은 경제적인 면에서 위치나 상태가 다르고, 경험과 의식상태도 차이가 많을 것이라고 보았기 때문이다. 실제 분석을 통해서도 그 내부적 차이들은 여러 곳에서 발견, 확인되었다.

활용이 가능한 자료들이 충분하지 못해 제4장이나 5장에서의 분석은 심도 있는 분석에까지는 이르지 못했으나, 논리적 일관성은 계속 유지하였다. 그래서, 우리의 개념과 분석틀에 맞지 않거나 유용하지 않은 자료나 정보는 '신빙성' 이나 '내용' 이 없는 것으로 보여 활용하지 않았다.

또한, 대개의 실증분석이나 검증작업들이 그 이면에서 이루어지는 행동이나 경험을 도외시하고 겉으로 드러나고 집계된 수치에만 매달리는 우를 쉽게 범하지만, 사실 우리의 연구도 수치에 매달리는 그런 피상적 분석의 수준을 별로 넘어서지는 못하였다. 이 점은 특히 계급 부문들의 차이를 밝히거나 계급들의 생활상태 및 변화를 밝힘에 있어서 그러했다. 예를 들어, 농민과 도시자영업자, 기업의 화이트칼라, 정부기관의 공공서비스 부문 종사자가 인구수나 소득수준의 현황, 또 그것들의 수치상 변화는 피상적이고 외형적인 것이다. 우리는 그 이면에 있는 실제적인 내용, 예컨대 각 집단의 인구나 소득이 왜, 어떻게 변화해 왔는지, IMF 사태는 각각의 집단들에게 어떤 작용을 하였고, 그 집단들은 IMF를 어떻게 경험하였는지 등을 파헤치고 드러내는 작업을 하지 못했다는 것이다.

이 같은 분석의 한계와 문제점은 의식상태의 한 중요한 측면인 이념성향과 변화를 다룬 제5장에서도 마찬가지였으며, 사실은 더 심하다고 할 수 있다. 투표행위나 정치적인 의식, 그리고 이념적인 보수-진보 성향과 그 변화를 수치와 수적인 분포로 표시하고 증거자료로 사용하는 것 역시 그 이면에 숨어서 작용해 온 실질적인 내용을 보여 주지는 못하는 추상적이고 피상적인 사실일 뿐이다. 그것들을 좌우하는 요인들은 교육, 거주지역, 지역감정, 정치정세, 국제정치적 상황 등 여러 가지가 있을 것이다.

어쨌든, 우리는 그런 한계와 문제점을 의식하면서, 제5장에서는 중산층의 의식상태가 과연 IMF를 전후하여 어떻게 달라졌는가 하는 점을 검토하였고, 중산층이 과연 우리 사회 일각에서 IMF 이후 끊임없이 주장하는 바와 같이 "급진화"했는지, 아니면 그런 징후를 보이는지를 검증하고자 하였다. 물론 이 주제는 중산층이 몰락했느냐, 혹은 그런 추세를 보이느냐 하는 점을 검증하는 것과는 다른 것이다.

우리는 제4장과 5장을 통해서 "중산층이 몰락했다는 증거가 없다." "IMF 직후 중산층이 일시적으로 축소되는 현상이 나타났다." "중산층은 IMF 이후에도 여전히 보수성향이 가장 강하다"는 점을 확인하였다.

우리의 이론적 논의와 입장, 그리고 4, 5장에서의 분석 결과를 좀더 자세하게 요약, 정리하면 다음과 같다.

2. 연구결과의 요약

(1) 중산층 몰락과 계급양극화의 이론

1997년 말 IMF 사태가 발생한 이후, 한국 사회에서는 '중산층의 몰락과 양극화'의 이론이 등장하였다. 이 '중산층 몰락' 론이란 표면적으로는 IMF 사태로 인해 중산층이 대량해고, 소득저하를 겪게 되는 현상, 그리고 그 수가 줄어드는 현상을 가리키는 것인데, 속으로는 중산층이 몰락하면, 계층구조가 양극화되어 "사회안정의 중심축이 무너지고 혁명적 위기가 도래한다"는 정치-사회적 위기론을 뜻한다. 그리고, 이 같은 몰락 이론이 결론적으로 주장하고 요구하는 것은 대개가 "중산층 보호-육성책을 강구하지 않으면 안된다"는 것이다. 이런 이론 혹은 명제는 IMF 직후부터 오늘날에 이르기까지 계속되고 있다.

이 연구는 바로 그런 명제와 주장이 맞는 것인지를 이론적-경험적으로 연구, 검증하기 위한 것이다.

중산층 몰락과 양극화 여부를 검증하기 위해서는 우선 이론적, 개념적으로 그 의미들을 명확히 정립할 필요가 있다.

중산층 몰락과 양극화 이론의 '원조'는 칼 맑스였다.

그는 경제적 경쟁과 갈등의 논리에 입각해 계급 이론을 폈으며, 중간계급은 자본주의가 발달해 가면서 몰락해 노동자계급의 한 부분으로 변해 가고, 이로 인해 계급구조는 크게 자본가-노동자 두 계급으로 단순화, 양극화하게 된다고 주장하였다. 노동자계급 또한 자본가계급과 힘이나 생활상태 등의 면에서 격차가 벌어지고 양극화되면서 불만이 누적되어 의식화, 조직화되고 저항을 하여 자본주의 체제를 붕괴시키는 힘으로 작용한다고 보았다.

중간계급의 몰락과 양극화 이론을 포함하는 맑스의 이런 계급 이론에 대해서는 그 후 다각적인 찬반논의가 이루어져 왔다. 막스 베버를 비롯하여 맑스주의, 베버주의, 네오 맑스주의, 실증주의 이론가들을 통해 맑스 이론에 대한 검증이나 수정, 반박, 새로운 이론 개발 등이 이루어져 왔다. 그 과정에서 생겨난 개념과 이론이 '신중간계급' '화이트칼라' '계층 이론' '중간계층' '중산층' '중산층 중심 사회' 이론 등이며, 대개는 맑스의 계급양극화 테제를 부인 혹은 비판하는 입장을 담고 있다(제2장 참조).

국내의 학계에서도 이와 유사한 공방이 진행되었다. 반공적인 분위기가 압도했던 1980년대 초까지는 계층 이론과 중간계층 비대화론, 즉 양극화론의 반대 이론만이 성립했으며, 교과서나 각종 시험에서 '정답'으로 처리되었다. 그러다가 1980년대 중반에 접어들면서 네오 맑스주의와 레닌주의 이론이 급속히 유입, 확산되면서 맑스주의 계급 이론이 출현하게 되었고, 기성의 계층 이론이나 중산층 중심 사회론과 공방을 벌이면서, 이를 경험적 연구를 통해 검증하려는 시도들, 또 개념과 이론을 재구성하는 시도들이 나타났다. 1980대 중후반 이 분야에서 두각을 나타냈던 학자들은 김영모, 홍두승, 서관모, 한상진, 한완상 등이었다. 그러나, 이러한 공방과 연구들은 1990년을 전후한 사회주의권 몰락을 계기로 소강상태로 접어들었다. 그리고 그 후로는 이론적 공방이나 논쟁을 결한 상태에서 계급/계층에 관한 연구들이 제각각 이루어지는 형태로 진행되었다. 1990년대에 이 분야에서 새롭게 등장하여 두각을 나타낸 학자들은 조은, 신광영, 조돈문 등의 '라이트 학파' 들이었다(제3장 참조).

(2) 중산층에 대한 우리의 개념규정

중산층에 대한 개념규정방식은 매우 다양하지만, 크게 보면 계층적인 개념규정방식과 계급적인 개념규정방식으로 나뉜다. 주류 학자들의 경우는 대부분 '중간계층' '중류층' 으로 간주하여 "소득수준이나 생활수준이 중간쯤 되는 사람들의 집합" 으로 간주하며, 일부는 '주관적인 중산층(혹은 중류층) 귀속의식' 까지 그 요건으로 간주하기도 한다.

우리는 이런 규정방식이 자의적-임의적이기 때문에 실체를 잡을 수 없고, 연구자나 분석하는 사람마다 그때그때 다른 집단을 '중산층' 이라 간주하기 때문에, 객관적인 분석이나 비교연구 등이 곤란하고, 인과관계

면에서 원인과 결과를 뒤섞는 혼란이나 동어반복을 초래하고, 피상적이어서 설명력이 약하다고 보기 때문에, 그런 문제들을 피해 가는 계급론적 개념을 취했다.

우리는 도시와 농촌의 자영업자층을 중심으로 이루어진 맑스의 중간계급 개념, 흔히 구중간계급이라 불리는 집단을 중산층의 핵으로 간주하였다. 그러나, 이 중간계급에서 공무원, 교사 등 '지식인 부류' 를 빼내와 노동자계급 내의 지식인 부류 혹은 상층부(이른바 사무직 노동자)를 합쳐 화이트칼라 혹은 신중간계급이라 불리는 집단도 대체로 '중산층' 으로 간주하였다. 우리의 중산층 개념은 즉 신구 중간계급의 합이라는 것이다.

본래 '중간계급' 은 자본-임금노동 관계 바깥에 존재하는 가장 큰 계급으로서 여기에는 두 부류가 있다. 하나는 소위 '구중간계급' 으로서 제조업, 상업, 서비스업, 농업을 불문하고 자기자본과 자기노동력을 중심으로 상품의 생산, 유통에 종사하는 영리 부문 종사자들이고, 다른 하나는 비영리 서비스 부문으로서 공공, 민간의 소비기금에 기초하여 운영되는 기관이나 단체에 속하여 서비스를 제공하는 공공, 민간 서비스 부문 종사자들(정치가, 행정직 공무원, 군인과 종교, 사회단체 종사자 등)이다. 이 후자는 '신중간계급' 이론에서는 신중간계급의 한 부분으로 재분류된다.

신중간계급에는 이들 외에도 '자영업 형태의 자유전문직 종사자 집단', '기업 부문의 사무, 관리, 판매, 기술직 종사자 집단' 이 포함된다. 우리는 이 기업 부문 종사자 집단이 대부분 중간계급이 아니라 '노동자계급' 에 속한다고 보며, 그 절반은 노동자계급 상층, 나머지 절반(하급사무원, 영업직, 하급기술자 등)은 노동자계급 하층에 속한다고 본다. 그러나, 이들을 대부분 '중간계급', 즉 '새로운 중간계급' 으로 간주하는 견해가 워낙 지배적이기 때문에, 우리는 논의의 편의상 이들 중 상층부, 혹은 자료의 성격상 상하 직위가 구별이 안 되는 경우에는 전부를 '중산층' 으로 간주하기로 하였다.

이렇게 해서 우리는 중산층을 크게 네 부문으로 이루어져 있는 것으로 파악하였다. 첫째의 두 부문은 생산 부문들로서 자본주의 기업의 화이트칼라 노동자와 비자본주의 조직 부문의 도시, 농촌의 자영업자층이고, 둘째의 두 부문은 비생산 부문들로서 자본주의 조직 부문의 비생산적 화이트칼라 노동자층과 비영리 공공, 민간서비스 종사자층이다([그림 6-1] 참조).

	중산층	
	자본주의 조직 부문	비자본주의 조직 부문
생산 부문	〈제1부문〉 1-1.화이트칼라 노동자	〈제2부문〉 2-1. 도시자영업 2-2. 농림어업
비생산 부문	〈제3부문〉 3-1.화이트칼라 노동자	〈제4부문〉 4-1. 영리서비스자영업 4-2. 비영리서비스 1) 국가 2) 민간

[그림 6-1] 중산층의 하위 부문들

(3) IMF를 전후한 1990년대 중산층의 인구비중 변화

중산층이 몰락했는가를 판별하기 위해 우선 구조의 측면에서 인구비중이 어떤 변화를 겪었는가를 살펴보았다.

1991년 조사자료를 통해 본 중산층의 비중은 61.1%였고, 노동자계급(하층)은 25.9%였다. 1995년 자료를 분석한 결과, 중산층 비중은 67.3%로 늘어났으며, 노동자계급(하층)도 30.5%로 늘어났다. 일단, 중산층이 약간 증가하는 추세를 보였다고 할 수 있다. 그 다음, IMF 직후인 1998년 자료를 분석하였다. 중산층은 57.5%로 급속히 감소된 것으로 나타났으며, 노동자계급(하층)은 35.0%로서 약간 증가하였다. 결국 IMF 직후까지는 중산층이 약간의 증가 추세를 보이다가 급속히 감소하였고, 반면에, 노동자계급(하층)은 약간 증가하는 추세를 보인 것이다.

그러나, 이 시기 중산층에서 노동자계급(하층)으로 지위가 하락한 사람들은 20.5%였으며, 77.1%는 중산층 지위를 유지하였다. 1998년도에 지위가 하락한 사람들은 대개 화이트칼라층(31.4%)과 자영업자층(10~15%)이었으며, 공공서비스 부문 종사자층은 위기상황 속에서도 93.4%가 제자리를 유지하였고, 전문직 종사자층은 단지 1.9%만 하강이동을 하였다. 이는 중산층도 어떤 부문이냐에 따라 서로 다른 경험을 한다는 사실을 보여 준 것이었다. 어쨌든, 중산층의 대부분은 제자리를 지켰고, 약 20% 정도가 지위하락을 겪었지만, 우리가 주목할 사항 한 가지는 이렇게 지위가 하강한 사람들의 일부(1/4~1/5)는 불과 1년 만에 다시 중산층 지위로 상승이동을 하여 예전의 지위를 회복했다는 점이다.

그 후 2000년대에 들어 중산층 비중이 어떻게 달라졌는지에 대해서는 자료 문제 때문에 분석하지는 못하였으나, 이상의 변화들을 볼 때, 일단 중산층 몰락과 양극화의 테제가 맞는 것처럼 보인다. 그러나, 주목해야 할 사항은 아무리 중산층이 급속히 줄어들고 노동자계급(하층)이 늘어났다고 하더라도, 57.5% 대 35.0% 수준이며, 노동자계급으로 전락한 중산층의 일부는 급속히 제자리를 되찾아 가는 추세도 있다는 점이다.

결국, 인구구조의 면에서는 아직도 가운데가 불룩한 중산층 중심의 구조가 유지되고 있으며, 다이아몬드형 구조는커녕 피라미드형 구조에도 이르지 못하였고, 아마도 그런 구조에까지는 이르지 못할 것이다. 이런 점에서 "중산층이 몰락했고, 양극화되었다, 혹은 되고 있다"는 식의 몰락 테제는 과장된 것이라 할 수 있으며, 입증되지 못했다 할 수 있다. 그리고, '20 대 80 사회' 라느니, '10 대 90 사회' 라느니 하는 주장들 또한 허구이며, 상징적 조작에 의한 과장이라는 점도 밝혀진 셈이다.

물론, 이런 주장들과 몰락의 테제는 계층 이론적 관점에서 대개는 소득수준과 생활수준의 하락이라든가, 주관적인 중산층 귀속의식의 급감을 몰락과 양극화의 증거로 삼아 왔다. 그래서 우리는 중산층이 그런 '생활상태와 의식상태의 측면' 에서는 어떤 변화를 보였는지, 과연 몰락을 했는지, 혹은 몰락을 했다고 말할 수 있는 변화를 겪었는지에 대해서도 검토해 보았다.

(4) 중산층의 생활상태와 귀속의식의 변화

생활상태에서 주된 측면을 이루는 소득수준은 계급적 의미에서 볼 때는 중산층의 상태를 표현해 주는 종속변수에 해당하는 반면, 계층적인 의미에서는 소득수준이 어떤 계층에 속하는지 여부를 결정해 주는 중요한 독립변수의 하나로 간주된다. 그래서, 계급적 의미의 중산층과 계층적 의미의 중산층은 일치하지 않는다.

소득계층과 계급 내의 소득수준 편차					
소득계층	⇦ 상층(고소득층) ⇨		⇦ 중간층 ⇨		⇦ 하층(저소득층) ⇨
자본가계급	상 ______ 중 ______ 하				
중간계급		상 ______ 중 ______ 하			
노동자계급				상 ______ 중 ______ 하	

[그림 6-2] 소득수준에 따른 계급과 계층의 교차관계

양자의 관계와 차이를 예시한 앞의 [그림 6-2]에서 보듯이, 소득계층 상-중-하에서 중간의 위치에 있는 중간층, 또는 계층적 의미의 중산층에는 중간계급(혹은 계급적 의미의 중산층) 이외에도 자본가계급과 노동자계급의 일부가 교차하며 포함되며, 중간계급의 하층 일부는 '중간계층'에 포함되지도 않는다.

사정이 이렇기 때문에, "중산층의 소득수준이 저하되었다"라고 할 때, 그 현상은 계급적인 견지에서 보면, 중산층의 인구비중은 그대로인 가운데 생활수준만 평균적으로 낮아지는 것, 따라서 빈곤화만을 의미하는 반면, 계층적인 견지에서 보면, 중산층의 수가 줄어들고 계층적으로 하강이동이 일어나 몰락하고 양극화하는 현상인 것처럼 해석될 수 있다. 우리는 이런 계층론적 개념에 여러 가지 문제가 있고 설명력이 떨어진다는 점 등의 이유로 계급론적 관점에서 중산층의 몰락과 양극화의 문제를 보지만, 과연 그런 '상태'의 면에서는 어떤 변화가 있었는지, 혹 계층론적 의미에서는 몰락과 양극화를 말할 수 있는 그런 현상이 벌어졌는지에 대해서도 검토해 보았다.

우선, 소득수준이나 생활상태는 중산층 부문들에 따라, 즉, 농민이나 도시자영업자, 사무직 종사자, 공무원 등에 따라 편차가 있다는 것이 1991년 자료에서부터 확인되었다. 심지어 자영농의 경우, 95% 가량이 월소득 59만 원 이하의 저소득층에 속하였다. 반대로 화이트칼라층의 경우는 저소득층에 속하는 인구가 미미했고, 200만 원 이상의 고소득층에 속하는 인구가 10% 정도에 이르렀다.

소득수준은 1993년부터 IMF 이전인 1997년까지 전반적으로 향상되어 2.4배로 증가하였으나, 1997년 3/4분기를 기점으로 특히 도시근로자가구 소득은 급속한 감소 추세로 반전되었다. 1998년 3/4분기까지 1년 사이에 평균 14.4% 감소하였으며, 소비지출액수는 17% 가량이나 감소하였다. 그러나, 소득수준의 감소는 중산층에게서만 일어난 것이 아니라 자본가, 노동자 등 모든 계급들에게서 일어난 일이었고, 중산층 내의 부문들도 모두 소득감소를 경험하였다. 자본가계급과 중산층 도시자영업자층이 각각 45~50% 정도의 소득감소를 겪었으며, 중산층 내의 공공, 민간 부문 종사자층은 20~30% 수준의 소득감소를, 기업 부문의 화이트칼라층은 35% 수준, 노동자계급 하층은 40% 수준의 소득감소를 겪었다.

IMF 직후의 이 같은 소득수준 감소 추세를 통해서 보면, 중산층이 몰락했거나 몰락하는 추세에 있다고 말하는 것은 맞지 않고 문제가 많다. 첫째로는 그렇다면 모든 계급들이 몰락했거나 몰락하고 있다고 말해야 하며, 둘째는 중산층보다 자본가계급과 노동자계급(하층)의 소득감소가 더 많은 편이기 때문에, 오히려 자본가계급과 노동자계급이 더 심하게 몰락(?)했거나 하고 있다고 말해야 할 것이다. 셋째는 소득수준의 급격한 감소, 그것도 일시적인 감소 자체를 '몰락' 이라고 하기에는 무리라는 것이다.

한편, 소득계층들 사이의 격차가 IMF 직후 많이 벌어졌고, 그 후에도 약간씩 더 벌어지고 있는 것은 사실로 확인된다. 상위 20% 소득계층의 전체 소득 중 소득점유율은 1996년 55.2%에서 1998년 67.1%로 늘어나고 2000년에는 다시 70.6%로 늘어난 반면, 중위 60% 계층과 하위 20%계층의 경우는 점유율이 IMF 직후에는 많이, 그 후에는 조금씩 줄어들어 2000년에는 각각 24.7%와 4.7%로 줄어들었다. 최고소득계층과 최저소득계층 사이의 격차도 1997년 4.49배이던 것이 IMF 직후인 98년, 99년에는 5.41배, 5.49배로 벌어졌으나, 그 후 2000년부터는 5.3~5.4배 수준으로 약보합세를 유지하고 있다.

이러한 현상들은 소위 '부익부 빈익빈' 이라 불리는 현상이 벌어지고 있다거나 IMF 직후에 심화되다가 그 뒤로는 정체되었다는 식으로 해석될 수 있다. 그리고 계층론적 관점에서 고소득층 20%와 중저소득층 80%

사이의 격차가 벌어지거나 양극화가 진행되고 있다는 말을 할 수는 있다.

그러나, 계급론적 관점에서 보면, 자본가계급의 인구가 10% 미만이라고 한다면, 고소득층 20% 가운데 절반 이상의 사람들은 '중산층' 이므로, 소득상의 빈부격차 수치에는 중산층 내의 고소득층과 중저소득층 사이의 소득격차가 내포되어 있기 때문에, 부정확하고 피상적인 사실로 나타난다. 중산층이 무너지고 있다? 어떤 중산층이냐가 또다시 문제되는 것이다. 예컨대, 주로 고소득층에 속할 것으로 예상되는 전문직, 관리직 종사자 중산층 부문과 나머지의 중산층 부문 사이의 내부적 격차가 '빈부격차' 의 통계수치에 상당 부분 작용하고 있다는 것이다.

그 다음, 객관적인 몰락이 아닌 주관적인 박탈감이나 심정을 표현해 줄 뿐인 주관적 귀속의식의 변화는 과연 어떠한가. 이와 관련된 통계수치들은 조사기관마다 심히 다르게 나타나기 때문에, 일관된 변화를 보기에는 부적합하고 문제도 많다. 그래서, 비교적 신빙성이 큰 것으로 보이는 통계청의 연속적인 조사결과를 통해 그 변화를 보면, 중류층 혹은 중산층 귀속의식을 가진 사람들은 1991년에 61.3%였는데, 94년에는 60.4%로 약간 줄어들었고, IMF 이후 99년에는 54.9%로 많이 줄었는데, 2003년 조사에서는 56.2%로 약간 늘어났다.

흔히, "중산층 귀속의식이 10% 포인트나 줄어들었다. 따라서 몰락의 증거이다"라는 식으로들 이야기하는 수가 많지만, 실제로는 결코 그만큼 줄어들지는 않은 것이다. 또 이보다 더 중요한 사실은 그런 귀속의식이 아무리 줄고 줄어들었다 하더라도 50% 이상의 인구가, 그러니까 인구의 절반 이상이 아직도 자신을 중산층이라고 생각한다는 점이다. 결국, 주관적 귀속의식의 측면에서는 몰락이나 양극화의 추세나 증거가 없다고 할 수 있으며, 피라미드형이나 모래시계형 구조는 전혀 출현해 본 적이 없다는 것이다.

⑸ 중산층의 이념성향과 그 변화

중산층의 이념성향과 관련해서 정통의 맑스주의 이론에서는 "계급양극화 및 중산층 몰락을 통해 노동자계급의 계급의식이 발달하고 급진화해 가고, 중산층 역시 온건보수 기회주의 성향에 있다가 노동자화하고 급진화하게 된다"고 하는 견해를 가져왔다. 반면에, 계층 이론과 중산층 중심 사회론의 입장에서는 그러한 견해가 틀렸다고 반박하면서 그 반대의 증거들을 제시해 왔다. 이들은 "중산층이 몰락하고 양극화되기는커녕, 오히려 크게 증가하여 계층구조는 가운데가 불룩한 다이아몬드형으로 변화해 왔으며, 그 이념성향도 보수나 진보 어느 한쪽으로 치우치기보다는 중도적이며 양극단을 견제, 조정, 통합하여 사회 전체의 안정을 이루는 중심세력이 되어 왔다"는 견해를 취해 왔다.

이런 상황에서 IMF 사태가 벌어진 이후, 우리 사회 일각에서는 사실상 계층론과 중산층 중심 사회론의 입장에 있으면서도 맑스주의 중산층 몰락론 및 중산층 급진화론을 끌어다 자신들의 논리로 결합시켜 주장을 펴는 흐름들이 생겨났다. 상당히 모순적이고 역설적이지만, 과연 그들의 주장이 맞는지, 한국의 중산층은 그 이념적 성향이 어떠했고, IMF 이후에는 과연 급진화하였는지에 대해 통계자료들을 통해 검증해 보았다.

우리는 우선 정치적-이데올로기적 성향, 혹은 이념성향을 좌와 우, 즉 진보와 보수 축으로 놓고, 그 사이에 중도성향을 놓고 셋으로 구분하였다. 이 성향들을 가르고 구별해 주는 핵심적인 기준은 자본주의 체제 및 자본-노동 관계에 대해 어떤 태도와 입장을 취하느냐 하는 점이었다. 그러나, 이러한 태도나 입장을 계급별이나 중산층 부문별로 조사해 드러내 주는 연구나 자료들이 드물고, 있더라도 단편적인 것들이어서 체계적인 상태분석과 비교 및 변화의 흐름을 잡아내는 데에는 어려움이 많았다.

그러나, 제한된 범위이기는 하지만, 가용한 자료들에 대한 분석을 통해 그 윤곽은 잡아낼 수 있었다.

우선, 1991년 자료를 통해서는 '통일 후 바람직한 체제'에 대한 태도, 즉 친자본주의인가 친사회주의인가를 계급별, 중산층 부문별로 보았는데, 전체적으로 남한체제를 선호하는 사람들이 43.3%로 가장 많아 '보수성향'이 지배적이라는 사실을 확인할 수 있었다. 이런 보수성향은 중산층이 46.4%, 노동자계급(하층)이 37.9%로서 중산층의 보수성이 노동자계급보다 강하다는 점을 알 수 있었으나, 노동자계급의 경우도 보수가 가장 많았다. 북한식, 동구식, 서구식 체제를 선호한 사람들을 '진보'로 간주한다면, 이런 성향은 전체적으로 12% 가량 되었는데, 중산층 내에서도 진보성향은 12% 가량으로 나타났고, 노동자계급에서도 이와 비슷하였다. 제3의 체제나 연방제를 '중도성향'으로 간주한다면, 중도는 전체적으로 27.8%, 중산층은 24.5%, 노동자계급은 32.8%로서 결국 중산층이 노동자계급(하층)보다 보수성향이 짙었다고 할 수 있다.

물론, 중산층 내의 부문들에 따른 차이도 많았다. 신중간계급 부문들(특히, 화이트칼라층과 비영리 민간서비스 부문)이 보수-중도 성향이 반반이라고 한다면, 구중간계급 중 농민층에서 보수성향이 가장 강하게 나타났다. 이런 경향, 즉 중산층 부문들 사이의 차이와 농어민과 화이트칼라 노동자 사이의 '이념적 격차'는 1990년대 중후반의 선거나 정당 지지 관련 조사자료들을 통해서도 비슷하게 나타났다.

중산층 귀속의식의 많고 적음에 있어서도 중산층의 부문별 차이는 매우 심하게 나타났다. 화이트칼라 노동자층은 매우 높게, 농어민을 비롯한 자영업자층은 매우 낮게, 그래서 하층귀속의식이 높은 대조적인 차이를 보였다. 이는 1991년 자료에서도, 1996년 자료에서도 마찬가지였다.

그 다음은 1990년대 중반 이후 몇 차례의 선거에서 어떤 정당 혹은 정당소속 후보에 투표를 했는지, 평소 지지하는 정당은 어떤 정당인지, 그리고 주관적인 이념성향은 어떠한지 등 세 가지 측면에서 중산층의 이념성향과 변화, 그리고 노동자계급(하층)과의 차이를 살펴보았다.

1995년 지방선거를 분석한 결과, 전반적으로 중산층은 이념적으로 중도성향의 정당이라 할 수 있는 민주당과 그 소속후보를 지지하는 경향, 즉 중도성향이 민자당, 자민련 등의 보수정당 지지보다 약간 더 높게 나타났다. 진보성향은 알 수 없었고, 보수-중도로만 보면, 중도성향이 약간 더 높았다는 것이다. 그러나, 생산직 노동자, 즉 노동자계급 하층은 중산층보다 중도성향이 조금 더 높았으며, 중산층 부문들 가운데 도시, 농촌의 자영자층에서는 중도보다 보수가 더 높게 나왔다.

그러나, 1997년 조사자료를 통해 1996년 15대 총선과 1997년 15대 대통령 선거를 분석해 본 결과, 상황이 바뀐 것으로 나타났다. 전반적으로 보수성향이 중도성향보다 5~8% 포인트 높아졌으며, 중산층의 경우도 평균적으로 마찬가지였다. 한 가지 특이한 사항은 이 두 시기에 노동자계급 하층이 중산층보다 더 보수성향이 높아졌다는 점이다. 중산층 내에서는 농어민층이나 도시자영업자층이 가장 보수적이었는데, 노동자계급은 이들과 비슷하였다.

이 조사에서는 주관적인 이념성향에 관한 질문이 포함되어 있어 이를 알아볼 수 있었는데, IMF 위기가 발생한 상황과 대통령선거 시기인 1997년 말 현재 중산층과 생산직을 합하여 보수성향이 전체적으로 37.7%로서 진보성향 32.8%, 중도성향 20.0%에 비해 가장 높은 것으로 나타났다. 그러나, 진보성향도 의외로 높게 나와, 일반인들이 '진보'에 대해 폭 넓게 인식하고 있으며, 중도개혁 성향의 정당이나 정치인을 '진보'로 인식하는 경향이 있다는 사실을 짐작할 수 있다. 한 가지 또 특이한 사항은 생산직이 평균수준보다 더 높은 보수성향을 나타냈다는 것이다, 스스로 보수라고 답한 사람이 41.0%로서 진보 21.3%를 훨씬 웃돌았다.

이 같은 이념성향은 IMF 직후인 1998년 6월 지방선거 시기에는 어떻게 달라졌는가. 한마디로 별다른 변화가 없다는 것이 결론이다. 진보화보다는 오히려 보수화가 진행되었다는 해석마저도 가능할 정도이며, 이는 중산층의 경우뿐 아니라 노동자계급 하층도 마찬가지였다.

우선, 주관적인 진보-보수 성향부터 보면, 스스로를 보수적이라고 생각하는 사람(34.3%)이 진보적이라는 사람(31.5%) 보다 약간 더 많았다. 이러한 경향은 과거 1996, 1997년과 다를 바 없으며, 1997년보다 그 격차는 더 벌어졌다고 할 수도 있다. 즉, IMF를 겪은 직후, 중산층이 더 보수화되었다는 해석도 가능하다. 부문별로 보면, 생산직이 스스로를 보수로 평가하는 경향이 44.4%로 가장 강한 반면, 진보라고 생각하는 사람은 23.6%에 불과했다. 이 역시 1997년과 별반 다르지 않으며, 이는 결국 IMF 직후 우리나라 노동자들은 최소한 '진보화' 나 '급진화' 하지 않았다는 것으로 해석해도 무리가 아닐 것이다. 나머지 중산층들도 이 점에서는 마찬가지이다.

그 다음, 광역단체장 선거에서는 보수정당 후보를 선택한 사람(47.4%)이 중도정당 후보를 택한 사람(37.8%)보다 많아 보수성향이 높다는 것을 보여 주었다. 부문별로 보면, 보수성향이 높게 나온 부문들은 농어민층(58.0%)과 전문직(54.6%)이었다. 기초단체장 선거에서도 보수정당들에 대한 지지가 전체적으로 높게(42.4%) 나왔는데, 부문별로는 역시 농어민층에서 가장 높았다(51.6%). 광역의원 선거에서도 보수 지지가 다소 높게(37.1%) 나왔으며, 마찬가지로 농어민층(48.4%)과 생산직(44.9%)에서 보수 지지가 높게 나왔다.

그 후, 2003년도 한국갤럽의 조사에 의하면, 중산층의 주관적인 이념성향은 진보화가 아니라 보수화 추세를 보이는 것으로 나타났다. 중산층 부문별로 보면, 도시자영업자가 가장 보수성향이 높아 51.7%, 진보는 24.0%에 불과했으며, 화이트칼라층에서도 보수가 높아 41.1%, 진보는 33.3%였다. 노동자계급을 대표한다 할 수 있는 블루칼라 역시 보수가 44.6%로서 진보 27.9%를 훨씬 능가하는 수준이었다.

결국, 1990년대 초반 이후 우리나라 중산층의 이념성향과 그 변화를 종합해 보면, 전반적으로 보수성향이 더 강했고, IMF 직전부터 이후, 그리고 최근에 이르기까지 진보화의 조짐을 보인 적이 없으며, 도리어 보수성향이 늘어나는 추세를 보였다는 것이다. 그리고, 노동자계급을 대표한다 할 수 있는 생산직 노동자들 같은 경우에도—맑스주의 이론이나 일반인들의 선입견과 달리—전반적으로 보수성향이 더 높았으며, 이는 예나 지금이나 마찬가지라는 사실이 확인되었다.

〈참고문헌〉

강철규(1998) "위기의 한국경제와 그 극복방안", 『당대비평』 봄호.

강희경(1991) "자본축적과 신중간계급구성의 변화", 『사회계층: 이론과 실제』. 다산.

고영복(1987) "중산층의 개념과 범위규정", 『민족지성』 10호.

공병호(1998) 『IMF 시대 당신의 상식, 뒤집어야 살 수 있다.』, 김영사.

구종서(1987) "제5공화국과 중산층의 정치적 태도", 『민족지성』 10호.

구해근(1985) "현대 한국계급구조에 관한 시론", 『한국사회의 재인식』, 한울.

______(1991) "한국 중간계급 연구의 이론적, 방법론적 문제점", 『사회계층』, 다산.

권오훈(1987) "한국중산층의 의식유형", 『민족지성』, 10호.

그랩, 애드워드 G.(1994) 『사회불평등 — 이론과 전망』, 양춘 역, 나남.

금재호(2000) "한국의 실업구조와 구인 구직 활동", 한국노동연구원. 발표자료.

김대중(1997) 『대중참여경제론』, 산하.

김동춘(1998) "한국의 계급구조가 변하고 있다. 주변화와 양극화", 『실천문학』 겨울호.

김경동(1991) "한국 중간계급 연구동향," 『사회계층: 이론과 실제』, 다산출판사.

김민웅(1998a) "아시아 경제위기, 서구의 정복인가, 공멸의 시작인가", 『신동아』 2월호.

______(1998b) "세계 자본주의의 위기: 경제적 공포 앞에 선 한국", 『당대비평』 봄호.

김석준(1998) 『한국사회의 신중간계급』, 제주대 출판부.

______(1999) "IMF체제와 한국사회의 계급 재형성", 고려대 한국사회연구소 (편), 『한국사회』 제2집.

김성구(1998) 『IMF체제와 한국사회 위기논쟁』, 문화과학사.

김성국(1988) “민중의 중산층화 혹은 중산층의 민중화—중산층 사회론을 모색하며”, 『사회비평』(창간호).
김세균(1998) “IMF 관리체제, 김대중정권, 그리고 노동운동”, 『현장에서 미래를』 3월호.
김영모(1985) “한국사회의 계급구조와 그 변화”, 『한국사회학』 19.
김영화(1992) “부모의 교육열: 사회계층간 비교를 중심으로”, 『교육학연구』 30/4.
김원동(1990) “막스 베버와 계급”, 『사회비평』 제4호.
김인철(1994) “우리나라 도시 중산층의 정치, 경제적 행태와 사회안정: 서울, 부산, 대구, 대전, 광주 등 5개 대도시 중류생활자들을 대상으로”, 『한국 정치학 회보』 28집 1호.
김진균/조희연(1985) “분단과 사회상황의 상관성에 관하여”, 변형윤 외, 『분단과 한국사회』, 까치.
김호균(1993) “계급론의 방법론적 고찰”, 『사회비평』 제9호.
김호기(1999) “IMF 관리경제와 중산층의 구조변동”, 『한국사회의 현대성과 사회변동』, 나남.
나간채/정근식(1988) “직업계층간의 사회적 거리감에 관한 연구”, 『한국사회학』 22.
대한민국정부(1998) 『국민과 함께 내일을 연다.— ‘국민의 정부’ 경제청사진』.
루소(1978) 『인간불평등기원론』, 최석기 역, 동서문화사,
류재우/최호영(2000) “자영업 부문을 중심으로 한 노동력의 유동”, 『노동경제논집』 23/1.
마우케(1990) 『맑스/엥겔스 계급론』, 장수한(역), 동녘.
마이클 로리오(1998) “미국 금융패권의 두 국면”, 전국노동운동단체협의회, 『주간 정세동향』(2월 23일).
민주노동운동연구소(1997) 『경제대공황과 IMF 신탁통치』, 한울.
박광주(1985) “국가론을 통한 한국정치의 패러다임 모색”, 『현상과 인식』 여름호.
______(1992) “한국 국가의 성격과 민주주의의 전망”, 『현대사회』 40호.

박재규(1998) "IMF 경제위기와 삶의 질에 관한 연구: 전북지역을 중심으로", 후기 한국사회학대회 발표논문.
박재묵(1996) "사회운동의 이해", 한완상(편), 『한국사회학: 한국사회에 대한 이해와 전망』, 민음사.
박준식(1992) 『신중산층의 실태와 사회발전에 관한 연구』, 현대사회연구소.
______(1993) "신중산층 근로자들의 의식적 특성 연구", 『경제와 사회』 봄호.
박형준(1989) "노동자계급과 중간층 문제에 대한 이론적 재검토", 『경제와 사회』 겨울호.
______(1990) "논평: 중민론의 이론 구성에 대하여", 한국사회학회(편), 『한국사회의 비판적 인식—80년대 한국사회의 분석』, 나남.
박형준/김석준(1999) "계급론의 최근 흐름", 신행철 외, 『한국사회의 계급연구』, 아르케.
백욱인(1991) "계급, 계층별 생활양식", 『사회계층: 이론과 실제』, 다산출판사.
______(1996) "소비사회와 변화하는 삶의 모습", 『한국사회학: 한국사회에 대한 이해와 전망』, 한완상(편), 『한국사회학: 한국사회에 대한 이해와 전망』, 민음사.
보비오(1998) 『제3의 길은 가능한가— 좌파냐 우파냐』, 박순열 옮김, 새물결,
부즈앨런/해밀턴(1998) 『한국보고서』, 매일경제신문사.
삭스, 제프리(1998) "'한국처방' 재검토 필요하다", 조선일보 98년 1월 2일자 특별기고문.
새정치국민회의 춘천시(을)지구당(1998) "제2건국, 우리는 무엇을 할 것인가", 지방자치 정책협의회 토론자료집(12월 23일).
서관모(1985) "한국사회 계급구성의 사회통계적 연구", 『산업사회연구』 1집.
______(1987) "한국사회 계급구성의 연구", 서울대학교 대학원 박사학위논문.
______(1988) "중간제계층의 구성과 민주변혁에서의 지위", 『80년대 한국 인문사회과학의 현단계와 전망』, 역사비평사.
______(1989) "신중간제계층과 계급분석", 『경제와 사회』 겨울호.
서복경(2002) 『한국노동자 정치의식 연구(vi)』, 한국노총 중앙연구원.
서우석(1993) "중산층 대형교회에 관한 사회학적 연구", 서울대학교 석사학위

논문.
송복(1986) 『사회불평등갈등론—사회계급연구』, 전예원.
신광영(1992) "포스트 맑스주의와 계급분석: 비판적 논의", 『사회비평』 제8호.
______(1994) "한국사회 계급연구의 재검토", 『계급과 노동운동의 사회학』, 나남.
______(2003) "한국의 사회계급과 불평등실태", 『경제와 사회』 가을호.
심상완(1999) "비정규고용의 확대와 노동복지", 『산업노동연구』 5/2.
암스덴, 앨리스(1998) "IMF의 오류", 조선일보 1월 22일자 해외기고문.
양종회(1998) "사무직 근로자의 개인적 배경, 직업상황 및 계급적 성격", 『사회운동과 사회계급』, 전예원.
양춘(1999) "한국의 계층구조의 변화", 고려대 한국사회연구소(편), 『한국사회』 제2집.
____(2000) 『한국사회 : 계층구조와 동학』, 고려대 출판부.
유길상(2000) "금융위기 이후의 한국의 실업대책과 정책과제", 한국노동연구원 보고서.
유팔무(1990a) "작은 두 얼굴— 중산층의 보수성향", 『사회평론』 10월호.
______(1990b) "최근 계급론 논의의 몇가지 문제점", 『경제와 사회』 여름호.
______(1991) "이데올로기 분석과 비판의 방법론", 한국산업사회연구회(편), 『한국사회와 지배이데올로기』, 녹두.
______(1992) "90년대 한국의 사상적 좌표와 시민사회", 현대사회연구소, 『현대사회』 6월호.
_____(1993) "한국사회 중간계급의 생활상태와 사회의식", 한국사회학회 발표논문.
_____(1997) "지역발전과 중간집단: 춘천, 청주, 진주, 제주시의 비교", 성경륭 외, 『지방자치와 지역 발전』, 민음사.
_____(1998) "IMF 구제금융 사태에 대한 진단과 처방, 그리고 대응", 한국산업사회학회 춘계학술대회 발표논문.
_____(2004) 『한국의 시민사회와 새로운 진보』, 논형.
유팔무/박경숙(1999) "90년대 한국 중산층의 구성과 생활상태의 변화", 한국

산업사회학회 춘계학술대회 발표논문.
유희정(1988) "사회불평등구조에 관한 중간계급의 의식 연구", 『한국사회학』 제22집(여름호).
윤진호(1990) "도시영세자영업자의 사회적 성격", 박현재 외, 『한국경제론』, 까치.
______(1999) "실업정책의 문제점과 개선 방향", 『경제와 사회』 창간 10주년 기념호(통권 제40호).
이교관(1998) "국제금융자본의 한국 죽이기 전모", 『시사저널』 3월 19일자.
이대근/정운영(1984) 『세계자본주의론』, 까치.
이상영(1998) "IMF 구제금융 이후 사회경제체제의 변화와 전망", 『동향과 전망』 봄호.
이영련(1999) "국민의 정부의 경제정책 및 개혁과 IMF 상황의 극복전망", 춘천지역사회연구소, 강원일보사, 춘천MBC 공동주최, 김대중정부 출범1년, 정책평가세미나 발표문(2월 24일).
이종오(1993) "화이트칼라노동자의 상태와 사회의식", 『경제와 사회』 겨울호.
이종현(1990) "노동운동에 대한 한국 신중간계급의 인식 연구", 서강대학교 대학원 사회학과 석사학위 논문.
이종현(1997) "한국, 동남아 통화금융위기와 경제의 세계화", 『동향과 전망』 겨울호.
이주희(1998) "IMF 위기에 대한 정치경제학적 해석", 『경제와 사회』 여름호.
이찬근(1998) 『투기자본과 미국의 패권』, 연구사.
이효선/함철호(1987) "노사분규에 대한 국민의 태도", 『사회과학연구』 1집.
임영일(1999) "한국 노동체제의 전환과 노사관계: 코포라티즘 혹은 재급진화", 『경제와 사회』 창간 10주년 기념호.
임현진(1987) "참여보다 안주에 치중", 『월간조선』 4월호.
임휘철(1997) "세계화와 한국경제", 조원희(편), 『한국경제의 위기와 개혁과제』, 풀빛.
장상환(1998a) "한국자본주의, 왜 IMF시대를 맞았나", 『역사비평』 봄호.
______(1998b) "외환위기 원인을 둘러싼 논의에 대하여", 『정치비평』 봄/여름호.

______(1998c) “김대중정권의 경제정책의 성격과 전망”, 『경제와 사회』 여름호.
장원호(2001) “한국선거에서의 투표/기권에 대한 합리적 선택론적 설명”, 한국사회학회 인구도시분과 학술회 발표논문.
장하성(1998) “재벌개혁 어떻게 할 것인가”, 『당대비평』 봄호.
전창환(1998) “제3세계의 외환/금융위기와 IMF 구제금융—한국과 멕시코의 비교분석”, 한림대학교 사회학과 콜로키움 발표논문.
정영태(1993) “계급별 투표행태를 통해본 14대 대선”, 『경제와 사회 』 봄호.
______(2002) “인천지역 노동자의식 조사연구”, 자료집.
정운찬(1998) “한국경제, 거품의 붕괴와 제도개혁”, 『창작과 비평』 봄호.
______(1999) “한국자본주의의 전환을 위한 제언”, 『당대비평』 가을/겨울 합본호.
조돈문(1994) “한국사회 계급구조의 변화, 1960～1990 : 계급구조의 양극화의 고찰.” 『한국사회학』 제28집(봄호).
______(1996) “중간계급의 계급적 성격과 계급적 이질성”, 『한국사회학』제30집(여름호).
조은/강정구/신광영(1991) “한국사회의 계급구조”, 『한국사회학』 제25집(겨울호).
진덕규(1987) “중산층의 보수화가 문제”, 『월간조선』 2월호.
채만수(1997) “현 시기 외환금융위기의 배경과 의미”, 한국노동 이론정책연구소, 『한국경제의 현황과 노동운동의 대응방향』.
초스도프스키(1997) 『빈곤의 세계화』, 이대훈 역, 당대출판사.
최장집(1985) “해방 40년의 국가, 계급구조, 정치변화에 대한 서설”, 최장집(편), 『한국현대사(1), 1945～1950』, 열무사.
______(1998) “‘민주적 시장경제’ 의 한국적 조건과 함의”, 『당대비평』 봄호.
최재현(1987) “한국의 중산층, 왜 비겁한가”, 『월간조선』 4월호.
최태룡(1988) “도시 쁘띠부루조아지의 계급적 경험”, 『사회운동과 사회계급』 전예원.
______(1991) “구중간층의 자기정체화”, 『사회계층—이론과 실제』, 다산출판사.
크로티, 제임스 외(1998) “신자유주의체제와 개발도상국의 발전: 동아시아 모델의 종말?”, 한국노동운동단체협의회, 『주간 정세동향』(3월 2일).
통계청(1997, 1998) 『도시가계연보』, 통계청.
한국사회과학 데이터센터(1997) 『제15대 대통령선거에 대한 국민의식조사』(통계자료집).
______(1998) 『6.4 4대 지방선거에 대한 국민의식조사』(통계자료집).
한국선거연구회(1995) 『6.27 4개 지방선거 조사연구』(통계자료집).
한국직업능률개발원(1998) 『한국인의 직업의식 조사』.
한길리서치연구소(2003) “정치여론지표, 현안 조사보고서”, 『한길 리뷰』 39호.
한상진(1986) “한국 중산층은 보수적인가”, 『사상과 정책』 3.
______(1987) “한국 중산층의 개념화를 위한 시도: 중산층의 규모와 이데올로기적 성격을 중심으로”, 『한국사회학』 제21집.
______(1988) “민중과 중산층 귀속의식에 관한 연구, 『사회운동과 사회계급』, 전예원.
______(1990a) “중심화 변혁모델의 사회적 기반—‘중민’ 개념을 중심으로”, 『평화강좌①—한국사회의 갈등구조』. 한길사.
______(1990b) “사회변혁운동의 민중성에 관한 이론적 경험적 고찰”, 『한국사회의 비판적 인식—80년대 한국사회의 분석』, 나남.
한완상(1991) “한국 중간제계층의 정치의식”, 『계간사상』 겨울호.
한완상/권태환/홍두승(1987) 『한국의 중산층』, 한국일보사.
함인희/이동원/박선웅(2001) 『중산층의 정체성과 소비문화』, 집문당.
홍두승(1983) “한국사회 계층연구를 위한 예비적 고찰”, 서울대 사회학연구회(편), 『한국사회의 전통과 변화』, 법문사.
______(1992) “중산층의 성장과 사회변동”, 한국사회학회/한국정치학회(편), 『한국의 국가와 시민사회』, 한울.
홍두승/구해근(1993) 『사회계층, 계급론』, 다산출판사.
홍두승/김미희(1988) “도시중산층의 생활양식: 주거생활을 중심으로”, 『성곡논총』 19집.
홍두승/김병조/조동기(1999) 『한국의 직업구조』, 서울대 출판부.
Abercrombie, N. and J. Urry(1986) *Capital, Labour, and the Middle Class,* George

Allen & Unwin. 김진영/김원동(편역), 『현대자본주의와 중간계급』, 한울.
Amin, Samir(1990) *Maldevelopment*, New Jersey: United Nations University Press.
Assmann,G. u.a.(1983) *Woerterbuch der marxistisch-leninistischen Soziologie*, Berlin.
Barbalet, J. M.(1980) "Principles of Stratification in Max Weber : An Interpretation and Critique", *British Journal of Sociology* XXXI.
Beck, U.(1989) "Class Theory : Still the Axis of Critical Social Scientific Analysis," Eric Olin Wright, *The Debate on Classes*, Verso.
Bell, Daniel(1977) *The Coming of Post-Industrial Society*, New York: Basic Books.
Bendix, R.(1974) "Inequality and Social Structure : A Comparison of Marx and Weber," *American Sociological Review*, Vol.39. (송복 편저, 1986, 『사회불평등갈등론—사회계급연구』, 전예원.)
Bendix, R. & S. M. Lipset(1966) "Karl Marx's Theory of Social Classes," in: Bendix & Lipset(eds.), *Class, Status and Power*, Free Press. (송복 편저, 1986, [사회불평등갈등론—사회계급연구], 전예원).
Bischoff, J.(1976) *Die Klassenstruktur der Bundesrepublick Deutschland*, Westberlin: VSA.
Blau, Peter and Otis Dudley Duncan(1967) *American Occupational Structure*, New York: John Wiley & Sons.
Bolte, Karl M. & Stefan Hradil(1988) *Soziale Ungleichheit in der Bundesrepublick Deutschland*, Opladen: Leske+Budrich.
Bourdieu, Pierre(1980) *Distinction: A Social Critique of the Judgement of Taste*, Cambridge, MA: Harvard Univ. Press.
Burris. V.(1980a) "Class formation and -transformation in advanced capitalist societies : A comparative analysis," in: *Social Praxis*, Vol.7, No.3.
_________(1980b) "Capital accumulation and the rise of the new middle class," in: *Review of Radical Political Economics* 12(1).
_________(1986) "The discovery of the new middle class," in: *Theory and Society* 15.
______(1987) "The Neo-Marxist Synthesis of Marx and Weber on Class," in:

Norbert Wiley(ed.), *The Marx-Weber Debate,* Sage Publications.

______(1990) "Classes in Contemporary Capitalist Society : Recent Marxist and Weberian Perspectives," in: Stewart R. Clegg(ed.), *Organization Theory and Class Analysis,* Walter de Gruyter.

______(1999) "The Old Middle Class in Newly Industrialized Countries," in: Hsin-Huang Michael Hsiao(ed.), *The East Asian Middle Classes in Comparative Perspective,* Academia Sinica Press.

Callinicos, A.(1985) "Anthony Giddens : A Contemporary Critique," in: *Theory and Society,* Vol.14, No.2.

Carchedi, G.(1977) *On the Economic Identification of Social Classes,* Routledge & Kegan Paul.

______(1986) "Two models of class analysis," *Capital and Class,* No.29, Summer.

Castells, Manuel(1996) *The Rise of the Network Society,* Cambridge : Blackwell.

Clark, J.(1990) "Anthony Giddens, Sociology and Modern Social Theory," in: Jon Clark, Celia Modgil and Sohan Modgil(eds.), *Anthony Giddens: Consensus and Controversy,* Falmer Press.

Clark, T.N. & Seymour Martin Lipset(eds. 2001) *The Breakdown of Class Politics: A Debate on Post-Industrial Stratification,* Woodrow Wilson Center Press.

Collins, Randall(1971) "Functional and Conflict Theories of Educational Stratification," in: *American Sociological Review* 36: 1002-1019.

Cottrell, A.(1984) *Social Classes in Marxist Theory,* Routledge & Kegan Paul.

Crompton, R. & Jon Gubbay(1980) *Economy and Class Structure,* Macmillan Press.

Dahrendorf, R.(1959) *Class and Class Conflict in Industrial Society,* Stanford University Press.

Davis, Kingsley & Wilbert E. Moore(1994) "Some principles of stratification", in: David B. Grusky(ed.), *Social Stratification in Sociological Perspective,* Colorado: Westview Press.

Gerth, H. H. & C. Wright Mills(1958) *From Max Weber: Essays in Sociology,*

Oxford University Press.

Giddens, Anthony(1973) *The Class Structure of the Advanced Societies,* Hutchinson, 『선진사회의 계층구조』, 장정수 역, 종로서적.

______1979a) "Postscript," in: *The Class Structure of the Advanced Societies*(2nd edition), Hutchinson.

______1979b) *Studies in Social and Political Theory,* Hutchinson.

______(1981) *A Contemporay Critique of Historical Materialism*(『사적유물론의 현대적 비판』, 최병두 역, 1991, 나남).

______(1982) *Sociology: A brief but critical introduction,* Harcourt Brace Jovanovich.

______(1990) "Structuration Theory and Sociological Analysis," in: Jon Clark, Celia Modgil and Sohan Modgil(eds.), *Anthony Giddens: Consensus and Controversy,* Falmer Press.

Goldthorpe, John, Catrina Llwellyn and Clive Payne(1980) *Social Mobility and Class Structure in Modern Britain,* Oxford: Calrendon Press.

Goldthorpe, John, H.(1987) *Social Mobility and Class Structure in Modern Britain* (2nd edition), Clarendon Press.

Gorman, Thomas J.(2000) "Cross-Class Perceptions of Social Class," in: *Sociological Spectrum,* Vol.20, No.1.

Grabb, Edward G.(1990) *Theories of Social Inequality(2nd edition).* (『사회불평등: 이론과 전망』, 양춘 역, 1994, 나남)

Hindess, B.(1987) *Politics and Class Analysis,* Blackwell.

Holton, Robert J. & Bryan S. Turner(1989) *Max Weber on Economy and Society,* Routledge.

Hong, D. S.(1999) "Profiles of the Korean Middle Class," in: Hsin-Huang Michael Hsiao(ed.), *The East Asian Middle Classes in Comparative Perspective,* Academia Sinica Press.

Hunt, A.(1977a) "Introduction," in: Alan Hunt(ed.), *Class and Class Structure,* Lawrence & Wishart.

______(1977b) "Theory and Politics in the Identification of the Working Class," in: Alan Hunt(ed.), *Class and Class Structure,* Lawrence & Wishart.

Hyman, R. and R. Price(eds. 1983) *The New Working Class—White Collar Workers and Their Organizations,* The McMillan Press.

IMSF(Institut füer Marxistische Studien und Forschungen, 1973) *Klassen- und Soazialstruktur der BRD 1950~1970, Teil 1; Klassenstruktur und Klassentheorie,Theoretische Grundlagen,* Fr.a.M.

______(1974) *Teil 2; Klassenund Sozialstruktur der BRD 1950~1970, Sozialstatistische* Analyse, Fr.a.M.

______(1975) *Teil 3; Die Intelligenz der BRD 1950~1970,* Fr.a.M.

Johnson, Dale L.(1982a) "Class Relations and the Middle Classes," in: Dale L. Johnson (ed.), *Class & Social Development: A New Theory of the Middle Class*. Sage.

______(1982b) "The Social Unity and Fractionalization of the Middle Class," in: Dale L. Johnson(ed.), *Class & Social Development: A New Theory of the Middle Class,* Sage.

______(1982c) "The American Middle Class in Crisis," in: Dale L. Johnson(ed.), *Class & Social Development: A New Theory of the Middle Class,* Sage.

Kim, K. D.(1999) "Social Attitudes and Political Orientations of the Korean Middle Class," in: Hsin-Huang Michael Hsiao(ed.), *The East Asian Middle Classes in Comparative Perspective,* Academia Sinica Press.

Kingston, Paul W.(2000) *The Classless Society,* Stanford University Press.

Koo, H.(1990) "From Farm to Factory : Proletarianization in Korea," in: *American Sociological Review,* Vol.55.

______(1991) Middle classes, democratization, and class formation: The case of South Korea," in: *Theory and Society,* Vol 20, No.4.

______(1999) "The Middle Classes in the East Asian Newly Industrialized

Societies: Issues, Preliminary Findings and Further Questions," in: Hsin-Huang Michael Hsiao(ed.), *The East Asian Middle Classes in Comparative Perspective,* Academia Sinica Press.

Leisewitz, A.(1977) *Klassen in der Bundesrepublick Deutschland heute,* Verlag Marxistische Blaetter, Fr.a.M.

Lipset, S. M.(1960) *Political Man,* Garden City(N.Y.), Doubleday.

Lockwood, D.(1989) *The Blackcoated Worker: A Study in Class Consciousness* (2nd edition), Clarendon Press.

Marx, K.(1962) *Das Kapital,* MEW.23. Dietz Verlag Berlin.

______(1969) *Theories of Surplus-Value*.(part 1), Emile Burns(trans.) & S. Ryazanskaya(ed.), Progress.

______(1976) "The Poverty of Philosophy," in: James S. Allen et al.(eds.), *Karl Marx & Frederick Engels: Collected Works,* Vol.6. International.

______(1977) "Theories of Surplus Value," in: David Mclellan(ed.), *Karl Marx: Selected Writings,* Oxford University Press.

______(1983) "Marx to Weydemeyer," in: Karl Marx & Frederick Engels, *Letters on 'Capital,'* New Park.

______(1996) *Capital,* Vol.I. Philip S. Foner et al.(eds.), *Karl Marx & Frederick Engels : Collected Works,* Vol.35. International.

______(1998) *Capital,* Vol.III, James E. Jackson et al.(eds.), *Karl Marx & Frederick Engels: Collected Works,* Vol.35, International.

Marx, K. & F. Engels(1981) *Marx-Engels-Werke(MEW) Ergaenzungsband,* Dietz Verlag Berlin.

______(1988) "The Communist Manifesto," in Frederic L. Bender(ed.), W.W.Norton & Company; in: MEW. Bd.4, Dietz Verlag Berlin 1972.

Mclellan, D.(1980) *The Thought of Karl Marx: An Introduction*. Macmillan.

Meiksins, Peter F.(1989) "A Critique of Wright' s Theory of Contradictory Class," in: Eric Olin Wright(ed.), *The Debate on Classes,* Verso.

Mills, C. Wright(1951) *White Collar: The American Middle Class,* London & New

York: Oxford University Press.
Mommsen, Wolfgang J.(1977) "Max Weber as a critic of Marxism," in: *Canadian Journal of Sociology* 2.
Nicolaus, M.(1970) "Proletariat and Middle Class in Marx: Hegelian Choreography and the Capitalist Dialectic," in: James Weinstein and David W. Eakins(eds.), *For a New America*, Random House.
Oppenheimer, M.(1982) "The Political Missions of the Middle Strata," in: Dale L. Johnson(ed.), *Class & Social Development: A New Theory of the Middle Class*, Sage.
Parkin, Frank(1971) *Class Inequality and Political Order*(『계급불평등과 정치질서』, 길태근 · 김원동 공역, 1987, 나남).
Payer, Cheryl(1991) *Lent and Lost. Foreign Credit and Third World Development*, London and New Jersey: Zed Books Ltd.
Poulantzas, Nicolas(1975) *Classes in Contemporary Capitalism*, London: New left Books.
______(1979) "The New Petty Bourgeoisie," in: *The Insurgent Sociologist*, Vol. IX No.1 (Summer).
Przeworski, Adam(1985) *Capitalism and Social Democracy*, Cambridge: Cambridge University Press.
Reisssman, L.(1968) *Classes in American Society*, Free Press.
Roemer, J.(1982) *A General Theory of Exploitation and Class*, Harvard University Press.
Ross, G.(1978) "Marxism and the New Middle Classes: French Critiques," in: *Theory and Society* 15: 2.
Schelsky, H.(1953a) *Wandlungen der deutschen Familie in der Gegenwart*, Dortmund.
______(1953b) "Gesellschaftlicher Wandel," in: H. Schelsky, *Auf der Suche nach Wirklichkeit*, Duesseldorf/Koeln.
Scott, J.(1994) "Class Analysis: Back to the Future," in: *Sociology*, Vol.28, No.4.
Stewart. A, K. Prandy and R. M. Blackburn(1980) *Social Stratification and Occupations*,

Homes & Meier.

Swift, A.(2000) "Class analysis from a normative perspective," in: *British Journal of Sociology,* Vol.51, No.4.

Therborn, G.(1983) "Problems of Class Analysis," in: Betty Matthews(ed.), *Marx: A Hundred Years On,* Lawrence & Wishart.

Weber, M.(1949) " 'Objectivity' in Social Science and Social Policy," in: Edward A. Shils & Henry A. Finch(trans.& eds.), *The Methodology of the Social Science,* Free Press.

______(1968) *Economy and Society: An Outline of Interpretive Sociology,* Vol.1～2, Guether Roth & Claus Wittich(eds.), Bedminster Press.

Weiss, J.(1986) *Weber and the Marxist World,* Elizabeth King-Utz & Michael J. King(trans.), Routldge & Kegan Paul.

Wenger, M. G.(1987) "Class Closure and the Historical/Structural Limits of the Marx-Weber Convergence," in: Norbert Wiley(ed.), *The Marx-Weber Debate,* Sage.

Westergaard, J & H. Resler(1975) *Class in a Capitalist Society: A study of contemporary Britain,* Basic Books.

Williams, R.(1983) *Keywords,* Flamingo.

Wright, E. O.(1979) *Class, Crisis and the State,* Verso.

______(1980) "Class and Occupation," in: *Theory and Society* 9:1.

______(1985) *Classes,* Verso.

______(1989a) "A General Framework for the Analysis of Class Structure," in: Erik Olin Wright(ed.), *The Debate on Classes,* Verso.

______(1989b) "Rethinking, Once Again, the Concept of Class Structure," in: Erik Olin Wright(ed.), *The Debate on Classes,* Verso.

______(1999) "The Middle Class in Marxist and Weberian Class Analysis," in: Hsin-Huang Michael Hsiao(ed.), *The East Asian Middle Classes in Comparative Perspective,* Academia Sinica Press.

______(2000) *Class Counts* (student edition), Cambridge University Press.

Yang, J. H.(1999) "Class Culture or Culture Class? Lifestyles and Cultural Tastes of the Korean Middle Class," in: Hsin-Huang Michael Hsiao (ed.), *The East Asian Middle Classes in Comparative Perspective,* Academia Sinica Press.

Zeitlin, I. M.(1990) 『사회학 이론의 발달사』, 이경용 · 김동노 공역, 한울.